COLLECTION DE TEXTES

POUR SERVIR A L'ÉTUDE ET A L'ENSEIGNEMENT DE L'HISTOIRE

TEXTES RELATIFS
A
L'HISTOIRE DU PARLEMENT

DEPUIS LES ORIGINES JUSQU'EN 1314

PUBLIÉS PAR

CH. V. LANGLOIS

Archiviste paléographe, docteur ès lettres,
Chargé de cours à la Faculté des Lettres de Montpellier.

PARIS
ALPHONSE PICARD, ÉDITEUR
Libraire des Archives nationales et de la Société de l'École des Chartes
82, Rue Bonaparte, 82

1888

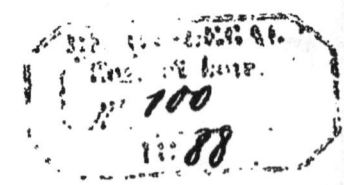

TEXTES RELATIFS

A

L'HISTOIRE DU PARLEMENT

DEPUIS LES ORIGINES JUSQU'EN 1314

COLLECTION DE TEXTES
POUR SERVIR A L'ÉTUDE ET A L'ENSEIGNEMENT DE L'HISTOIRE

TEXTES RELATIFS
A
L'HISTOIRE DU PARLEMENT
DEPUIS LES ORIGINES JUSQU'EN 1314

PUBLIÉS PAR

Ch. V. LANGLOIS

Archiviste paléographe, docteur ès lettres,
Chargé de cours à la Faculté des Lettres de Montpellier.

PARIS
ALPHONSE PICARD, ÉDITEUR
Libraire des Archives nationales et de la Société de l'École des Chartes
82, RUE BONAPARTE, 82
—
1888

INTRODUCTION

La Cour judiciaire des rois de France, *Curia regis*, qui a pris au xiii° siècle le nom de Parlement, est une des grandes corporations qui ont joué au moyen âge et pendant les temps modernes un rôle éminent dans l'histoire générale de notre pays. Cet être collectif, qui a évolué, comme on dit, pendant des siècles, avant de se constituer, par la consolidation anatomique de ses éléments et par le perfectionnement de ses organes, en compagnie séparée, commence aujourd'hui à être l'objet des études biologiques qu'il mérite. L'occasion est propice, par conséquent, pour présenter au public un Recueil des textes relatifs à son histoire primitive, qui s'ouvre à l'avènement de la dynastie capétienne, et s'achève à la fin du règne de Philippe le Bel.

Nous ne nous proposons pas d'esquisser dans cette Introduction la théorie des origines du Parlement, telle qu'elle se dégage des documents que nous avons réunis ; c'est dans un autre ouvrage (dont celui-ci contient, pour ainsi dire, les pièces justificatives) que nous exposerons les idées générales que les textes suggèrent. Cette introduction sera tout simplement consacrée :
1° à résumer ce que l'on sait présentement des sources originales de l'histoire parlementaire au moyen âge, et notamment des plus vieilles archives de la Cour ; 2° à

indiquer d'une façon sommaire les livres anciens ou modernes — éditions ou commentaires — qui peuvent servir directement à faire connaître ou à faire comprendre les sources ; 3° à expliquer le plan que nous avons suivi pour l'arrangement de notre Recueil, et à marquer le but que nous avons visé.

I.

On a chance de rencontrer des documents relatifs à l'histoire primitive des parlements de France, 1° dans les archives anciennes de la Cour du roi ; 2° dans les archives privées des plaideurs qui ont eu des affaires pendantes devant la Cour, du XI° au XIV° siècle ; et 3° dans les écrits des jurisconsultes ou des chroniqueurs contemporains.

§ 1. La Cour judiciaire des rois de France a eu de très bonne heure des archives, un greffe, des greffiers[1]. Cette proposition, contestée par M. Beugnot, est certaine *a priori* et *a posteriori*. Nous savons, en effet, que, dès le XII° siècle, la procédure des parlements royaux n'était point purement orale : les plaideurs produisaient déjà des preuves écrites, des enquêtes, etc., à l'appui

---

1. L'histoire des archives du Parlement a été traitée plusieurs fois. Voici la liste des ouvrages à consulter :

a) H. Klimrath. « Mémoire sur les *Olim* » dans *Travaux sur l'histoire du droit français*, 1842, tome 1er.

b) Les préfaces et les notes jointes par M. Beugnot à son édition des *Olim*.

c) A. Grün. « Notice sur les archives du Parlement de Paris », dans les *Actes du Parlement de Paris*, I, pp. I-CCXC.

d) H. Lot. *Essai sur l'authenticité des Olim*, Paris, in-12, 1863.

e) Ch.-V. Langlois. *De monumentis ad priorem Curiae regis judiciariae historiam pertinentibus*. Paris, in-8°, 1887.

de leurs prétentions ; chaque procès donnait déjà lieu à d'abondantes écritures ; comment supposer que, les procès une fois terminés, toutes les pièces y relatives aient été dispersées ou détruites? On devait les déposer au contraire en lieu sûr. L'exactitude de cette hypothèse se trouve garantie par l'existence, aux Archives Nationales, de quelques pièces de procédure, datées des premières années du xiii° siècle, qui proviennent évidemment du greffe primitif de la Cour et qui ont échappé par hasard à la destruction [1].

Au temps de saint Louis, il est probable que les archives de la Cour étaient placées dans le même local que le Trésor des chartes du roi, à la Sainte Chapelle, puisque le Supplément du Trésor contient encore des documents judiciaires qu'on y a laissés par oubli [2], quand le greffe des parlements devint un dépôt séparé et fut transféré dans une aile du Palais de la Cité. En ce temps-là, le désordre devait être complet, et l'encombrement déjà considérable. — C'est seulement à partir de la fin du xiii° siècle que nous avons des renseignements précis ; mais les mémoriaux des greffiers de cette époque, les Nicolas de Chartres, les Pierre de Bourges, permettent de se figurer très clairement la disposition et la composition des archives des parlements sous Philippe III et sous Philippe le Bel.

Plus d'un auteur a déjà décrit, à l'aide des « mémoriaux », les deux pièces où les premiers greffiers des parlements étaient installés. L'une de ces pièces est

---

1. Arch. nat. J. 1020-26 ; 1027-34 ; 1035-53. La collection est complétée par des recueils de pièces qui en ont été probablement distraites, je ne sais à quelle époque : Bibl. nat. fonds latin n°s 9016-18.

2. G. de Montaigu, rédigeant vers 1366 l'inventaire du Trésor des chartes, rejeta parmi les « spuria sive libros inutiles » plusieurs registres oubliés à la Sainte Chapelle lors du déménagement des archives de la Cour. Voyez H. Bordier, *Les Archives de France*. Paris, 1855, p. 165, § 4, 29. Cf. *De monumentis...* p. 26.

appelée couramment *camera*, l'autre *gardaroba* ; et il y a lieu de croire qu'il s'agit de la grand'chambre des séances (*camera placitorum*) et du vestiaire de la Cour, bien que plusieurs savants[1] pensent que la *camera* et la *gardaroba* des greffiers étaient des appartements particuliers, disposés, l'un au rez-de-chaussée, l'autre au premier étage, dans l'une des tours du Palais.

Ces deux pièces étaient meublées d'armoires et de rayons, où l'on voyait, rangés avec symétrie, des paniers, des coffres, des boîtes, des malles en bois et en cuir bouilli, des sacs de toile, des liasses de rouleaux ficelées. Il est difficile d'évaluer, même approximativement, le nombre des documents qui se trouvaient là; on sait toutefois qu'en vingt et un ans d'exercice, Pierre de Bourges reçut 1595 *inqueste, aprisie, informaciones, monstre et processus alii*. Au commencement du xive siècle, c'est par milliers qu'on devait compter déjà les pièces de procédure que les parlements successifs avaient peu à peu déposées dans les archives par couches régulières[2].

Jehan de Montluçon, Nicolas de Chartres, Robert de la Marche, Pierre de Bourges et Geoffroi Chalop, les greffiers[3] — en fait, sinon en titre — des parlements du xiiie siècle, étaient chargés de l'administration de ce vaste dépôt. De plus, comme « clercs des arrêts », ils tenaient registre des délibérations de la Cour du roi.

En effet, il est certain qu'ils avaient soin de classer, après chaque session, dans un sac spécial, les pièces

---

1. Grün, *op. cit.*, p. xxxvi.
2. V. les évaluations de Lot, *op. cit.*, p. 46.
3. Sur ces personnages, v. Grün, p. lxvi et suiv., et l'index onomastique du présent volume. — Sur Nicolas de Chartres, cf. en outre *Actes du Parlement de Paris*, I, 305; *Fragm. inédits du registre de N. de C.*, Paris, 1872, p. 1, note.

de procédure du dernier parlement[1]. Ces pièces consistaient en *petitiones, articuli*, demandes par écrit, défenses, rubriques et libelles; en enquêtes, aprises, monstrées, etc. : les pièces que les plaideurs produisaient au début de chaque procès et celles que nécessitaient les incidents après le procès entamé. Les greffiers distribuaient ces pièces aux juges rapporteurs, *ad videndum*, et veillaient à ce qu'elles rentrassent au greffe. Ils en tenaient une comptabilité exacte, comme l'attestent leurs inventaires (V. n° CXXXIV au présent Recueil.)

En second lieu, il est certain que les décisions de la Cour, et les transactions des parties, homologuées par elle, étaient soigneusement écrites et conservées dans ses archives. Quant aux transactions ou « accords », on ne les transcrivit jamais sur des cahiers ; elles furent dès l'origine consignées sur des rouleaux séparés. Au contraire, les arrêts de chaque session furent recueillis d'abord sur un rouleau continu, puis concurremment sur rouleaux et sur registres, enfin sur registres seulement.

Tout le monde accepte aujourd'hui cette doctrine, mais les auteurs ne s'entendent point sur quelques problèmes de détail : notamment sur l'origine des rouleaux de session, sur les causes et sur la date de leur disparition, enfin sur la question célèbre de l'authenticité des premiers registres d'arrêts, connus sous le nom d'*Olim*.

Sans reproduire ici les arguments qui ont été fournis de part et d'autre dans les controverses techniques que ces problèmes ont soulevées, voici les résultats qui nous semblent définitivement acquis :

---

[1]. *Olim*, III, 632 : « Rotulus continens requestam hominum Sancti Amancii in Pabula cum eorum cedula sigillata... est in sacco inquestarum hujus parlamenti, » etc.

Il est probable que l'usage d'écrire sur des feuilles de parchemin cousues bout à bout les arrêts des parlements est d'origine anglo-normande. Les arrêts de l'Echiquier de Normandie étaient ainsi recueillis depuis fort longtemps quand cette mode, jusque là inconnue, s'introduisit en France après la conquête de la Normandie par Philippe-Auguste. Guillaume Acarin, chef des clercs de l'Echiquier, qui fut en grande faveur auprès de Louis IX, en est peut-être l'importateur[1].

En tout cas, des rouleaux d'arrêts furent rédigés aux parlements de Paris, d'une façon régulière, depuis l'année 1254 au plus tard; et nous n'avons aucune raison de penser qu'il n'en ait pas existé plusieurs années avant cette date. Ils contenaient sous forme sommaire *toutes* les décisions prises par la Cour, comme de véritables feuilles d'audience.

En 1263 seulement, comme M. Grün l'a bien montré[2], un maître de la Cour, Jehan de Monluçon, eut l'idée ou reçut l'ordre d'écrire sur des cahiers une partie des arrêts prononcés — ceux qui paraissaient les plus importants, sans doute, — en vue de fixer la jurisprudence des parlements, soit en fait, soit en droit. Monluçon, qui était consciencieux, eut soin de dépouiller

---

1. V. le développement de cette théorie dans *De monumentis...*, p. 12. M. Beugnot avait présenté à propos de l'origine des rouleaux de session une hypothèse inacceptable.

C'était un usage immémorial dans les domaines des ducs de Normandie, rois d'Angleterre, de consigner sur des rouleaux les sentences des tribunaux. V. le *Très ancien coutumier de Normandie*, éd. J. Tardif, Rouen, 1881, p. 25. — Sir Francis Palgrave a publié les rôles de la cour des rois normands d'Angleterre à partir de 1194 : *Rotuli Curiae regis*, rolls of the courts held before the King's justiciars, 6 Richard 1er-1 John, 2 vols in-8º, 1835. M. F. W. Maitland vient d'être chargé par la *Pipe-rolls Society* de compléter l'édition de sir Fr. Palgrave (mars 1888).

2. Grün, *op. cit.*, p. LXXI.

les rouleaux antérieurs à 1263, afin que la jurisprudence contenue dans ses cahiers remontât jusqu'à l'époque où Louis IX était revenu de la croisade. Il fit des extraits des rouleaux de 1254, 1255, 1256, 1257; mais il mourut avant d'avoir touché aux rouleaux des six années suivantes. Son successeur, Nicolas de Chartres, combla la lacune laissée entre 1257 et 1263, et, en outre, continua d'année en année la rédaction des cahiers, qui, depuis lors jusqu'à la fin du XVIII° siècle, ont toujours été tenus au courant.

Les cahiers de Jehan, de Nicolas, et de leur successeur immédiat, reliés en registres, ce sont les *Olim*. — Les *Olim* ont été créés pour permettre aux membres des parlements de se référer facilement à leur jurisprudence passée. Les recherches dans les rouleaux de session étaient, en effet, très longues et très difficiles ; des jurisconsultes privés ont été obligés, au XIII° siècle, de dépouiller ceux de l'Echiquier normand et d'en extraire systématiquement les arrêts les plus notables pour la commodité des praticiens [1]. Mais c'est une question de savoir si, à Paris comme en Normandie, les recueils d'arrêts choisis furent à l'origine entrepris, à titre privé, par Jehan de Monluçon, ou si, au contraire, Jehan agit dès 1263 avec l'agrément et en vertu d'un mandat de la Cour. Cette question est insoluble, faute de textes, et, du reste, elle n'offre, à notre avis, qu'un intérêt assez médiocre. En effet, de quelque façon qu'on veuille la trancher, l'authencité des registres *Olim* reste certaine, puisqu'ils sont constamment cités, à partir de 1286, comme des documents officiels [2].

---

1. V. Léopold Delisle, *Mémoire sur les recueils de jugements rendus par l'Echiquier de Normandie à partir du règne de Philippe-Auguste*. (Mém. de l'Acad. des Inscriptions, 1860.)
2. La démonstration de Lot est tout à fait convaincante; M. Grau

Ainsi, les registres *Olim* ont été de très bonne heure considérés comme des monuments authentiques de la jurisprudence parlementaire, on ne saurait en douter; mais ils ne contenaient qu'un choix, — arbitraire, après tout, — des décisions des parlements. A côté des *Olim*, les rouleaux de session, plus complets, garderont donc leur raison d'être, et, en effet, les clercs du greffe continuèrent d'en rédiger; il n'y avait pas double emploi. Nous avons encore des fragments des rouleaux de 1281, de 1288, de 1290; Pierre de Bourges, sous Philippe le Bel, fait aux *rotuli parlamentorum* de son temps de continuels renvois[1]. Cependant, en 1319, les rouleaux disparurent brusquement; jamais il n'en est fait mention au xive siècle: phénomène qui, au premier abord, paraît malaisé à expliquer.

L'explication en est pourtant simple et conforme aux principes grâce auxquels on est parvenu à se rendre compte de toutes les transformations qui se sont produites dans les archives du Parlement, au point de vue de l'enregistrement des actes judiciaires, jusqu'à la fin de l'ancien régime. « Les archives du Parlement, dit très bien M. Grün (p. cxviii, c. 2), ont grandi avec son pouvoir; la tenue de ses registres s'est améliorée avec l'institution des greffes; leurs subdivisions sont nées du besoin de mettre plus d'ordre dans les documents à mesure que le nombre s'en augmentait. » Entre les différentes séries de registres du Parlement, *Olim*, *Jugés*, *Criminel*, *Greffe*, etc., il y a des rapports de filiation directe; elles sont sorties les unes des autres suivant une loi constante de différenciation progressive. M. Grün a eu le mérite

---

n'y a rien ajouté. Cf. Léopold Delisle, *Actes du Parlement de Paris*, I. p. 305-6.

1. *Olim*, II, 46-7; *De monumentis*, p. 86. — Cf. *Olim*, III, 65, 73, 76, et passim.

de mettre cette loi en lumière, mais il n'a pas songé à s'en servir pour expliquer la disparition des rouleaux de session en 1319. Il donne à entendre (p. cxix, c. 1) que les *Olim* « contenaient le texte ou le résumé des arrêts portés sur le rouleau de session », tandis que les *Jugés* qui font suite aux *Olim*, à partir de 1319, « renferment la matière même des anciens rouleaux et les remplacent ainsi complètement ». — En réalité, les *Jugés* ne contiennent, comme les *Olim*, que des arrêts proprement dits ; quant aux décisions interlocutoires, commissions, renvois, « statuts », etc., qui étaient mentionnés sur les rouleaux avant 1319, ils l'ont été après cette date dans les *Registres du Greffe* (X^{ia} 8844 et suiv.) qui commencent précisément en 1319. Telle est la véritable généalogie : le *rotulus parlamenti*, ancêtre commun de toutes les séries de registres de la cour, a donné d'abord naissance aux *Olim* qui, avec le temps, ont pris le nom de *Jugés*; puis aux *Registres du Greffe*. Il n'a disparu qu'après la création des *Registres du Greffe*, parce que c'est alors seulement qu'il est devenu inutile.

Il serait facile, si nous voulions empiéter sur l'histoire des archives parlementaires après le xiv° siècle, de rattacher exactement à ce tronc primitif toutes les branches qui se sont successivement développées. Les *Registres du Greffe* ont laissé filtrer une partie de leur contenu dans les registres des *Lettres* et du *Conseil* en 1364 et se sont transformés eux-mêmes en mémoriaux. Les registres des *Ordonnances* (à partir de 1337), des *Plaidoiries* (à partir de 1364), des *Saisies réelles* (à partir de 1375), etc., descendent aussi médiatement des anciens rouleaux des parlements, où toutes les matières étaient confondues pêle-mêle[1].

Quoi qu'il en soit, les anciens rouleaux de session,

---

1. V. le schema d'un tableau généalogique des registres du Parlement, *De monumentis*, p. 22.

les enquêtes, articles, libelles, etc., en un mot, les minutes et les pièces isolées, d'une part, et, d'autre part, les registres, qui composaient par leur réunion les archives primitives du Parlement, et que Pierre de Bourges rangeait côte à côte sur les rayons de sa *camera* et de sa *gardaroba*, n'ont pas toujours été conservés dans le même local. Les registres — considérés sans doute comme plus précieux et entourés, à ce titre, d'une sollicitude plus marquée — sont parvenus jusqu'à nous, tandis que tout l'amas des minutes, à l'exception des rouleaux d'accords, a été brûlé dans l'incendie trop fameux du Palais de justice, arrivé en 1618[1].

Les registres eux-mêmes ne nous sont pas tous parvenus : des cinq registres que Nicolas de Chartres délivra à Pierre de Bourges, son successeur, quand celui-ci entra en charge, trois ont disparu depuis le XVI° siècle, soit qu'ils aient été détruits, soit qu'ils aient été volés ; et il ne reste aucun espoir de les retrouver. Les trois livres qui manquent sont : 1° Le *Liber inquestarum* de Nicolas de Chartres (1269-1298) ; 2° Le *Livre Vayron* où se trouvait la liste des demandes par écrit reçues par Nicolas de 1280 à 1298, et celle des enquêtes que ce greffier avait envoyées aux « maîtres » *ad videndum* ; 3° Le *Parvulus Liber*, où il avait coté les enquêtes et les pièces de procédure apportées au greffe de son temps.

En résumé, les archives du Parlement, jadis si riches, ne renferment plus aujourd'hui de rouleaux de session ni de pièces de procédure antérieures au XIV° siècle (si l'on fait abstraction des documents qui sont dans le Supplément du Trésor des chartes) ; on y voit encore deux registres (au lieu de cinq) antérieurs à l'exercice de Pierre de Bourges, qui est entré en fonctions en 1298 ;

---

1. Voyez sur l'incendie, Grün, *op. cit.*, p. CCXLIX et suiv.

seuls, les deux registres de l'exercice de Pierre de Bourges († en 1319) sont au complet.

§§ II, III. Quatre registres d'*Olim*, voilà tout ce qui reste de l'immense dépôt décrit par les « mémoriaux ». Ces quatre volumes ont été de bonne heure considérés comme une source inépuisable de renseignements de toute espèce, comme la source unique de l'histoire des parlements. De nos jours, on s'est préoccupé de compléter les *Olim*, de restituer autant que possible les documents anéantis en 1618, et de refaire, pour ainsi dire, à force d'industrie, les archives primitives de la Cour.

D'abord, n'est-il pas naturel de penser que les plaideurs, les conseillers, les baillis, tous ceux qui assistaient régulièrement ou accidentellement aux parlements ont dû laisser dans leurs livres, s'ils en ont écrit, des récits propres à nous faire connaître la procédure, la jurisprudence, la physionomie de la Cour du roi? Les faits confirment cette hypothèse, car les jurisconsultes du xiii° siècle, comme Pierre de Fontaines, Beaumanoir, et l'auteur de la Coutume de Champagne et de Brie, citent le style et les arrêts des parlements[1]. Hugues de Poitiers, le confesseur de la reine Marguerite, Joinville, l'auteur de la Chronique de Morée, le Ménestrel de Reims, racontent, comme témoins oculaires ou par ouï-dire, des séances tenues au Palais de la Cité. Il importe par conséquent de dépouiller, au point de vue de l'histoire spéciale de la Cour du roi, toute la littérature juridique et annalistique des premiers siècles capétiens.

---

[1]. De même, en Angleterre. M. Maitland vient de publier le « Carnet de notes » du jurisconsulte Bracton : *A Collection of cases decided in the King's Courts during the reign of Henry III*, annotated seemingly by Henri de Bracton, 1888, 3 vol.

En second lieu, les procureurs et les avocats entretenaient nécessairement avec leurs commettants ou avec leurs clients une correspondance suivie pour les tenir au courant des incidents de procédure et prendre leur avis dans les circonstances graves. Voilà encore une source très abondante de renseignements originaux. — Bien entendu, les lettres et les rapports des avocats ou des procureurs, productions d'une utilité passagère, ont péri pour la plupart depuis six siècles; le hasard en a toutefois préservé dans certaines archives seigneuriales quelques spécimens intéressants. Citons en première ligne la collection mutilée des journaux adressés à Edward Ier, roi d'Angleterre et duc d'Aquitaine, par ses procureurs à la cour de France[1]. Nous avons des lettres et des rapports adressés par des praticiens au comte d'Artois[2], à la ville de Reims (n° LXXVI), à la ville de Saint-Quentin (n° XCIV); des notes prises par un procureur normand au parlement de 1291 (n° CV). Des recherches suivies dans les archives de province amèneront sûrement la découverte d'autres documents du même genre.

Mais il y a mieux encore. Les expéditions d'arrêts faites par les soins des clercs du roi à la requête des plaideurs sont à coup sûr les monuments les plus nombreux — les moins connus — et les plus authentiques qui soient présentement à la disposition des savants.

La théorie de l'expédition des arrêts rendus en parlement a été esquissée magistralement par M. Léopold Delisle[3]; je l'ai reprise depuis[4]; je me propose d'en indiquer ici très brièvement les grandes lignes.

---

1. V. ci-dessous (p. xxvii), la bibliographie sommaire. — V. les n°s XLII, LXXXI, LXXXVIII, CXXX, de notre Recueil.
2. Archives du Nord, B. 1593, f°s 1-4, 109-110.
3. *Actes du Parlement de Paris*, I, p. 307 et suiv.
4. *De monumentis...*, p. 50 et suiv.

Les archives particulières de la couronne, des grands seigneurs, des communautés ecclésiastiques et des villes sont fort riches en arrêts anciens des parlements, expédiés à Paris sous le sceau royal. Comme les *Olim* ne remontent pas au delà de 1254, c'est par des expéditions de cette espèce, dispersées dans les chartriers et dans les cartulaires des personnages féodaux, que tous les arrêts des parlements antérieurs à 1254 nous ont été conservés. Disons en passant qu'il serait très utile de faire l'inventaire de ces expéditions d'arrêts antérieurs aux *Olim*, car MM. Luchaire et Boutaric n'en ont réuni qu'un petit nombre dans leurs catalogues partiels[1]. Personne n'a encore entrepris de dresser la liste des arrêts délivrés sous Philippe-Auguste, sous Louis VIII, et pendant la première partie du règne de Louis IX.

A partir de 1254, nous possédons, il est vrai, des registres de la Cour; mais ces registres sont bien loin de rapporter tous les arrêts rendus par les maîtres; j'ai déjà dit qu'ils n'en contiennent qu'un choix arbitraire. On ne doit point négliger, par conséquent, les expéditions d'arrêts postérieurs à 1254: elles reproduisent rarement le texte des registres: la plupart du temps, elles font connaître des décisions de la Cour que le rédacteur du registre a passées sous silence. Même lorsqu'un arrêt se retrouve à la fois sous forme de notice dans les *Olim*, et dans une charte royale sous forme d'expédition, l'expédition est presque toujours plus développée, plus complète et plus instructive que la notice.

1. V. ci-dessous, p. xxv. — M. Bigelow a publié (Londres, 1879, in-8°), sous le titre de *Placita Anglo-Normannica*, un recueil de tous les *law cases* dont le souvenir a été conservé depuis Guillaume le Conquérant jusqu'à Richard Ier; il est à souhaiter qu'un recueil analogue des plus anciens procès plaidés à la Cour du roi, en France, soit mis à la disposition des érudits.

Mais comment les expéditions étaient-elles rédigées, sous quelle forme et d'après quelles minutes? Voici les règles que la comparaison attentive d'un grand nombre de ces documents a permis de formuler:

Il faut distinguer quatre modes d'expédition des arrêts de la Cour du roi au xiii° siècle : expédition par cédules, par diplômes ou par lettres patentes, par mandements, par rouleaux.

a). *Cédules.* Les cédules étaient de simples extraits des rouleaux de session, collationnés par les clercs des parlements, mais non encadrées dans des formules diplomatiques. Un texte[1] nous apprend que « d'après le style de la Cour de France, ces cédules avaient la valeur d'un arrêt en forme, *valebant per modum arresti* ». Il est vraisemblable qu'on ne délivrait de cédules que dans les cas urgents.

b). *Diplômes* ou *lettres-patentes*. Les notaires de la Cour du Roi suivirent exactement les usages de la chancellerie royale, à laquelle, d'ailleurs, ils étaient probablement attachés, à l'origine, en qualité de clercs : tant que le diplôme demeura la forme ordinaire des actes publics (x°-xii° s.), ils entourèrent les décisions de la Cour des formules pompeuses du diplôme; quand la lettre patente, forme brève, mais encore solennelle, remplaça le diplôme, ils adoptèrent le type diplomatique des lettres patentes pour leurs expéditions. — Comme, au xiii° siècle, la Cour n'avait pas encore de sceau particulier, ces lettres patentes, rédigées par les notaires du greffe de la Cour, étaient scellées à la Chancellerie[2].

Reste à savoir comment ces lettres étaient rédigées au

---

1. British Museum, Julius E. 1, f° 336. « ... quedam cedula, que dicebatur valere secundum stilum Curie Francie per modum arresti... » Cf. *De monumentis...*, pp. 51, 86.

2. Recueil, p. 165 § 17.

greffe. — M. Léopold Delisle a prouvé[1] que les notices d'arrêts insérées dans les registres *Olim* « doivent être considérées parfois comme des minutes que le notaire chargé de dresser l'expédition s'est borné à transcrire en y changeant à peine quelques mots ». Mais M. Delisle affirme un peu hardiment que c'est là le cas le plus fréquent; c'est au contraire le cas le plus rare. Nous croyons, pour notre part, que le texte des *Olim* n'était pris comme minute que lorsqu'il s'agissait de délivrer copie d'un arrêt longtemps après qu'il avait été prononcé. Le plus souvent l'expédition était faite au moment même du jugement, avant que le greffier eût écrit une notice quelconque sur ses cahiers. Quelquefois même le greffier, lorsqu'il a rédigé son registre, n'a fait qu'y analyser ou y abréger le texte d'expéditions préalablement expédiées, *prout in litteris super hoc judicio confectis plenius continetur*. Il faut bien croire, par conséquent, que les notaires délivraient les lettres patentes non pas d'après les registres, mais d'après les minutes d'audience. Au XIII° siècle, du reste, ils avaient un style précis qui leur facilitait la rédaction immédiate; le plan, les formules, la langue même, ample et cadencée, de toutes les lettres patentes émanées du greffe, sont presque rigoureusement uniformes.

c). *Mandements.* Si l'on ne pensait pas qu'il y eût lieu d'employer une lettre patente solennelle pour notifier la volonté de la Cour, les maîtres se contentaient d'enjoindre au bailli ou au sénéchal du roi qui avait été pris à partie par un plaideur d'agir de telle ou telle façon. Baillis et sénéchaux assistaient aux séances, jusque sous Philippe le Bel : *les mandements des juges pouvaient donc leur être signifiés oralement*; mais, pour plus de sûreté, les plaideurs en requéraient sou-

---

1. Préface citée, p. 307, c. 2.

vent copie. Ils emportaient ces mandements écrits, et, revenus dans leur pays, les exhibaient au besoin pour en obtenir l'exécution. — Dans la correspondance des rois de France du XIIIe siècle, les mandements judiciaires de cette espèce occupent une place considérable.

d). *Rouleaux.* Des particuliers envoyaient fréquemment à la Cour de longs rouleaux où ils exposaient, article par article, leurs griefs ou leurs requêtes. Les clercs du roi avaient l'habitude de leur retourner ces rouleaux, après avoir écrit à la suite de chaque article la réponse ou la décision du Parlement[1]. Parfois, ils adressaient copie des requêtes et des réponses aux officiers du roi, qui avaient intérêt à en être informés[2]. Parfois, ils écrivaient seulement sur des rouleaux les réponses de la Cour[3] sans reproduire le texte des requêtes.

Rien de plus commode et de plus rationnel que cette méthode ; pourquoi n'aurait-on pas eu l'idée de l'appliquer aux arrêts contradictoires aussi bien qu'aux requêtes ? Deux plaideurs, l'évêque de Toulouse et le viguier de Toulouse, par exemple, avaient-ils l'un contre l'autre un certain nombre de griefs ? A quoi bon trancher séparément chacun de leurs différends ? Ne les jugeait-on pas tous à la file pendant la même audience ? Ne pouvait-on pas rédiger tous les jugements intervenus sur une seule feuille de parchemin qui serait suffisamment authentiquée par l'apposition du

---

1. Par exemple, *Olim* (éd. Beugnot), I, 59 et suiv. (Pétition des évêques de Normandie); cf. Recueil, nos CXXVIII, CXXIX.

2. Ménard. *Histoire de Nismes*, I. pr. p. 118. « Ph., etc., mandamus vobis quatinus super requestis episcopi Uticensis quas vobis sub nostro contrasigillo mittimus inclusas cum responsionibus ibidem subscriptis quas nostra Curia fecit ad ipsas... »

3. V. *De monumentis...*, p. 54; cf. *Actes du Parlement de Paris*, I, 93, no 995 A; I, 249, c. 2.

sceau royal? — Il existe en effet des rouleaux d'arrêts rendus au cours d'un même parlement entre l'évêque et le viguier, — entre les consuls et le viguier de Toulouse : « *Hec sunt arresta que fuerunt determinata Parisius per dominum regem et ejus Curiam anno Domini MCCLXXVII, in parlamento Purificationis beate Marie Virginis, super controversiis que vertebantur inter venerabilem patrem dominum Bertrandum, episcopum Tholosanum, et R. Arnaldi, militem, vicarium Tholose; super apertione et publicatione quorum G. de Gauderiis et Vitalis Aycardi, notarii publici Tholose, litterarum regis et rotuli sub contrasigillo regis clausi, in quo continebantur, fecerunt publica instrumenta* »[1].

Les baillis et les sénéchaux du roi, qui avaient à soutenir un très grand nombre de procès à chaque session, et qui avaient besoin de connaître, pour veiller à ce qu'ils fussent exécutés, tous les jugements de la Cour relatifs à leur circonscription, étaient certainement, parmi les plaideurs, ceux qui étaient surtout appelés à recevoir des « rouleaux d'arrêts » d'une façon régulière. Quelques-uns de ces officiers, peut-être tous, entretenaient d'ailleurs aux parlements des scribes qui prenaient des notes sur ce qui s'y passait[2]. Le sénéchal de Carcassonne recevait, comme je l'ai prouvé[3], après chaque parlement, des rouleaux qui l'informaient des

---

1. Ces rouleaux n'existent plus en original, mais les cartulaires municipaux de Toulouse en renferment des copies. Auffreri, dans ses notes ajoutées à l'édition du « Stilus Parlamenti » de du Breuil par Ch. Dumoulin, s'est abondamment servi de ces copies. M. Auguste Molinier en a imprimé la plus grande partie d'après le ms. latin 9993 de la Bibl. Nat. (*Liber Albus* de Toulouse.) V. *Histoire générale de Languedoc* (éd. Privat), X, pr. pièces nᵒˢ 18, 26, 27; cf. nᵒ 55. — M. Ad. Baudoin, *Lettres inédites de Philippe le Bel...* Paris, 1887, a publié quelques fragments de rouleaux inédits d'après le registre AA. 147 des arch. municip. de Toulouse (annexes nᵒˢ 7, 9).
2. Recueil, nᵒ LXXXII.
3. *Bibliothèque de l'École des chartes*, 1887, p. 172.

décisions prises au sujet des affaires de son ressort ; très probablement, tous ses collègues en recevaient d'analogues.

Les renseignements qui sont fournis par ces « rouleaux de bailliage ou de sénéchaussée » paraissent, d'après les spécimens déjà publiés, d'une précision et d'une nouveauté exceptionnelles. Plusieurs ordonnances importantes n'ont laissé de traces que là[1]. — D'ailleurs, presque toutes les ordonnances du xiii° siècle qui ont été délibérées en parlement — et notamment celles qui touchent l'organisation intérieure de la Cour du roi, — ne sont connues aujourd'hui que par des expéditions. Les registres officiels des greffiers ne les mentionnent pas ou les analysent très brièvement. Si elles sont transcrites dans quelque recueil authentique, ce n'est dans les registres du parlement, mais plutôt dans ceux du Trésor.

En dehors des expéditions, les archives locales récèlent une quantité énorme de pièces de procédure, dont les historiens du Parlement ne peuvent pas ne pas tenir compte. On y trouve des mémoires, des « libelles », des *processus*, qui permettent de se passer sans trop de dommage des archives du Palais, dévorées par le feu en 1618. — En effet, les anciens greffiers de la Cour rendaient souvent aux parties les pièces des procès jugés ; d'autre part, les plaideurs gardaient par devers eux le double des documents qu'ils envoyaient au greffe ; ils avaient même le droit, suivant le style des parlements, d'exiger copie des productions de leurs adversaires[2]. Ajoutez que plus d'un seigneur laïque ou ecclésiastique prit soin, au moyen

---

1. Recueil, n° LXXIII ; *Histoire générale de Languedoc*, X, pr. c. 241.
2. V. les textes, *De monumentis*..., p. 38.

âge, de faire transcrire sur des registres spéciaux toutes les pièces de procédure produites au cours des procès qu'ils avaient eus autrefois, afin d'avoir sous la main des arguments tout prêts si les litiges venaient à renaître. C'en est assez pour faire deviner toutes les richesses que tiennent en réserve les chartriers, mal explorés jusqu'ici, des anciennes seigneuries de la France capétienne. Il nous a suffi d'en dépouiller quelques-uns : ceux du duc d'Aquitaine, du comte d'Artois, de l'abbaye de Moissac, de la ville de Reims, pour y découvrir une foule d'actes pareils à ceux qui étaient conservés au Palais de la Cité au temps de Philippe le Bel. On en extrairait aisément des types de toutes les pièces de procédure usitées au xiii° siècle, depuis les *procuratoria* jusqu'aux libelles et jusqu'aux enquêtes[1].

Mais le corpus de la jurisprudence de la Cour du roi au xiii° siècle serait singulièrement incomplet si l'on négligeait d'y faire entrer les arrêts des Commissions déléguées par la Cour du roi en province, de ces cham-

---

1. Varin (*Arch. administr. de Reims*, tome Ier) et M. Léopold Delisle, dans sa *Restitution du Liber Inquestarum de Nicolas de Chartres*, ont publié un grand nombre de pièces de toute espèce qu'il suffira de consulter pour connaître les formules employées ordinairement pour la rédaction des *petitiones*, des *articles*, des *répliques*, etc. Cf. *De monumentis*, p. 39 et suiv. — Les pièces qui se rencontrent le plus rarement dans les archives privées sont les enquêtes, parce que les plaideurs ne pouvaient prendre copie de ces documents, dont l'exemplaire unique devait être rapporté au greffe de la Cour (Recueil, n° XCIX § 15.) V. cependant de Charmasse, *Cartulaire de l'église d'Autun*, Autun, 1865, p. 234 et suiv.

Le registre de Pierre de Caux, qui, rédigé vers 1286, manquait dans les archives de la chancellerie dès 1318, contenait un formulaire complet des actes de procédure les plus courants. V. la table de ce registre Arch. nat., JJ. 3, f° 1 v° : « De adjornatione per bailliviam — secundum omnia erramenta. — super falso judicio. — De contramandato. — De procuracione. — De ostensione facienda, etc. »

bres ambulatoires qui, sous le nom de Jours de Troyes, de parlements de Toulouse, d'Echiquier de Normandie, ont siégé, d'une façon plus ou moins régulière, dans les capitales des principales provinces du royaume[1].

Ces trois Commissions de Toulouse, de Rouen et de Troyes ont eu naturellement chacune leur greffe ; mais leurs archives sont aujourd'hui très mutilées. De la jurisprudence des parlements tenus à Toulouse, il ne nous reste que ce qu'en ont préservé des expéditions officielles (rouleaux, lettres patentes)[2]. De celle de l'Echiquier normand, nous n'avons plus que des arrêts choisis, dont la collection a été publiée par MM. Léopold Delisle et Léchaudey d'Anisy[3]. De celle des Jours de Troyes, il ne reste que des fragments informes[4].

Quant aux commissions temporaires, confiées à tel ou tel membre de la Cour, pour trancher une affaire spéciale, avec un mandat limité, nous ne les citons ici que pour mémoire. On connaît cependant une assez grande quantité d'arrêts de ces commissaires exceptionnels, demi-juges, demi-arbitres, et il ne serait pas sans intérêt d'en dresser un inventaire critique.

---

1. Cf. les assises ambulatoires des juges itinérants de la *Curia regis* des rois d'Angleterre, Stubbs, *Constitutional history of England*, Oxford, 1873, I, 305 et passim. — Les archives de ces assises sont d'ailleurs bien mieux conservées en Angleterre qu'en France. V. la collection des *Year books* d'Edward Ier, publiée par MM. A. J. Horwood et L. O. Pike, dans les Rolls Series, 1863-1885 — M. F. W. Maitland prépare pour la Selden Society un volume sur « les plaids de la Couronne au XIIIe siècle ».

2. V. *Hist. gén. de Languedoc* (éd. Privat), t. X, et Ad. Baudoin, op. cit., annexes.

3. L. Delisle, *Recueil de jugements de l'Échiquier de Normandie au XIIIe siècle*, Paris, 1864. — Léchaudey d'Anisy. *Arrêts de l'Échiquier de Normandie* (Mém. de la Soc. des Antiquaires de Normandie), XV, 158.

4. Boutiot, *Recherches sur les Grands Jours de Troyes*, Paris, 1852, p. 19.

II

L'histoire de l'organisation, de la compétence, de la procédure et de la jurisprudence de la Cour du roi sera faite quand on aura épuisé méthodiquement toutes les sources que nous venons d'énumérer. Cet immense travail est encore bien loin d'être achevé ; cependant, des recueils de textes, des catalogues facilitent dès maintenant la connaissance et l'accès des anciennes archives parlementaires. En outre, des livres ou des dissertations de seconde main, qui traitent soit du Parlement en général, soit d'une phase particulière de son développement, soit de quelque détail de sa constitution, ont été publiés depuis la fin du XVIe siècle jusqu'à l'an dernier. — Nous avons essayé de dresser une bibliographie sommaire de toute cette littérature. Cette bibliographie n'est pas complète, mais elle n'omet, nous l'espérons, aucun article essentiel. Elle est critique, parce que, dans la section relative aux ouvrages de seconde main, un astérisque, placé devant le nom de l'auteur, distingue les travaux originaux, bien documentés et dignes de confiance, de ceux dont il faut se servir avec précaution.

SECTION A. LES TEXTES ET LES INVENTAIRES.

Liste des principaux procès soumis à la Cour du roi de 1137 à 1180 (81 articles), dans A. LUCHAIRE, *Histoire des institutions monarchiques de la France sous les premiers Capétiens*, II, 308, app. n° 12.

Arrêts de la Cour du roi, accords et enquêtes depuis l'avènement de Philippe-Auguste jusqu'à 1254, date du plus ancien registre du Parlement, dans *Actes du Parle-*

ment de Paris, p. p. E. Boutaric, I, pp. ccxcii-cccxxx (40 articles). [M. B. n'a donné que des documents tirés des Archives Nationales].

Les Olim. *Les Olim ou registres des arrêts rendus par la Cour du roi*, p. p. le comte Beugnot. Paris, 1839-48, 4 vol. in-4° (Collection des Documents inédits) [1].

[Un *Olim*, le *Liber Inquestarum* de Nicolas de Chartres, est perdu depuis le xvi° siècle; mais on l'a restitué de nos jours presque en entier à l'aide de copies partielles, faites alors qu'il était encore au greffe de la Cour :]

Essai de restitution d'un volume perdu des *Olim*, dans *Actes du Parlement de Paris*, I, pp. 315-464 (p. p. M. Léopold Delisle).

Fragments inédits du registre de Nicolas de Chartres, dans *Notices et extraits des manuscrits de la Bibliothèque nationale*, XXIII, 2° partie (p. p. M. L. Delisle).

Nouveaux fragments du *Liber Inquestarum* de Nicolas de Chartres, dans la *Bibliothèque de l'École des chartes*, 1885, pp. 440-477 (p. p. Ch. V. Langlois).

[Le « Memorial » du greffe, relié au commencement du 3° *Olim*, n'a jamais été publié in extenso, mais on en trouve des extraits dans les livres suivants :]

Klimrath. *Travaux sur l'histoire du droit français*, 1843, vol. I, pp. 73-80.

Beugnot. *Les Olim*, II, pp. 880-5.

Grün. *Notice sur les archives du Parlement de Paris*, pp. lxxviii-lxxx.

[M. Boutaric a eu l'idée d'inventorier chronologiquement

---

1. L'édition, faite sur une copie du xviii° siècle, laisse à désirer, surtout au point de vue de la ponctuation.

tous les arrêts contenus dans les *Olim* et déjà connus par la publication de Beugnot, en insérant dans cet inventaire les enquêtes et les pièces de procédure, contemporaines des arrêts, qui sont aux Archives Nationales. Ces enquêtes et ces pièces, qui auraient dû d'ailleurs être imprimées à part, sont les seuls documents qu'il convienne de citer d'après l']

Inventaire des arrêts du Parlement, dans *Actes du Parlement de Paris* (Collection des Archives nationales), I, pp. 1-296, de 1254 à 1298; II, pp. 1-294, de 1298 à 1319.

[L'Inventaire de Boutaric est au contraire très utile pour les arrêts postérieurs aux *Olim*, qui sont inédits[1]; mais il ne va que jusqu'à 1328. On ne saurait trop regretter qu'il n'ait pas été continué. — On consultera donc avec fruit l']

Inventaire des arrêts du Parlement de 1319 à 1328, dans *Actes du Parlement de Paris*, II, pp. 294-639[2].

[Les rouleaux de sénéchaussée et les journaux de procureurs (cf. ci-dessus p. xvi) qui ont été publiés jusqu'à présent sont :]

Rouleaux d'arrêts de la Cour du roi au xiii° siècle (sénéchaussée de Ca... sonne), p. p. Ch. V. Langlois, dans *Bibliothèque de ... .le des chartes*, 1887, pp. 177-208.

Rouleaux d'arrêts de la Cour du roi au xiii° siècle (duché d'Aquitaine), p. p. Ch. V. Langlois, dans *Bibliothèque de l'École des chartes*, 1887, pp. 535-565.

[Les registres et les minutes du xiv° et du xv° siècles n'ont été ni publiés ni inventoriés. Toutefois, il existe des recueils

---

1. Il faut remarquer que M. B. a inventorié les mentions contenues dans les registres du Criminel à partir de 1312, en les insérant à leur date parmi les arrêts des *Olim*. En ce qui touche le Criminel, le travail utile de M. B. commence donc à l'année 1312 (*Actes du Parlement de Paris*, II, p. 98).

2. Dans cette partie de l'inventaire, M. B. combine les arrêts contenus dans les registres des Jugés, du Greffe et du Criminel, en suivant l'ordre chronologique.

de documents, empruntés *exclusivement* aux archives du Parlement :]

***Journal de Nicolas de Baye*,** greffier du Parlement de Paris, (1400-1417), p. p. Alexandre Tuetey, tome Ier, Paris, 1885, in-8° (Société de l'histoire de France).

***Testaments enregistrés au Parlement de Paris sous le règne de Charles VI*,** p. p. Alexandre Tuetey, Paris, 1880, in-4°.

[Beaucoup d'autres ouvrages renferment çà et là des documents, tirés des archives du Parlement ou d'archives locales, qui sont relatifs à l'histoire de la Compagnie. On trouvera les principaux de ces documents parmi les pièces justificatives des livres énumérés dans la section B.]

SECTION B. Livres relatifs a l'histoire du Parlement.

I. Histoires générales du Parlement.

[Comme il est facile de le deviner, il n'y a point de bonne histoire générale du Parlement; l'état des documents n'a pas permis jusqu'ici d'en composer. Il n'y en a donc point de bonne, mais il y en a beaucoup. Les ouvrages des premiers érudits, tels que Pasquier, Miraulmont, la Rocheflavin, ont rendu de très grands services à la science; ceux qui ont été écrits au commencement de ce siècle ne sont pour la plupart que des amplifications sans critique.]

(*) Pasquier. *Recherches de la France*, livre II, chap. III.

(*) B. de Miraulmont. *De l'origine et établissement du Parlement et autres juridictions royales estans dans l'enclos du Palais royal de Paris*, Paris, 1612, petit in-8°.

(*) *Treize livres des parlemens de France...* par B. de la Roche Flavin, Bordeaux, 1617, in-fol., et Genève, 1621, in-4°.

(*) Boucher d'Argis. Art. « Parlement » dans l'*Encyclopédie du XVIIIe siècle*, 1786.

[Nous ne mentionnons que pour mémoire les très nombreux livres-pamphlets qui ont paru pendant les deux derniers siècles de l'ancien régime pour ou contre les prérogatives du Parlement. L'histoire ne peut guère faire son profit des *Lettres historiques sur les fonctions essentielles du Parlement* de Lepaige (Amsterdam, 1753, in-12) ; de la *Dissertation sur l'origine et les fonctions essentielles du Parlement* de Cantalauze de la Garde (Amsterdam, 1764, in-12); ou des ouvrages de polémique bien connus, quoique peu conformes aux idées modernes, de Dupuy, de Boulainvilliers et de Voltaire.]

Constantin Gérard, *Histoire du Châtelet et du Parlement de Paris,* leur fondation, leurs juridictions, etc. Paris, 1847, in-8°.

J. Aubenas. *Histoire du Parlement de Paris,* I (1re partie), Paris, 1847, in-8°.

[Vicomte de Bastard d'Estang. *Les Parlements de France,* essai historique sur leurs usages, leur organisation et leur autorité, Paris, 1858, 2 vol. in-8°[1]].

Ch. Desmaze. *Le Parlement de Paris,* son organisation, ses premiers présidents et procureurs généraux, avec une notice sur les autres parlements de France (1334-1860), 2e édit., Paris, 1860, in-8°.

F. Rittiez. *Histoire du Palais de justice de Paris et du Parlement* (860-1789), Paris, 1860, in-8°.

F. Mérilhou. *Les Parlements de France ; leur caractère politique depuis Philippe le Bel jusqu'en 1789.* Paris, 1863, in-8°.

Fayard. *Aperçu historique sur le Parlement de Paris.* Paris, 1877-78, 3 vol. gr. in-8°.

(*) H. Lot. Art. « Parlement » dans le *Dictionnaire historique de la France,* publié par M. L. Lalanne.

Alph. Callery. *Histoire des attributions du Parlement, de la Cour des Aydes et de la Chambre des Comptes depuis la*

---

1. Le titre n'est pas exact. M. de Bastard d'Estang étudie tout spécialement dans cet ouvrage l'histoire du Parlement de Toulouse.

féodalité jusqu'à la Révolution française, Paris, 1880, in-8°.

II. MONOGRAPHIES SUR UNE PÉRIODE PARTICULIÈRE DE L'HISTOIRE DU PARLEMENT[1].

(*) A. LUCHAIRE. *La Cour du roi et ses fonctions judiciaires sous le règne de Louis VI (1108-1137)*, in-8°.

(*) A. LUCHAIRE. *La Cour du roi sous les premiers Capétiens, jusqu'au règne de Philippe-Auguste*, dans *Histoire des institutions monarchiques de la France sous les premiers Capétiens*, Paris, 1883, I, livre III, chap. II et III.

H. WALLON. *Saint Louis et son temps*, 2° édit. II, chap. XVIII.

CH. V. LANGLOIS. *Le règne de Philippe III le Hardi*, Paris, 1887, livre IV, chap. II.

E. BOUTARIC. *La France sous Philippe le Bel*, Paris, 1861, livre VIII, chap. III.

(*) F. AUBERT. *Le Parlement de Paris de Philippe le Bel à Charles VII (1314-1422), son organisation*, Paris, 1887, in-8° (avec pièces justificatives).

F. AUBERT. *Essai sur l'organisation, les attributions, la compétence et la procédure civile du Parlement de Paris de 1380 à 1419*, dans les *Positions des thèses des élèves de l'Ecole des chartes, en 1884*).

[Cf. GIBERT. *Recherches historiques sur les cours qui exer-*

---

1. Nous laissons de côté les monographies faites sur l'histoire du Parlement depuis la fin du moyen âge jusqu'à la fin de l'ancien régime; par exemple, par M. Picot sur le Parlement de Paris sous Charles VIII; par M. de Barante sur le Parlement au temps de la Fronde; par M. Flammermont sur les réformes du chancelier Maupeou, etc.

çoient la justice souveraine de nos rois sous la 1re et la 2e race et au commencement de la 3e (avec pièces justificatives), dans *Mémoires de l'Académie des Inscriptions*, XXX, pp. 587-632.

PARDESSUS. *Essai historique sur l'organisation judiciaire jusqu'à Louis XII*, Paris, in-8°, 1851.]

III. MONOGRAPHIES RELATIVES A UN POINT SPÉCIAL DE L'HISTOIRE DU PARLEMENT.

[Elles sont relatives soit à l'installation du Parlement dans le Palais de la Cité, soit à sa compétence, soit à sa procédure, soit au personnel de clercs, d'avocats et de procureurs qui vivait autour de la Compagnie.]

(*) CH. BÉMONT. *De la condamnation de Jean sans Terre par la cour des pairs de France en 1202*, dans *Revue Historique*, XXXII (1886), 33, 290.

(*) E. BOUTARIC. *Recherches archéologiques sur le palais de justice de Paris, principalement sur la partie consacrée au Parlement, depuis l'origine jusqu'à la mort de Charles VI*, dans les *Mémoires de la Société des Antiquaires de France*, VII, 3e série.

A. DUPOND. *Les appels de Guyenne devant le Parlement de Paris*, dans les *Positions des thèses des élèves de l'École des chartes*, 1887, p. 41 et suiv.

Dr THEODOR SCHWALBACH. *Der Civilprocess der pariser Parlaments nach dem « Stylus » Du Breuil's*, Fribourg-en-Brisgau, in-8°, 1881.

(*) HENRI LOT. *Les frais de justice au XIVe siècle*, dans *Bibliothèque de l'École des chartes*, XXXIII, pp. 565-581 ; XXXIV, pp. 204-232 (avec pièces justificatives).

— XXXII —

(*) Ad. Tardif. *La procédure civile et criminelle aux XIIIe et XIVe siècles ou procédure de transition*, Paris, 1885[1], in-8°.

(*) R. Delachenal. *Histoire des avocats au Parlement de Paris*, 1300-1600, Paris, 1885, in-8° (avec pièces justificatives).

Ch. Bataillard. *Les origines de l'histoire des procureurs et des avoués jusqu'au XVe siècle*, Paris, 1868, in-8°.

Ad. Fabre. *Les clercs du Palais*, recherches historiques sur les bazoches des Parlements... Lyon, in-8°, 1875.

IV. Les Parlements provinciaux.

[La plupart des Parlements de l'ancienne France ont été fondés après le moyen âge, et leur histoire n'est pas, même en partie, comprise dans les limites chronologiques de nos recherches. Nous citerons seulement :]

Am. Floquet. *Histoire du Parlement de Normandie*, Rouen, 1843, 6 vol. in-8°.

Boutiot. *Recherches sur les Grands Jours de Troyes*, Paris-Troyes, 1852, in-8°.

Ch. Dubédat. *Le Parlement de Toulouse*, Toulouse, 1886, 2 vol.

E. Brives-Cazes. *Origines du Parlement de Bordeaux*, Bordeaux, 1887, in-8°.

---

1. Cet ouvrage n'est pas exclusivement consacré au Parlement, mais il jette beaucoup de clarté sur l'histoire primitive de sa procédure. Cf. Tanon, *L'Ordre du procès civil au XIVe siècle*, 1885. (Extr. de la *Revue historique du Droit français et étranger*.) — On pourra comparer utilement Bigelow, *History of procedure in England from the norman conquest*, London, Macmillan, 1880, in-8°.

III

On regrette communément que personne n'ait encore écrit un livre de généralisation solide sur l'évolution séculaire qui a transformé la *curia regis* des premiers Capétiens en parlements judiciaires au xiiie siècle, en Parlement sous les Valois. Mais un pareil livre n'est pas faisable, parce que pour la période des origines, qui s'étend jusqu'à 1314 environ, les sources n'ont été que tout récemment captées, purifiées et concentrées ; parce que, pour la période qui va du xive au xvie siècle, les sources sont inédites, et, faute de répertoires, très malaisément accessibles. Il est donc nécessaire, avant tout, de recueillir les documents de l'âge primitif et de cataloguer les documents plus modernes.

La première de ces deux tâches — la plus facile — nous a été confiée ; voici comment nous l'avons comprise :

Les documents relatifs à la Cour du roi depuis le xie siècle jusqu'à la fin du règne de Philippe le Bel sont très nombreux. Mais la plupart de ces textes, qui traitent et tranchent des questions de fait, n'ont aucune importance pour l'histoire constitutionnelle des parlements judiciaires de la couronne ; nous avons donc négligé de parti pris toute cette portion de la jurisprudence de la Cour qui n'a pas d'intérêt juridique. Nous avons seulement cherché à grouper ici les éléments d'un « stile » du Parlement depuis ses origines jusqu'en 1314, c'est-à-dire, à classer par ordre chronologique les pièces qui jettent quelque lumière sur l'organisation de la Cour, sur sa composition, sur sa procédure, sur ses usages, sur sa compétence, sur sa vie intime et sur sa vie extérieure. Les ordonnances de Philippe V le Long, le « stilus » de Guillaume du

Breuil esquissent le tableau de la constitution parlementaire de 1320 à 1330 ; le présent recueil devrait permettre de retrouver à travers près de trois siècles les phases successives de son développement.

Les règlements destinés à organiser les parlements, les « chartes », au sens moderne du mot, de la Cour du roi (n°ˢ XCVI, CXV, CXXVI, etc.) et, d'autre part, les ordonnances générales sur la procédure judiciaire (n°ˢ XXV, XXX, CXIV, CXXXII, etc.) forment naturellement le noyau de notre collection. Nous y avons joint tous les arrêts — relativement assez rares, — qui règlent pour l'avenir un point de droit ou font allusion d'une façon formelle aux « coutumes reçues à la Cour ». Tous les « arrêts de règlement », et tous les arrêts relatifs à la *consuetudo Curie*, qui se trouvent répandus dans les *Olim*, dans les rouleaux de bailliage, dans les rapports des procureurs ou dans les livres des praticiens du xiii° siècle, ont été soigneusement relevés. Il a paru bon de transcrire aussi les listes de membres de la Cour que les greffiers ou les scribes ont mises au bas de certains arrêts, afin d'augmenter l'authenticité de leurs expéditions ou de leurs notices ; car c'est le moyen de faire connaître le personnel des parlements archaïques. Enfin, nous nous sommes gardé d'omettre les récits de certaines chroniques et de certaines enquêtes qui représentent, pour ainsi dire, la Cour vivante et agissante, — la physionomie des séances.

La plupart des textes que comprend ce Recueil étaient déjà imprimés, encore que quelques-uns des plus importants (n°ˢ V, XCVI, CIII) n'eussent encore jamais vu le jour, ou n'eussent même jamais été signalés (n°ˢ CV, CXXVI). Mais les anciennes éditions sont très fautives. Il est certain que Laurière et ses collaborateurs, par exemple, n'ont pas toujours compris les documents qu'ils ont publiés dans leurs *Ordon-*

nances du Louvre, et, en effet, ils ne disposaient souvent que de manuscrits inintelligibles. Le texte des ordonnances a dû, par conséquent, être établi d'une façon critique ; il a fallu rectifier les dates de quelques-unes d'entre elles, modifier les divisions, la ponctuation, la graphie et la langue de quelques autres, à l'aide des originaux ou de copies anciennes. Tous les documents qui composent notre Recueil ont, d'ailleurs, été revus de la sorte. Nous tenons, à ce propos, à remercier notre confrère M. L. Le Grand, qui a bien voulu collationner une partie de nos épreuves sur les minutes des Archives Nationales.

En résumé, les étudiants n'avaient jusqu'ici à leur disposition, pour s'initier à l'histoire de l'âge héroïque des parlements de France, que des documents très dispersés, mal datés, généralement corrompus. Ils les trouveront désormais rangés par ordre chronologique et plus conformes aux manuscrits. Ils les trouveront tous, c'est-à-dire tous ceux qui sont connus, car, par une heureuse fortune, la bibliothèque du sujet tient aisément en quelques feuilles d'impression ; et nous n'avons pas été forcé de choisir ou de sacrifier arbitrairement. — Ce n'est pas à dire, bien entendu, que la lecture de ce Recueil puisse dispenser de consulter les grandes collections d'arrêts du XIIIe siècle, ou les monographies qui ont été écrites sur l'histoire primitive du Parlement. Quiconque s'attachera à étudier les origines de la tradition parlementaire devra se mettre pour commencer au courant de toutes les sources de l'histoire de la Compagnie, même de celles qui ne semblent pas l'intéresser directement ; il y rencontrera sûrement çà et là des suggestions inattendues ; il trouvera matière à des comparaisons fécondes ; il trouvera profit à se pénétrer de l'esprit de l'ancienne littérature juridique par un commerce assidu avec tous les textes de cette littérature. Nous n'avons voulu faire qu'un guide élémentaire à l'usage de ceux qui n'auraient pas le temps de se livrer à des recherches personnelles.

Un mot au sujet du système que nous avons adopté pour les annotations. Nous avons été très sobres d'annotations ; c'est à dessein. En effet, nous avons rejeté dans nos deux tables, méthodique et onomastique, les rapprochements de textes similaires et les explications techniques, d'ailleurs peu nombreuses, qui nous ont paru nécessaires. Le préambule qui précède chaque pièce nous a dispensé de notes bibliographiques. Nous n'avons donc rédigé de notes que pour discuter la date douteuse de certains documents, présenter ceux qui étaient restés inédits jusqu'ici, signaler les commentaires auxquels quelques-uns ont donné lieu, et illustrer au besoin les affirmations du texte par des références typiques. Quant aux pièces dont nous avons dû dresser le texte critique d'après plusieurs exemplaires, nous n'avons indiqué en note que les variantes vraiment importantes, celles qui intéressent non seulement la graphie, mais le sens. — Nous espérons que ces notes, et surtout les tables, fourniront au lecteur attentif tous les renseignements utiles pour l'intelligence du Recueil.

Ch. V. Langlois.

TEXTES RELATIFS
À
L'HISTOIRE DU PARLEMENT
DEPUIS LES ORIGINES JUSQU'EN 1314

I

Pont Sainte-Maxence, 1016. — *Procès de l'abbé Herbert de Corbie contre Efroi d'Encre, avoué de l'abbaye de Corbie: sentence de la cour du roi Robert.*

Éd. V. la liste des éditions dans Ch. Pfister, *Études sur le règne de Robert le Pieux*, Paris, 1885, p. LXXVI, n° 53.

In nomine sanctae et individuae Trinitatis, ego Robertus, gratia Dei rex Francorum, compertum esse volo omnibus sanctae Dei aecclesiae fidelibus, tam futuris quam praesentibus, quoniam praevalescente nostris temporibus malignitate perversorum hominum, cum quotidie videretur minorari status ac justicia sanctae matris aecclesiae, maxime ab illis qui advocati sanctorum locorum esse deberent et defensores, illi e contrario praedatores fiant et raptores ; pro qua re saepenumero dum interpellatus essem a venerabili abbate Herberto coenobii Corbeiensis, qui hanc perniciem mali saepe experitur a nefando et maligno Efredo suo milite et advocato supradicti coenobii, qui aliquando si ad expeditionem regiam commonitus extiterit, sumptus itineris sui ab hominibus ipsius monasterii requirit sibi praeparari ; aut si, rediens ex aliquo itinere, si nox eum occupaverit, hospitium in abbatia et servitium sibi demandat ab hominibus villae a se hospitate ministrari ; si vero qualiscumque offensa inter homines suae advocacionis acciderit, justiciam legis ex integro requirit habere ; quod si in castro suo Encrensi aliquid reformari necesse fuerit, homines memorati coenobii ad illud opus ire compellit. Repertum est igitur judicio nostro et nostrorum principum quia, cum suum beneficium ex abbatia ipsa propter advocacionem habeat, supradictas consuetudines in ipsum monasterium habere non debeat, excepto si abbas ipsius loci in expeditionem regis ire deberet et eum secum ire jusserit, aut per se illum cum suis militibus ire procceperit : tunc sibi sumtus ex advocatione, non tamen sine ratione, requirere liceat, nec aliam legis justiciam in abbatia habeat, nisi aut major abbatis, aut prepositus ipsius, vel ipsemet abbas, cum mutaverit, super se exigere justiciam sibi non potuerit, et de ipsa lege tertiam partem habeat. Nec castrum ipsius advocati ab hominibus ipsius abbatis cogatur, neque fieri, neque refirmari, nec in villa aliqua ipsius abbatiae non comedat, nisi forte abbas illum vocaverit, aut praepositus villae pro sua utilitate, nec hominem ipsius abbatiae ad placitum suum compellat pro aliqua occasione, nec causam despectus ab ipso requirat. Hanc igitur sanctionem nostram ac principum nostrorum, si ipse Efredus aut successores ipsius infringere praesumpserint, despectus nostri poenam et tremendi judicii damnationem cum perpetua excommunicatione incurrant.

Acta est haec constitutio in villa vocabulo Pons sanctae Maxentiae, regnante glorioso rege Rotberto, anno vicesimo, indictione XIIIIe.

✝ S. Rotberti gloriosi regis.

II

Etampes, 1031. — Procès entre l'abbaye de Saint-Germain-des-Prés et un certain Varin, chevalier; sentence de la cour du roi Robert.

Or. Arch. Nat. K. 18 n° 6. — *Ed.* J. Tardif, *Monuments historiques*, n° 264; v. la liste des éd. antérieures dans Ch. Pfister, *Etudes sur le règne du roi Robert*, p. LXXXV, n° 91.

In nomine sanctæ et individuæ [Trinitatis, ego] Rotbertus,

gratia Dei Francorum rex. Cum in exhibitione rerum temporalium quas humana religio divino cultu famulando loci sanctorum et congregationibus fidelium ex devotione animi, largitur tam presentis quam perpetuę vitę solatium, ut jampridem multis expertum, indiciis adquiratur, saluberrimus valde et omnibus imitabilis est hic fructus primitivę virtutis, scilicet karitatis, per quem et mundi adquiritur tranquillitas, et felici remuneratione ęterna succedit felicitas. Innotescimus ergo industrię presentium et solertię futurorum sanctæ matris ęcclesiæ fidelium et nostrorum, quod accesserit ad serenitatem nostri animi Adraldus, abbas monasterii Sancti Vincentii et Sancti Germani, in suburbio Parisiacę urbis siti, suppliciter rogans et obnixe postulans quatinus de vicaria quadam in Antoniaco villa et in omnibus villulis ad eam pertinentibus, rapaciter et injuriose a quodam milite nostro, Vuarino nomine, usurpata, super antiquas consuetudines, quas de nobis in beneficio habebat, sibi pacem facerem, quoniam multas molestias inde locus ipse patiebatur. Cujus petitionibus benigne condescendendo annuens, suę proclamationis causam judicio nostrorum deputavimus esse deliberandam et discutiendam, per consensum et consilium dilectissimę conjugis nostrę Constantię. Dijudicato igitur legaliter vicariam injuste fuisse invasam, precepimus cessare supradictum Warinnum ab ecclesię injuria; et deinde, secundum Curie nostre sententiam et totius conventus censuram, concessimus predicto loco Sancti Vincentii et Sancti Germani prenominatarum villarum vicariam, quicquid continetur intra sepium clausuram, vel in domibus sive in viis sive perviis, vel quicquid arpennorum vocabulis ad presens denominatum vel in futuro arpennorum lege dimensum tenebitur, relicta tantummodo eidem militi nostro agrorum vicaria, quam solummodo de nobis ante invasionem in beneficio habebat. Constituimus ergo nostra auctoritate ut ipsa villa Antoniacus cum suis appenditiis ab hujusmodi injuria in perpetuum quieta et tranquilla permaneat, salvo jure ęcclesiastico, ut liberius ipsi servi Dei, ad quorum victus supplementum ista pertinent, pro salute nostra et prolis et totius regni stabilitate invigilent, et nobis, pro impensa illis tranquillitate, merces apud Deum maneat. Ut vero hujus cessionis firmitas per succedentia tempora maneat inviolabilis et inconvulsa, precepti nostri auctoritate firmavimus et sigilli nostri impressione signari precipimus.

Actum Stampis palatio publice, anno incarnati Verbi M° XXX°, et regni Rotberti gloriosissimi regis XXX°VIIII°.

Balduinus cancellarius scripsit et subscripsit.

Signum Rotberti (*Loc. monogr.*) gloriosissimi regis.

III

Paris, 20 mai 1013. — *Procès de Nivard, chevalier, contre l'abbaye de Saint-Maur-des-Fossés, devant la cour de Henri Ier.*

Or. Arch. Nat. K. 19 n° 2⁵. — *Ed.* J. Tardif, *Monuments historiques,* n° 268.

In nomine sancte et individue Trinitatis, Patris et Filii et Spiritus sancti, Heinricus, Dei ordinante providentia Francorum rex, *etc.* Notum fieri volumus cunctis Christum credentibus venerabilem Gunterium, Fossatensis ecclesie abbatem, ad nos accessisse, et de quodam nostro milite, nomine Nivardo, graviter conquestum esse. Dicebat enim abbas idem se in pago Parisiensi quandam habere et possidere villam, nomine Equatam, in finibus silve Aquiline sitam, quam olim suo in tempore Karolus Fossatensi ecclesie tradiderat, ac perpetualiter possidendam, cum omnibus que ad predictam villam pertinent, silva scilicet, prato, aqua, et terra arabili, hospitibus et ecclesia in honore beati Petri apostoli consecrata, placida mente pioque corde contulerat. Quam utique villam prefatus miles sub velamine tuitionis velut iniquissimus predo atterebat, creberrime illic moram faciendo, et venatum iens et rediens colonis pauperibus ibidem commorantibus multa et gravia mala inferebat. Nos vero ab eodem abbate talia audientes simulque rectum ecclesię considerantes, diem rectitudinis ei statuimus, prefatumque militem, ut, die nominata, ante nos, verbis abbatis astaret Parisius paratus respondere, monuimus. Cunque die statuta ante nos venissent, jamdictus abbas, clamorem inferendo et suę ęcclesię rectum ostendendo, coram obtimatibus nostris narravit, et illatas sibi a Nivardo injurias viva voce et aperta racione cunctis astantibus manifestavit. Qui verbis non valens abbatis resistere, omnium judicio procerum confusus reticuit, reumque se proclamans pro rebus ęcclesię male a se tractatis, nostro regali judicio rectum in manu posuit. Abbas igitur manibus duorum clientum coram omnibus sacramento probavit quod tutor villę jamdictę in ea jure non debet capere nisi unum avenę sextarium de arpennis in quibus hospites hospitantur. Ceteri vero arpenni, a domibus remoti, nil aliud reddunt tutori nisi minam avenę. Si autem cultor arpenni defuerit et arpennus in frou Beati Petri redierit, tutor in eo nil capiet usquequo cultor redeat et arpennum a ministro abbatis recipiat. Nullam igitur aliam consuetudinem, excepta venatione, in omni terra sancti Petri tutor debet rite habere. Si vero aliquis hospitum ibi commorantium contra abbatem vel ejus ministrum rebellis fuerit, tutor ille, ad justiciam et rectitudinem, injuriosum illum ad curiam abbatis aut ejus ministri debet adducere, et pro forifacto illo quartam partem justitię debet recipere. Sic itaque, sic in Curia nostra probatum et diffinitum est, coram multitudine procerum ac militum atque clientum, qui unanimiter nos precati sunt super id nostros apices fieri, eorumque nomina ad perpetuum memoriale subscribi, *etc.*

Signum (*Loc. monogr.*) Heinrici Francorum regis. S. Mainardi Senonensis archiepiscopi. S. Imberti episcopi Parisiensis. S. Frollandi episcopi Silvanectensis. S. Rodulfi comitis. S. Willelmi Corboilensis comitis. S. Ivonis, comitis Bellimontis. S. Nanterii vicecomitis. Willelmi de Gomez. S. Baldrici conostabuli. S. Ingenulfi buticularii.

Actum Parisius civitate, in aula regis, anno incarnationis

dominicę M° XL° III°, indictione XI\ sub die XIII Kalendarum Junii, anno vero regni Heinrici regis gloriosi XII°. Balduinus cancellarius relegit et subscripsit.

IV

Compiègne, 1066. — *Procès de l'abbaye de Saint-Médard contre le sire de Couci, terminé devant le roi Philippe Ier, Baudoin, son tuteur, et sa cour.*

Arch. Nat. LL, 1021, p. 313. — *Ed.* Mabillon, *De re diplomatica*, p. 585, n° CLVII (ex chartario Sancti Medardi).

In nomine Sanctae et individuae Trinitatis, ego, Ph. gratia Dei Francorum rex. Dum sub tutore degerem Balduino marchione, meo patre nuper defuncto, in diebus pueritiae meae, Compendii est habitum colloquium publicum, cui interfuit predictus marchio Balduinus, meus, ut predixi, patronus, cum Gervasio, Remensi archiepiscopo, et aliis pluribus episcopis, scilicet Adelardo Suessionensi, Vuidone Ambianensi, altero Vuidone similiter Belvacensi, Balduino Noviomensi ac Drogone Taruanensi, cujus convocatio et concessus propter complures maxime factus est proclamationes quas adversus Albricum Cociacensem abbas Sancti Medardi Rainaldus juste habebat, qui advocatoria et consuetudine iniqua terras Sancti Medardi possidere volebat, scilicet ut in terris Sancti Medardi, ubicumque vellet, prandium sibi praeparari faceret, et a coenobio Sancti Medardi et Vico Castro media via de suo castello rusticos et incolas ad suam justitiam venire compelleret, et in hostem profecturus equos secum de predictis villis, quantoscumque vellet, duceret, et equites earum secum ire cogeret. Mercatores denique et vini conductores de Flandrensi natione ad terras Sancti Medardi venientes justificare volebat, quod retro inauditum ac ei inlicitum erat, nisi prius proclamationem apud abbatem aut procuratores villarum faceret. Denique mercatores quatuor comitatuum, scilicet Noviomensis, Veromandensis, Ambianensis, Santeriensis nullus antecessorum suorum aliquo modo euntes aut redeuntes, sicut ille usque ad istius diem proclamationis injuste fecit, inquietare praesumpsit : quoniam eorum procuratio erat sub tutela alicujus monachi ad haec et hiis similia procuranda constituti. Et quia nichil horum quae supra memoravimus sibi potuit adquirere, nec dono, nec vestitura, nec testimonio; omni submota ratione, communi censura totius conventus episcoporum atque laïcorum, injuriam quam saepe supramemorato sancto loco injuste intulit, legaliter convictus emendavit, ea conditionis conventione, communique presentium astipulatione, ut si amplius aliquid horum fecerit et inde proclamationem abbatis habuerit, nisi postea infra .XV. dies quod commisit emendare et proclamata restituere procuraverit, Silvanectis in captionem se conferat, donec capitale legaliter reddat, et decem libras auri regio fisco pro inlata injuria et temeritate, antequam discedat, persolvat. Quam etiam conventionem manu sua tunc in manum Balduini marchionis, mei tutoris, misit, seque juramento firmaturum, quandocumque eum monerem, spopondit. Ut ergo hujus ratio conventionis in perpetuum rata permaneret et inviolabilis, ego Philippus puer rex Francorum, anno incarnacionis dominice M° LX° sexto, indictione IIII°, regni vero mei anno quinto manu propria firmavi et sigilli regii impressione firmare jussi, et signatam manibus multorum praesentium regi Francorum fidelium corroborandam tradi precepi.

Signum piissimi regis Francorum Philippi. Signum Balduini, comitis nobilissimi. S. Gervasii, praeclarissimi Remorum archiepiscopi. S. Alardi, tunc temporis Suessionum dicti episcopi. S. Vuidonis, Ambianensium episcopi. S. alterius Vuidonis, Belvacensis episcopi. S. Balduini Noviomensis episcopi. S. Drogonis, Taruanensis episcopi. S. Radulfi comitis. S. Willermi Suessionum comitis. S. Widonis, comitis Ponticensis. S. Husseleng (sic). S. Vuazcelini. S. Radulfi, de familia regis. S. Baldrici. S. Ingenulfi. S. Frederici. S. Amalrici. S. Vuidonis S. Rotberti advocati. S. Johannis de vico Sancti Medardi. S. Drogonis. S. Adonis. S. Odonis. S. Fulberti.

V

Entre 1105 et 1107. — Procès des chanoines de Saint-Corneille de Compiègne contre Nivelon de Pierrefond; sentence de la cour de Philippe Ier, présidée par Louis, fils du roi.

Copie d'après un vidimus des archives de Saint-Corneille de Compiègne, Bibl. Nat. Chartes et Diplômes, XLII, fº 246. — Inédit.

In nomine sancte et individue Trinitatis, Patris et Filii et Spiritus sancti, amen. Ego Philippus, divina providente clemencia Francorum rex, sancte Compendiensis ecclesie ab antecessoribus nostris ei traditam dispositum habens tueri libertatem, cum adversus impugnatores illius multas pro ea causas susceperim finiendas, unius pre ceteris seriem que inter ipsam et dominum exorta est Nevelonem non solum ad presentium sed ad futurorum quoque noticiam stilo et memoria volumus commendari. Scimus equidem, et in privilegiis ejusdem ecclesie planissime continetur, quoniam pie recordationis predecessor noster Karolus omne jus regium omnemque potestatem et dominationem quam, in terra illa que hodie Cultura Karoli nominatur et in omnibus ejusdem terre hospitibus, habuerat et habebat, eidem ecclesie ibique Deo famulantibus clericis firmiter et imperpetuum concesserit, ac, de potestate et jure regio nichil sibi preter libertatis ecclesie tuitionem reservans, in jus et potestatem ecclesie transtulerit; unde cum postmodum tempore nostro hospites suos ecclesia per ministros suos ad justitiam adduxisset et petitiones quasdam publicas, quas vulgo talliam vocant, pro utilitate ecclesie exigendo in eos potestatem propriam exercuisset, domnus Nevelo quosdam clientele sue nomine protegere ausus, et ab aliorum lege segregare laborans, pecuniam que pro tallia sumpta erat sibi suisque, ut aiebat, servientibus reddi postulavit. Clericis autem contra renitentibus, illumque injuste agere, quippe qui in terra ecclesie nichil justitie, nichil juris, nichil omnino potestatis haberet profitentibus, cum ipse a cepto non desisteret, immo super hoc de clericis clamorem faceret, nostro assensu, nostra preceptione et voluntate, dies Silvanectis constituta est quatinus ibi in presentia filii mei Ludovici utrorumque causa per ordinem audiretur, et inter eos daretur judicium. Constitutis igitur loco et tempore, clerici affuerunt; affuit et ipse; et sub cleri portione non modica, sub frequentia sapientium virorum atque nobilium laicorum, sub plebis multitudine, causa [pro] qua venerant hoc ordine incepta est agitari. Clamavit namque domnus Nevelo quicquid clerici ab hospitibus ecclesie hominibus aut ipsius Nevelonis pro tallia sumpserant sibi suisque debere reddi, hanc se in terra ecclesie libertatem habere, hoc quasi feodum a rege se tenere promulgans. Ad hoc mox clerici, sicut erant parati, satis sobrie, satis legitime respondentes, cum nichil horum que dicebat fieri debere nullam eum libertatem in terra ecclesie, nullum jus, nullam omnino potestatam habere, sibi autem hec omnia licere respondissent, libertatis sue et a rege sibi tradite potestatis confirmativa privilegia protulerunt causamque suam vulgari et latina disseruerunt eloquentia, in ipsis etiam privilegiis ostendentes predictum gloriosum regem Karolum in tota illa Cultura nichil omnino juris sibi retinuisse, sed de suo jure, sicut jam supra dictum est, in jus et potestatem ecclesie quicquid in illa tenuerat contulisse; unde cum nec etiam nostri servientes terre illius hospites ab hac consuetudine queant esse liberi, nos nec habere, nec alicui dare vel concedere, nec aliquem a nobis posse tenere recognovimus. Cum igitur de dictis domni Nevelonis ac de responsis clericorum principibus nostris filius meus Ludovicus dare judicium precepisset, et ipsi judices accepto communi consilio illud in medium proferre voluissent, sepedictus Nevelo sentiens illo se, si diceretur, gravari judicio, audire se judicium noluit, sed abscessit; in quo veritas ecclesie et justicia omnibus qui aderant patenter claruit; astantibus igitur clericis, et si quid eis agendum foret ulterius inquirentibus, satis eos fecisse, causamque suam legitime deraciocinatam fuisse ecclesiam, quotquot erant omnes adjudicaverunt. Quod autem in presentia nobilissime prolis nostre Ludovici, nostro assensu et jussu, actum et diffinitum est, nos quoque laudamus, adjudicamus et confirmamus; et ut stabile ac firmum permaneat nostre majestatis sigillo corroboramus : videlicet ut sancte Compendiensis ecclesie clericis in omni terra illa que, sicut predictum est, Cultura Karoli nominatur, et in omnibus ejusdem terre hospitibus sive nostris sive alterius servientibus, pro sua et ecclesie utilitate liceat talliam facere; omnemque justiciam et potestatem, et quicquid a predecessoribus nostris concessum est, pro sua voluntate et libito liceat exercere. Huic autem confirmationi nostre interfuere non pauci nobiles.

VI

Paris, 1112. — Procès d'Henri, dit le Lorrain, devant la cour de Louis le Gros.

Copie : Bibl. nat., *Chartes et Diplômes*, XLVI, f° 120. — Ed. A. Luchaire, *Institutions politiques de la France sous les premiers Capétiens*, II, 321.

In nomine sancte et individue Trinitatis, amen. Ego, Ludovicus, Dei gratia Francorum rex, notum volo fieri omnibus tam posteris quam presentibus quorumdam invida relatione auribus nostre sublimatis intimatum fuisse quemdam scilicet Henricum, cognomine Lotharingum, servum nostrum debere esse, et matre quidem illius libera existente, ex paterna tantum origine servitutis maculam contraxisse. Sed quia honor regis judicium diligit, querelam et causam istam in judicium posuimus et diem inde statuimus. Die igitur statuta, convenientibus in unum in palatio nostro amicis et fidelibus nostris, predictum Henricum monuimus ut tanquam noster servus et ex nostro servo natus, sicut nobis dictum fuerat, servitutis obsequium nobis impenderet. Henricus vero et se et patrem suum servum nostrum vel fuisse vel esse debere omnino negavit, et ab omni servitute judicio nostro se et eum defendere paratus fuit. Quoniam vero objecte servitutis aberat testis, accusator defecerat, communi consilio diffinitum est ut ipse Henricus sue libertatis jurator et comprobator existeret, et juramento suo nos super hoc certos et omnino quietos redderet. Quod et factum est. Juravit enim in presentia nostra se non solummodo, sed et patrem et avum suum liberos fuisse et ex liberis hominibus natos et in libertate, quamdiu vixerunt, permansisse. Facto autem juramento ut Henricus et filii vel filie illius nullam de cetero servitutis incurrerent calumpniam, presentem cartam, cartam quidem non de libertatis donatione, sed de libertatis comprobatione, fieri precepimus et sigillo nostre majestatis illam signavimus. Presentibus ex palacio nostro quorum nomina subtitulata sunt et signa : (*Loc. monogr.*) Signum Anselli tunc temporis dapiferi. S. Gisleberti buticularii. S. Hugonis constabularii. S. Guidonis camerarii.

Actum Parisius in palacio publice, anno incarnati Verbi M°C°II°, anno vero consecrationis nostre IV°.

Testimonium perhibent : Willelmus de Garlanda. Frogarius Catalaunensis. Paganus de Turota. Petrus Orphanus. Comes de Bellomonte Matheus. Burchardus de Montemorenciaco. Herluinus magister. Nivardus de Pissiaco. Bernerius, Sancte Marie Parisiensis decanus. Girbertus archidiaconus. Rainaudus archidiaconus. Thebaldus de Villariis. Durandus.

Stephanus cancellarius relegendo subscripsit.

VII

1132 (?). — *Appellation interjetée devant la cour du roi d'un jugement prononcé par la cour de l'évêque d'Arras.*

Ed. Baluze, *Miscellanea*, V, 403 (ex veteri codice ecclesiæ Attrebatensis);
Historiens des Gaules et de la France, XV, 342.

In nomine sancte Trinitatis, ego Ludovicus, Dei gratia rex Francorum. Notum fieri volumus cunctis fidelibus tam futuris quam et instantibus quod fidelis noster Alvisus, Atrebatensis episcopus, ad nos veniens, judicium quoddam quod quidam homo suus ligius Johannes Bechet in curia sua sibi fecerat, et inde ipse eumdem Johannem ad nostram invitaverat audientiam, nobis exposuit. Actio autem negotii hec fuit. Eustachius de Lungne, miles quidam, feodum quoddam, solidos videlicet triginta de redditu feodali, a predicto episcopo requirebat, quia ultimus predecessor suus Robertus, Atrebatensis episcopus, patri suo illud dederat, et ipse ab eodem episcopo Roberto post patrem suum illud tenuerat. Responsio siquidem episcopi hec fuit, quod illi de feodo illo respondere nolebat, quia ille excommunicatus erat, et, antequam ipse episcopatum susceperat, in excommunicatione illa jam per annum permanserat, et ipse excommunicato communicare vel hominium excommunicati suscipere nec poterat nec debebat; tum quia feodum novum erat, tum quia privilegia romanorum pontificum qui possessiones Atrebatensis ecclesie minui et a statu et tenore illo in quibus Lambertus episcopus invenerat interdicebant, datum erat; tum quia nos, qui advocati et patroni Atrebatensis sumus ecclesie, et ejusdem ecclesie capitulum, nullum ibi dederamus assensum, cum illud sine nostro et capituli sui assensu fieri non posset nec deberet. Cum itaque, die statuto, persone Atrebatensis ecclesie et pars hominum episcopi convenissent ut judicialem inter episcopum et Eustachium sententiam proferrent, quibusdam personis et hominibus episcopi contradicentibus et pro justicia et veritate propensius inquirenda adhuc inducias postulantibus, Johannes Bechet cum duobus suis sequentibus, Hugone Pagano et Radulpho, judicare presumpsit quod episcopus predictum Eustachium de feodo illo debebat investire, neque propter excommunicationem, neque propter alia aliqua que ipse eidem objecisset, debebat illud dimittere, et post investituram, si vellet, adversus Eustachium de eodem feodo ageret. Episcopus siquidem, hoc audito, predictos judices pro ipsorum judicio falsificando ad nostram audientiam invitavit, et ad hoc eis diem proximam, scilicet dominicam post octavas Epiphanie, nominavit. Cum igitur episcopus ad diem constitutum venisset et judices predicti non venissent nec contramandassent, sequenti die quidam episcopi et abbates et barones nostri in nostram propter hoc presentiam convocati predictam causam et judicium diligenter retractantes, judicavere predictos judices falsum judicium protulisse. Non enim licet episcopo feodum aliquod sine nostro et capituli sui assensu de rebus ecclesie alicui prebere: quod profecto judicium et approbamus et ubique in regno nostro erga ecclesias tenemus.

VIII

Laon, 1136. — Procès de Joslin, évêque de Soissons, contre la commune de Soissons: sentence de la cour de Louis VI(1).

Ed. Dom Martène, *Amplissima collectio*, I, c. 748 (ex cartario beate Marie Suessionensis); Brussel, *Usage des fiefs*, I, 179, note 1.

Ludovicus, Dei gratia Francorum rex, G., ejusdem gratia venerabili Suessionensi episcopo omnibusque successoribus ejus canonice substituendis in perpetuum, salutem et gra-

---

1. Sur ce procès, v. le commentaire de Beugnot (*Les Olim*, I, préface, p. XXXI) et de Luchaire (*Instit. monarch. de la Fr. sous les pr. Capétiens*, I, 278, 303). — Ces deux auteurs renvoient inexactement à D. Martène, *Amplissima collectio*, I, c. 1190 : lisez c. 748.

tiam nostram. Quoniam ad tutelam ecclesiarum regni gubernacula a Deo nos suscepisse cognovimus, oportet ut quae tempore nostro ad quietem ecclesiae peregimus, ad notitiam tam praesentium quam futurorum custodiae litterarum commendemus, ut, quod a nobis factum est, semper ratum permaneat, et successores nostri reges exemplo nostro ad quietem ecclesiarum operam dent. Contigit ob pacem patriae nos in civitatem Suessionensem communiam constituisse de hominibus illis qui ea die domum aut plateam habebant infra terminos urbis et suburbiorum ejus, eisque quadam gravamina dimisimus, quae a dominis suis patiebantur, unde et ipsis cartam fecimus. Verum nostra emunitate contenti non fuerunt; immo super te et super ecclesiam episcopalem, ceterasque ecclesias tibi commissas, liberosque homines, multa quae a nobis non acceperant temerarie occupaverunt, scilicet quod viros feminas extra communiam per conjugia alterius personae quae erat in communia dominis suis auferebant ipsisque volentibus in communia retinebant; item quod ecclesiis et liberis hominibus terrarum suarum justitias auferebant; adeo ut, si homo de justitia eorum per eos jus exequi contemneret, res contemtoris super terras suas terrarum dominis, communia prohibente, accipere non liceret. Item, si homo communiae in villis extra communiam habitaret, taillias, corvadas, quas terra debebat et ceteri accolae persolvebant, violentiam dominis terrarum inferente communia, persolvere negligebant. Item, si homines qui non erant de communia annonam, vel vinum, vel cetera in terris ecclesiarum vel liberorum hominum inter civitatem vel suburbia ponerent, ut ibi salvae fierint, aut si ad mercatum afferrent, tallias inde exigebant. Item, portagia, quae de feodo episcopi casati tenebant, eos accipere prohibebant. Item, de infracturis ceterisque forisfactis quae in terris infra communiam fiebant, propter emendationem dominis plusquam quinque persolvi non permittebant. Item vero pro forisfacto communiae hominem, si volebant, totum redimebant. Item in [prepositura] episcopi et infra domos ejus conventus suos faciebant et in magna curia captos suos, nolente episcopo, incarcerabant. — De his omnibus tu, G. episcope, et ecclesia tua clamorem penes nos deposuisti, die que inter nos et communiam statuta apud Sanctum Germanum de Laya convenistis; ibique Curiae nostrae judicio decretum est communiam supradicta omnia usurpasse, fidemque dederunt in presentia nostra tam Lootus major, quam ceteri jurati qui ibi aderant, se hujusmodi nunquam usurpaturos. Reliqua quoque pars communiae quae Suessioni erat in praesentia Willelmi, pincernae nostri, quem pro nobis misimus, idem affiduciavit. Hoc tamen pro pace utriusque concessum est quod, Simone de communia ejecto, qui totius mali causa extiterat, homines et feminae qui contra statuta in communia tunc recepti erant, ibi remanerent, compositione tali quod unum de liberis suis in potestate dominorum extra communiam maritarent; et de forisfactis communiae ultra .LX. solidos absque voluntate dominorum quorum homines vel hospites sunt accipere non poterunt, domini vero terrarum, quantum forisfactum portat, accipere in potestate habebunt, aut sine clamore communiae res forisfactorum super terras suas, quantum forisfactum fert, accipere. Quod vero ista irrefragabiliter ab eis in posterum teneantur, me et L., filium meum, et A. reginam, conjugem meam, et comitem R[adulfum] tibi et ecclesiis obsides dediderunt. Quod ne possit a posteris infirmari, sigilli nostri auctoritate, nominisque nostri caractere subterfirmavimus.

Actum Lauduni, anno incarnati Verbi M°C°XXX°VI°, regni nostri XX°IX°, Ludovico filio ostro in regem coronato anno IIII°. Astantibus in palatio nostro quorum nomina subtitulata sunt et signa: Signum R. comitis et dapiferi nostri. S. G. buticularii. S. Hugonis constabularii. S. Hugonis camerarii. — Data per manum Stephani cancellarii.

IX

Bourges, 1140. — Procès entre l'abbaye de Saint-Sulpice de Bourges et Faucon du Marché ; sentence de la cour du roi.

Arch. du Cher, fonds Saint-Sulpice, censif de Saint-Médard, n° 1. — Ed. Raynal, *Histoire du Berry*, II, 527 (d'après le Cart. A de Saint-Sulpice, f° 28 v°) ; cf. A. Luchaire, *Catalogue des actes de Louis VII*, n° 60.

In nomine Domini, Ego Ludovicus, Dei gracia rex Francorum et dux Aquitanorum, Notum fieri volumus universis tam futuris quam presentibus quod litem et controversiam quam Falco de Mercato et Savaricus, abbas Sancti Sulpicii Bituricensis, de quodam censu et de quadam terra que est inter duas vias, scilicet viam Sancti Medardi et viam Sancti Gregorii, et que est a ponte Sancti Ambrosii usque ad Montem Caprarium sicut terminatur a ripa fluminis, diu inter se habuerant, ventilatis in presentia nostra utriusque partis rationibus et discussis, Curie nostre concilio terminavimus. Cognita namque Falconis falsitate et testificata abbatis veritate, de controversia illa finitivam dantes sententiam, judicum nostrorum communi assensu de censu illo et de terra abbatem Sancti Sulpicii ordine judiciario investivimus, eique et ecclesie Sancti Sulpicii censum et terram illam perpetuo habendam concessimus. — Quod ut perpetue stabilitatis obtineat munimentum scripto commendavimus et sigilli nostri auctoritate et nominis nostri karactere subtus firmavimus. — Actum publice apud Bituricas anno incarnati Verbi M°C°XL°, regni nostri IIII°, astantibus in palatio nostro quorum nomina subtitulata sunt et signa :

S. Radulfi Viromandorum comitis, dapiferi nostri. S. Guillelmi buticularii. S. Mathei camerarii. S. Mathei constabularii. *(Loc. monogr.)* Data per manum Cadurci cancellarii.

X

Vers 1148. — Renaud de Montfaucon, appelé à comparaître devant la cour du roi, à Paris, mande à Suger qu'il n'est tenu à comparaître qu'à Bourges.

Ed. — *Historiens des Gaules et de la France*, XV, 502-3; cf. A. Lecoy de la Marche, *OEuvres de Suger*, Paris, 1867, p. 293.

Reverendissimo domino suo Sugerio, Sancti Dyonisii venerabili abbati, R. de Montefalconis, salutem et debitam venerationem. Placuit dignitati vestre, prout vobis suggestum erat, proxima dominica post Assumptionem beate Mariae me Parisius evocasse pro quodam homine meo qui et se et servitium suum mihi negabat. Super quo paratus fui et adhuc sum in palatio domini regis vel ante dominum archiepiscopum, secundum usus et consuetudines militum et servientium Bituricensium, sistere judicio. Verumtamen pro vestris et regni negotiis usque ad ultimas regni metas pro beneplacito vestro me trahere potestis. Profecto si pro controversia aliqua me evocare excellentie vestre placuerit, nos Bituricenses certos et statutos haberemus terminos ultra quos nonnisi ratione cogendi sumus. Ego autem in aliquo praefinitorum terminorum paratus ero die competenti subire judicium secundum usus et consuetudines Bituricorum. Valete in Domino semper[1].

1. Sur cette affaire, v. Luchaire, *Hist. des Inst. monarch. de la Fr. sous les pr. Capétiens*, I, 300.

XI

Moret, 1153. — *Procès de l'évêque de Langres contre le duc de Bourgogne devant la cour de Louis le Jeune* [1].

Bibl. Nat. lat. 17099, p. 30. — Ed. D'Achery, *Spicilège*, XI, 335; Brussel, *Usage des fiefs*, I, 272; Plancher, *Histoire de Bourgogne*, I, pr. p. 48; cf. A. Luchaire, *Catalogue des actes de Louis VII*, n° 296.

In nomine sancte et individue Trinitatis, amen. Ego Ludovicus, Dei gratia rex Francorum et dux Aquitanorum. Regie sublimitatis est officium eos qui justitiam subterfugiunt humiliare, subditos et obedientes exaltare et eisdem ad integrum conservare jus suum. — Notum igitur fieri volumus tam presentibus quam futuris qualiter Godefridus, Lingonensis episcopus, et Odo, dux Borgondie, in Curia nostra placitaverunt et ad quam finem res perducta fuerit. Igitur ad prefixum illis a nobis diem apud Moretum venientes, congregatis multis archiepiscopis, episcopis atque baronibus, in presentia nostra episcopus sic exorsus est : — « In primis quaero a domino duce quare cum casatus Sancti Mammetis homo noster esset et bonum feodum inde haberet, placuit ei hominium nostrum derelinquere ; quatenus feodum reddat, et quicquid preterea de eo accepit. — Quaero etiam que michi abstulit in Castellione, capiendo presbiteros aliosque homines nostros et res nostras, incendendo etiam villam que vocatur Occoy. — Quaero etiam quicquid forisfecit michi Hugo Dacels et socii ejus, eandem villam et alias incendendo, homines nostros occidendo, aliaque multa mala inferendo, quia illud se michi redditurum per manum domini abbatis Clarevallis promisit, quando ei homines suos quos captos

---

[1]. Sur ce procès, v. *Bibliothèque de l'École des Chartes*, 1847, p. 295; A. Luchaire, *Hist. des Instit. monarch. de la Fr. sous les pr. Capétiens*, I, 304 ; et H. J. Wurm, *Gottfried, bischof von Langres*, ein biographischer Versuch, 8°, 1886.

tenebam, reddidi. Quicquid etiam ipse Hugo et complices ejus infra respectum quem dominus dux michi de eis dederat, forisfecerunt. — Quaero dimidium pedagii quod accipit in Castellione quia sine me ibi nichil debet habere; molendinos etiam qui super terram Sancti Mammetis violenter et sub excommunicatione facti sunt et tenentur. — Varannas quaero et alia multa que contra me exercent in ipso castro ipse et ministri ejus in nos, contumelias, capitalia dampna (*sic*). Et hec in presenti nominamus. — Quaero etiam villam Brasi et aliam que dicitur Sanctus Johannes, quas in vadimonio tenet sine assensu nostro, cum sint de nostro feodo. — Quaero etiam ut novos muros Divionis destruat quia abbatias nostras nobis excludunt et super terram nostram fiunt et contra castella nostra, scilicet Sals et Thilicastrum; turrim etiam Villaris que nociva est nobis, et super casamentum nostrum fundata, et contra castrum Gurgi. — Quero etiam capitalia que aufert canonicis nostris in pago Divionis et in exitu portarum ejus, et dampna que infert abbatiis nostris. »

Et contra dux. — « Ista, inquit, respondere nolo : tum quia quedam facta sunt antequam homo suus essem, et postea me in hominem recepit; tum quia, cum essem homo ejus, rectum michi facere denegavit, unde et hominio ejus abrenunciavi. Sed quero ut destruat michi Calmam et fossatum quod factum est apud Musci. »

Ad hec episcopus. — « Quando homo meus, inquit, factus est, bonam fidem promisit michi et ego bona fide recepi eum, nec ideo aufferre michi debet que auffert. Quod si opus est aliquid addere, dico quia salvis justitiis meis recepi eum. Quod vero dicit me ei rectum denegasse, non cognosco, sed veritatem dicam. Designavi ei diem in curia nostra jus faciendi et recipiendi. Veni ad diem. Ipse autem non venit, sed nuntios misit ut eis responderem. Mandavi iterum ut veniret in domum domini sui. Renuit. Et ego nuntiis suis respondere nolui. Calmam destruere nolo, tum quia frater meus eam edificavit, ipso duce juvante et iturus Jerusalem in pace ab eo discessit utpote homo suus, tum quia in alodio Sancti Mammetis facta est, et ad eum nichil pertinet, et alia munitio in finagio ejus prius fuit et propior Castellioni. »

Ad haec dux : — « In curia episcopi nec ego, nec antecessores mei placitaverunt nisi per nuntios et illis solis respondere fuit consuetum. »

Ad hec episcopus : — « Istud totum nichil est, quia nec ego, nec predecessores mei nunquam nunciis ducum responderunt in placitis, nisi ducibus presentibus ; et antecessores ejus in domo ipsorum vocati multociens placitaverunt. Et hic pre manibus sunt qui avum suum in domo episcopi Lingonensis alias atque alias placitare viderunt, et duellum in manu ejus firmare et Lingonis deducere. Similiter patrem ejus bis et ter Lingonis et Castellioni, et alibi multociens. Iste etiam dux qui presens est placitavit in domo mea semel et bis. »

Et contra dux : — « Ob amorem, inquit, factum est. »

Ad hec episcopus : — « Non ob amorem tantum, sed ob reverenciam dominii et debitum hominii. »

Hiis dictis, itum est ad judicium, sed judices de judicio alium diem quesierunt. Et nos prefiximus alium diem. Episcopus venit. Dux contramandavit. Iterum dedimus alium diem. Episcopus venit. Dux rursus contramandavit. Dedimus et tertium. Episcopus venit ; dux venire contempsit. Habito adhuc consilio, nuntium nostrum misimus ad ducem, qui eum reperiit incolumem et equitantem, et ipsi de parte nostra nominavit quartum diem, ad quem venit episcopus. Sed dux non veniens, suum misit nuntium qui inde eo solo excusabat dominum suum non venisse quod tantas dietas ferre non poterat. — Hiis de causis, judicio Curie abjudicavimus duci querelas suas, episcopo suas reddi debere judicavimus.

Quod ut ratum sit in posterum, sigilli nostri auctoritate confirmari precepimus.

Actum Moreti, anno dominice incarnationis Mº Cº Lº IIIº,

astantibus in palatio nostro quorum subtitulata sunt nomina et signa. S. Guidonis buticularii. S. Mathei constabularii. S. Mathei camerarii. — Testes qui affuerunt : Hugo, archiepiscopus Senonensis. Episcopi Lingonensis, Theobaldus Parisiensis, Alenus Autissiodorensis. Bernardus, archidiaconus Parisiensis. Theodericus Galerannus. Adam Camerarius, et alii quamplures. — Data per manum Hugonis, cancellarii nostri.

XII

Étampes, 1158. — *Procès entre Landri, abbé de Morigni, et Guillaume d'Etrechi; sentence de la cour de Louis VII.*

Bibl. Nat. lat. 5648 (Cartul. de Morigni). f° 91. — *Ed.* Fleureau, *Antiquitez d'Estampes*, p. 515 ; Ménault, *Cartulaire de Morigny en Beauce*, p. 162 ; cf. A. Luchaire, *Catalogue des actes de Louis VII*, n° 407.

In nomine sancte et individue Trinitatis, amen. Ego Ludovicus, Dei gratia Francorum rex. Ad memoriam posteritatis ea transferre que necessaria sunt ecclesiis et servis Dei, officium est regie sublimitatis. Sciant ergo universi tam presentes quam futuri quod Guillermus, filius Stephani de Stripiniaco, ejusdem ville negata sibi prepositura, inquietabat ecclesiam Maurigniacensem et ad nostram serenitatem pertulit et fecit inde querimoniam. Ipsum ergo Stephani filium prefatum Guillermum et abbatem Maurigniacensem Landricum ad Curiam nostram evocavimus Aurelianis; et, priusquam ingrederentur causam, Guillermum fidem dare fecimus quod nichil in posterum clamaret vel quereret in prepositura Stripiniaci supra quam adjudicaret ei Curia nostra. Postmodum in ipsa actione Guillelmus suam esse dixit preposituram jure hereditatis, quam sane pater suus et antecessores sui habuerant. Abbas Maurigniacensis Landricus respondit quod antecessor suus abbas Mocharius super eadem prepositura in Curia nostra controversatus est cum patre Guillermi Stephano ; ipsumque Stephanum eo usque perductum quod in audiencia Curie manifesta confessione recognovit falso se titulum hereditatis introduxisse, et quod pro taliter mota questione rectum in manu abbatis fecit atque gagiavit. Et post hec abbas Landricus protulit privilegium, sue responsionis expressum testimonium, et diffinitivam continens sentenciam. Et quum tanta veritatis firmitate nitebatur pars ecclesie, visum est Curie quod Guillermus in prepositura nichil penitus haberet vel clamare posset ipse vel aliquis de successoribus suis, et nos regia auctoritate constituimus et precepimus ut in prepositura Stripiniaci Guillermus Stephani filius nullam deinceps habeat rationem calumpnie, nullamque ideo faciat inquietationem Maurigniacensi ecclesie, neque aliquis de suo genere. Quod ut ratum sit in posterum et penitus inconvulsum memorie litterarum tradi et sigilli nostri auctoritate communiri nostrique nominis karactere confirmari precepimus.

Actum Stampis, dominice incarnationis millesimo centesimo quinquagesimo VIII°, regni vero nostri XX° II° anno, astantibus in palatio nostro quorum subter inscripta sunt nomina et signa : S. Comitis Theobaldi. S. dapiferi nostri. S. Guidonis buticularii. S. Mathei constabularii. S. Mathei camerarii. — Data per manum Hugonis cancellarii.

XIII

Paris, 1162. — *Sentence de la cour de Louis VII dans le procès de l'abbaye de Saint-Germain-des-Prés contre Simon d'Anet.*

Or. Arch. Nat. K. 24, n° 6 ; LL. 1024, f° 42 (Cartulaire de Saint-Germain-des-Prés). — *Ed.* J. Tardif, *Monuments historiques*, n° 575 ; cf. A. Luchaire, *Catalogue des actes de Louis VII*, n° 457.

In nomine sancte et individue Trinitatis, amen. Ego Ludovicus Dei gratia Francorum rex, *etc.* Sciant universi tam presentes quam futuri quod venerandus abbas Sancti Germani Parisiensis, Hugo nomine, nobis proclamavit super

Simone de Aneto quod in terra ęcclesię, videlicet in potestate Domni Martini..... et in hominibus et in terris ad potestatem pertinentibus, illicitas exactiones habere volebat contra antecessoris nostri regis Rotberti institutionem et privilegium, quod in audientia nostra fecimus legi. Itaque, propter querimoniam jamdicti abbatis, submonuimus Simonem ante nos, et ad diem venerunt abbas et Simon. Exposuit abbas querimoniam suam et enuntiavit injustas exactiones quę fiebant ęcclesię contra preceptum regis Roberti et veritatem privilegii cujus meminimus. Simon respondit se de eisdem querelis in Curia regia litigasse alio in tempore cum antecessore ejus abbate Gofrido, et per judicium Curię id ipsum obtinuisse quod ad diem paratus esset probare. Econtra abbas Hugo, tam pro se et ęcclesia sua quam pro suo antecessore Gofrido, negavit quod nunquam illas consuetudines disrationasset. Decurso postmodum respectu, veniens in Curiam, defecit in approbatione facienda quam Simon promiserat, et propter defectum suum decidit a causa, et tunc per assensum utriusque partis tradita res est judicibus, ubi baronum nostrorum affuit magna frequentia : Stephanus de Sancero, Herveus de Gienno, Guido de Castellione, Guillelmus de Melloto, Drogo de Melloto, Guillelmus de Garlanda, Guido de Garlanda et alii quamplures, in quorum presentia relatum est judicium ad hunc modum : quod cum Simon de Aneto in potestate Domni Martini..... et in hominibus atque terris ad potestatem pertinentibus, vellet habere consuetudines, reclamante ęcclesia et monachis Sancti Germani, quas consuetudines se dicebat disrationasse in Curia regis, et hoc se promisit ostensurum, et defecit in ostensione, abbas Sancti Germani juste liberam et absolutam obtinet querelam suam, et res ęcclesię, sicut prenominatę sunt, in pace erunt, sicut ex continencia precepti regis Roberti manifeste liquet. Ne super hoc postmodum posset oriri questio, actionem conscribi et nostro sigillo precipimus communiri, adjecto karactere nostri nominis.

Actum publice Parisius, anno incarnati Verbi M° C° L° XII°,

regni nostri XX^{mo} VI°, astantibus in palatio nostro quorum apposita sunt nomina et signa : Signum comitis Blesensis Theobaldi, dapiferi nostri. Signum Guidonis buticularii. Signum Mathei camerarii. Constabulario nullo.

Data per manum (*Loc. monogr.*) Hugonis cancellarii.

XIV

1163. — *Lettre de recommandation adressée au roi de France par le cardinal Henri de Pise en faveur d'un plaideur, nommé Adam, clerc dudit cardinal.*

Ed. *Historiens des Gaules et de la France*, XVI, 67.

Illustri Francorum regi H. Pisanus, sanctae romanae ecclesiae presbyter cardinalis, salutem et debitam dilectionem. Licet cum literis domini papae nostrae superfluae videantur, tamen quia presentium lator, clericus noster Adam, credidit nos aliquid posse apud vos, humiliter nostras requisivit literas et impetravit. Retulit enim se de justitia vestra et veritate sua confidentem in quodam placito quod inter istum et quemdam fratrem suum in curia domini abbatis Sancti Dyonisii super quadam domo vertebatur, vestram Curiam appellasse. Qui cum ad vestram Curiam venisset, ut nobis relatum est, quia majoribus eratis negotiis occupatus, quemdam virum Urricum Trossevauche vestro loco misistis ut ex verbis utriusque judicium procedere festinaret. Abbas vero predictum famulum vestrum noluit interesse judicio, imo prohibuit. Quod autem miserabilius est, suis omnino rationibus in verborum recitatione pretermissis, vestro eciam, ut presentium lator asserit, reclamante nuncio, non ex verbis istius pauperis, sed ex quibus voluerunt istius abbatis complices, praecipitavere judicium. Unde, pauperis istius compatientes incommodis, vestram volumus misericordiam exorari quatinus, amore Dei et nostro, domini papae precibus et nostris admonitus, veritate cognita, pauperis istius labori finem misericorditer imponatis.

XV

1165-6. — *Procès de l'abbaye de Vezelai contre le comte de Nevers devant la cour de Louis VII, à Paris et à Moret, d'après l'Historia Vizeliacensis monasterii d'Hugues de Poitiers* [1].

Ed. Historiens des Gaules et de la France, XII, p. 336 et suiv.

... Festinavit abbas ad regem Ludovicum, ostendens illi quam facinoroso usus sacrilegio comes Nivernensis pervasisset famosum monasterium Vizeliaci. Protinus rex ira simul et dolore motus, mandavit comiti ut injuste pervasa dimitteret.... et de tam gravi injuria toti regno illata sibi satisfaceret. Ad haec comes legatis regis respondit : « De monasterio Vizeliaci feci sicut de meo, nec quippiam ex hoc facto regi debeo. » — « Imo, inquiunt, debes de excessu perpetrato in feudo regis. » At ille comminando prohibuit eos denuo adire presentiam suam. Cui responderunt : « Nos servi regis sumus, et responsum tuum domino regi referre debemus. » Statim comes misit regi Joannem Aurelianensem qui de perpetrata tyrannide sese excusaret, quasi qui rebus publicis terrae suae consuluisset, eo quod abbas et monachi Vizeliacenses inimicum suum ducem Burgondiae conduxissent, et ei, nisi praeventi fuissent, turres monasterii tradidissent.

Interea fratres, nocte qua secunda dominica dominici

---

[1]. Sur les procès interminables de l'abbaye de Vezelai, au xii° siècle, contre la commune du même nom et contre le comte de Nevers, v. Cherest, *Etude historique sur Vezelay*, in-8°, 1873. — Comparez le compte rendu de ces procès par le chroniqueur de Vezelay, Hugues de Poitiers, au compte rendu de la Chronique de Battle et de Richard de Anesty, qui rapportent des procédures analogues devant la cour judiciaire des rois d'Angleterre entre 1158 et 1163 : Sir F. Palgrave, *Rise and progress of the english Commonwealth*, vol. II.

adventus illuscescebat, venerunt Parisius; et commota est universa civitas..... Rex vero Ludovicus, ut audivit adventum Vizeliacensium, relicto negotio de ordinatione monasterii sancti Dyonysii, quo tendebat, reversus est. Venerunt ergo fratres ad palatium regis. Cumque rex obviam illis iret et super gradus palatii staret, cum ingenti fletu prociderunt omnes ad pedes ejus; e contra rex ipse flens motus pietate procidit et cum surgentibus surrexit. Dixit itaque Gilo, qui prior agminis existebat : « Nota tibi est, domine mi rex, nostri causa adventus, sed dolore et concursu populi praepediente, modum nequaquam tibi ad praesens pandere valemus : loco igitur et tempore a te constituto, pars nostrum veniet ad te et quae mala nobis comes intulerit, diligentius aperiemus. » ... Et respondit rex : « Antequam venissetis, misi ego nuntios meos ad comitem; quid responsurus quidve facturus sit, nondum ego novi. Hoc tamen pro certo noveritis quoniam si comes tantumdem terrae quantum rex Anglicus habet praeter suam propriam terram haberet, nullatenus tantam injuriam sustinerem fore inultam. »

Facto igitur mane, Dominique invocato auxilio, ingressi sunt palatium regis abbas Guillelmus et abbas Hugo, cum Gilone et Gaufredo, Francone et Rotberto, Petro et Vincentio, Hugone et Theobaudo regis cognato, paucis accitis rei gestae testibus. Sedente itaque rege cum fratribus suis, Henrico, Remensium archipraesule et comite Roberto atque Petro de Curtiniaco, et aliis optimatibus palatinis, surrexit Gilo et modum tyrannicae invasionis fratrumque suorum expulsionis ex ordine peroravit. At contra Joannes Aurelianensis respondit abbatem jus comitis, quod in villa Vizeliaci regio ex fisco habebat, tulisse, et de illatis injuriis justitiam comitis negasse. « Si, inquit rex, de feodo meo habet jus illud quod sibi vindicat, ergo prius debuerat mihi clamorem facere de injuria feodi mei quam monachos de suo monasterio expulisset. » Et ait Joannes : « Dominus comes non expulit monachos, sed ipsi sponte in contemptum domini mei

exierunt. » Respondit Robertus cognomine Crassus, unus ex fratribus Vizeliacensibus : « Satis, inquit, mihi obturat os, qui meam de manu mea tollit buccellam. » « Ita est, inquit rex. » « Postquam ergo, ait Rotbertus, invasit comes monasterium nostrum et misit inibi satellites suos, omnesque redditus nobis allatos in manu eorum tradidit, quae nobis ibidem post haec mansio competebat? » « Nulla », inquit tota Curia. Et ait rex : « Ego nuntios meos misi comiti, et si quidem benefecerit, utinam! sin autem, posse meum ecclesiae non deerit. » — Et gratias agens abbas, cum his qui secum erant, ad hospitium regressus est..........
....

Convenerunt in nemore quod est supra Moretum rex, comes [Nivernensis] et abbas, singuli cum suis. Rex autem rogabat comitem ut compositioni acquiesceret secundum consilium comitis Henrici [Trecensis]. Cui comes respondit : « Quod habeo in monasterio Vizeliaci, susceperunt patres mei a patribus tuis in feodum, de quo feodo plus quam de tota hereditate mea vel agere, vel componere, non tam pacificum quam violentum mihi videtur. » Ad haec rex : « Si ita est, inquit, quod patres mei patribus tuis illud tradiderunt feodum, constat procul dubio causa tuitionis et non destructionis id factum fuisse. Tu autem, prout nobis videtur, in destructionem monasterii totis viribus anhelas. » Respondit ei comes : « Salvo verbo regis, ego illud non destruo. » Dicit ei rex : « In quantum opera tua manifestant, destructio ipsa praesto est. Sane, his intermissis, de compositione agamus, si tamen abbas voluerit. » Respondit abbas : « Quod comes dicit, patribus suis a patribus tuis datum fuisse monasterium Vizeliaci, ecce prae manibus habemus patrum tuorum privilegia, quibus ipsius monasterii libertas commendatur, et omnium potestatum omnimoda possessio atque consuetudo excluditur. Attamen ipsa privilegia tam apostolica quam regalia, et ipsum monasterium Vizeliaci in manus tuas committo ; compone et dispone secundum censuram justitiae tuae. » Interrogavit ergo rex comitem utrum staret compositioni praelocutae a comite Henrico apud Autissiodorum. Respondit comes : « Nullum penitus verbum feci compositionis cum comite Henrico. » Et ait rex : « Equidem sic audieram ; sed quantum ad haec, vide quid mei gracia facturus sis. » At ille : « Tui, ait, gratia quod potere faciam, sed de jure meo nunquam componam. » Indignatus rex ait : « Abbas qui nullo jure mihi tenetur obnoxius, de jure proprio sese submittit et sententiae meae totum se exponit ; et tu, qui jure proprii hominii mihi teneris, suspectum me dominum tuum habes, atque consilio meo stare detrectas. Hactenus pueritiae tuae deferens, injustitias tuas sustinui......, jam de cetero justitia monasterii non decro, si forte abbas clamorem super te faciens justitiam quaesierit..... Si quid autem habes adversus abbatem, ecce ad justitiam illum tibi exhibeo. » Accedensque abbas ad regem petiit justitiam de comite. Respondit ei rex : « Quoniam pro compositione vocatus a me venit, non decet regiam mansuetudinem in jus illum ad praesens trahere ; sustine ergo donec recedat, et postmodum tibi et illi assignabo diem et locum agendi. » Et convenerunt iterum sequenti die in domum fratrum Vizeliacensium, quae sita est super fluvium Lupae apud Moretum.

Aderant autem cum Guillelmo, abbate Vizeliacensi, Hugo, abbas Sancti Germani, Stephanus Sancti Remigii Senonensis, Stephanus abbas Castri Meliduni, abbas Castri Landonis, et jurisperitus Mainerius, atque Osmundus Parisiensis canonicus. Quidam vero multifarie tentabant si quo modo possent avertere animum regis ab abbate, vel ab ecclesia Vizeliacensi ; sed frustrati sunt omnes conatus Satanae, et dirupti laquei clandestinae cupiditatis, quoniam abbas in nullo penitus a voluntate et sententia regis deficiebat. Comes autem judicio regis stare omnino recusabat. Et conquestus est quod abbas hominem suum captum teneret. Requisitus, quem ? respondit « Andream de Palude ». Et ait abbas « Andreas de Palude nihil omnino ad te pertinens, meus est a planta pedis usque ad verticem, sicut proprius servus monasterii Vizeliacensis. » Dixitque comes : « Conditionem servitutis hujus Andreas minime nisi coactus cognoscit. » Respondit abbas : « Ecce super hoc etiam adsto judicio regiae Curiae. » Et dixerunt optimates et consiliarii regis : « Mos regiae Curiae talis est, quod si quis de servili conditione ab alio interpellatus fuerit, liber a suo possessore producatur in medium. Qui si suum possessorem solum dominum suum recognoverit, calumniator, lite soluta, nihil in eo habebit. Si autem se servum calumniatoris dixerit, nudus cedet in partem calumniatoris; res autem illius tam mobiles quam immobiles universas, nudo relicto corpore, possessor occupabit. » Respondit abbas : « Hoc judicium et hunc morem laudo et libenter observabo. » — Tunc confusus comes voluit ignominiam causae suae in abbatem refundere, et proposuit calumniam de proditore illo Guillelmo, qui digno interitu perierat, dicens monachum qui in sua tutela existebat, praecepto abbatis fuisse interemptum. Et exclamavit omnis Curia adversus insipientem et nequissimam calumniam comitis. Dixitque abbas : « Licet omnino falsa sit proposita calumnia, nihil tamen exinde tibi responsurus sum.» Cum ergo cognovisset rex de pseudo illo monacho, in risum multum excussus, ait comiti : « Ergo ne tales sunt monachi tui ! » Cumque modum et causam interitus prediti hominis audisset, iterum subsannando et improperando ait : « O justus et competens clamor comitis! o prosequenda calumnia nobilissimi principis ! »[1].....

XVI

Extrait du testament de Philippe-Auguste, 1190.

Rigord, *De gestis Philippi Augusti,* éd. Delaborde, 1885, I, 101.

..... Preterea volumus et precipimus ut carissima mater nostra Adela regina statuat cum carissimo avunculo nostro

---

1. Voyez la suite des événements, *Historiens de France,* XII, 341.

et fideli Guillelmo, Remensi archiepiscopo, singulis quatuor mensibus, unum diem Parisius, in quo audiant clamores hominum regni nostri; et ibi eos finiant ad honorem Dei et utilitatem regni.

Precepimus insuper ut eo die sint ante ipsos de singulis villis nostris et baillivi nostri qui assisias tenebunt, ut coram eis recitent negotia terre nostre.

Si autem aliquis de baillivis nostris deliquerit preterquam in murtro, raptu, vel homicidio vel proditione, et hoc constabit archiepiscopo et regine et aliis qui aderunt ut audiant forefacta baillivorum nostrorum, precipimus eis ut nobis, singulis annis, et hoc ter in anno, litteris suis diebus predictis significent quis baillivus deliquerit et quid fecerit.....

XVII

Vers 1202. — Liste des membres de la cour du roi présents au procès du vicomte de Châlons.

V. la liste des mss. dans L. Delisle, *Catalogue des actes de Philippe-Auguste*, p. 171, n° 746. — Éd. *Actes du Parlement de Paris*, I, p. CCXCVIII, c. 2.

..... Diem eidem [vicedomino Cathalaunensi] assignavimus Parisius super audiendo judicio de jure quod in regalibus illis dicebat se habere, et ad diem illum convocavimus sapientes homines nostros Belvacensem, Parisiensem, Meldensem episcopos, et alios viros litteratos, Lotharium Cremonensem, Ranulfum archidiaconum Bituricensem, magistrum Golfridum de Pissiaco, magistrum Nicholaum de Carnoto. Convocavimus etiam barones nostros comitem Bellimontis, comitem Pontivi, Simonem de Monteforti, Guillelmum de Barris, Guillelmum de Gallarda, Galterum, camerarium nostrum, B. de Roya, Ph. de Liviis, Nicholaum Catum, qui, facta diligenti inquisitione, librato diu consilio, judicaverunt.....

XVIII

Vers 1210. — L'évêque d'Orléans décline la compétence de la cour du roi.

V. la liste des mss. dans L. Delisle, *Catalogue des actes de Philippe Auguste*, n° 1241. — Ed. *Actes du Parlement de Paris*, I, p. CCC, n° 6.

Dominus rex episcopo Aurelianensi in presencia sua Parisius constituto et conquerenti de procuracionibus Piveriarum et Magduni obtulit coram comite Drocarum Roberto, et comite Bolonie et coram episcopo Lexoviense et abbate Floriacense et aliis pluribus, facere jus dici per quos debet et qui possunt facere. Episcopus vero dixit publice quod non debebat judicari nisi per episcopos Francie, et ita recessit, domino rege offerente jus, sicut dictum est.

XIX

Melun, juillet 1216. — Procès d'Erard de Brienne et de la comtesse de Champagne devant la cour du roi.

Or. Arch. Nat. J. 198, n° 35. On trouve des copies dans les registres de Philippe-Auguste et dans les cartulaires de Champagne ; cf. la liste de ces copies et celles des éditions dans L. Delisle, *Catalogue des actes de Philippe-Auguste*, p. 374, n° 1672; Varin, *Archives administratives de Reims*, I, p. 501; et d'Arbois de Jubainville, *Histoire des comtes de Champagne*, V, p. 100. — Ed. Chantereau-Lefebvre, *Traité des fiefs*, pr. p. 69 ; Teulet, *Layettes du Trésor*, I, p. 431, n° 1182.

Ph. Dei gratia Francorum rex. Noverint universi presentes pariter et futuri quod cum dilecta et fidelis nostra Blancha, comitissa Campanie, citata esset per ducem Burgundie, Matheum de Montemorenci, et W. de Barris, ut in Curiam nostram veniret juri paritura super querela quam Erardus de

Brena et Philippa, que dicitur uxor ejus, contra eandem comitissam et Theobaldum filium ejus proponebant, et super eo quod idem Erardus et eadem Philippa petebant a nobis quod nos reciperemus hominagium ejusdem Erardi de comitatu Campanie, sicut inde tenens fuerat quondam comes Henricus, nepos noster, quem ipsa Philippa patrem suum esse dicebat; tandem apud Meledunum in nostra presentia constituti predicta comitissa Campanie et Theobaldus filius ejus, ex una parte, et predicti Erardus de Brena et Philippa, ex altera, requirentes super hoc sibi fieri judicium, judicatum est ibidem a paribus regni nostri videlicet A. Remensi archiepiscopo, W. Lingonensi, W. Cathalaunensi, Ph. Belvacensi, Stephano Noviomensi episcopis, et O. duce Burgundie, et a multis aliis episcopis et baronibus nostris videlicet [G.] Altissiodorensi, R. Carnotensi, G. Silvanectensi, et J. Lexoviensi episcopis, et Guillelmo, comite Pontivi, R. comite Drocarum, P. comite Britannie, G. comite sancti Pauli, W. de Ruppibus, senescallo Andegavensi, W. comite Jovigniaci, J. comite Bellimontis et R. comite de Alenceon, nobis audientibus et judicium approbantibus, quod hominagium Erardi de Brena vel dicte Philippe de comitatu Campanie nullatenus recipere [debebamus, quandiu Blancha comitissa et Theobaldus filius ejus vellent] jus facere in Curia nostra et prosequi, quia usus et consuetudo Francie talis est: quod ex quo aliquis saisitus est de aliquo feodo per [dominum feodi], dominus feodi non debet alium recipere in hominem de eodem feodo, quandiu ille qui saisitus est de feodo per dominum feodi velit et paratus sit jus facere in curia domini feodi et prosequi ; et quia comitem Theobaldum, quondam nepotem nostrum, patrem istius Theobaldi, per assensum baronum nostrorum, nullo contradicente, recepimus in hominem de comitatu Campanie et Brie, sicut ejus comes Henricus inde tenens fuerat, et post decessum dicti comitis Theobaldi recepimus Blancham comitissam de eodem comitatu in feminam nostram sicut de ballio, et postea Theobaldum, filium ejus, salvo ballio matris sue, de eodem comitatu recepimus in hominem, nullo contradicente, de jure non debebamus dessaisire Blancham, comitissam Campanie, vel Theobaldum filium ejus, de comitatu Campanie et Brie, quandiu parati essent jus facere in Curia nostra et prosequi, et ipsa comitissa coram nobis et baronibus nostris id semper obtulit. Hoc autem judicium predictum concesserunt predicti Erardus et Philippa, et ea die qua istud judicium factum fuit, nichil amplius quesierunt a predicta comitissa Campanie et ejus filio ; et sic sine die recesserunt.

Actum Meleduni, anno Domini MCCXVI, mense julio[1].

XIX *bis*

Melun, juillet 1216. — Philippe-Auguste invite les personnages présents au jugement de la cause précédente à attester ce jugement par leurs lettres.

Pour la liste des mss. et des éditions, v. L. Delisle, *Catalogue des actes de Ph.-Auguste*, n° 1673.

Ph. Dei gratia Francorum rex, dilectis et fidelibus suis Ph. Belvacensi, Stephano Noviomensi, R. Carnotensi, G. Altissiodorensi et J. Lexoviensi episcopis ; Roberto Drocarum, P. Britannie comitibus, et Guillelmo de Rupe, senescallo Andegavensi, et Roberto, comiti Alençoniensi, et comiti Bellimontensi, salutem et dilectionem. Mandamus et requirimus vos quatenus juxta tenorem litterarum nostrarum patentes litteras vestras faciatis de judicio et erramentis habitis et apud Meledunum recitatis super causa que ver-

1. Cf. L. Delisle, *Catalogue des actes de Ph. Auguste*, n° 1789. Avril 1217. Ph. Aug. informe le pape Honorius que Manassès, évêque d'Orléans, a amendé la faute qu'il avait commise en parlant contre le jugement rendu à Melun dans le procès de la comtesse de Champagne et d'Erard de Brienne. « ... Contra judicium baronum Francie ad quos pertinent hujusmodi judicia locutus est. Super qua temeritate in presentia nostra et parium predictorum... idipsum nobis et paribus emendavit ».

titur inter dilectam et fidelem nostram Blancham, comitissam Campanie, et Erardum de Brena. Nos autem hoc idem aliis episcopis et baronibus qui interfuerunt mandavimus.

Actum Meleduni, anno domini MCCXVI, mense julio [1].

XX

Vernon, avril 1223. — Liste des membres de la cour qui adjugèrent l'échoite du comté de Beaumont-sur-Oise à Thibaud d'Ully.

Min. Arch. Nat. JJ. XXVII, f° 14 r°. — Ed. *Actes du Parlement de Paris*, p. CCCI, c. 2.

Super predictis... petiit utraque pars sibi judicium in Curia domini regis ; judicatumque fuit in Curia domini regis apud Vernonem ab ipso domino rege et ab archiepiscopo Turonensi, episcopo Andegavensi, et episcopo Silvanectensi, domino Ludovico et domino Philippo, filiis domini regis, B[artholomeo] de Roya, camerario Francie, Matheo de Montemorenciaco, connestabulario Francie, Ingeranno de Cociaco, Archembaudo de Borbonio, Guidone comite Sancti Pauli, Drocone de Melloto, Radulfo vicecomite Bellimontis et Sancte Susanne, Guillelmo de Dampetra, Galcherio de Nantolio, Alberto de Hangest, Johanne de Roboreto, Theobaldo Ma-

[1]. On a conservé en effet au Trésor des Chartes et dans les cartulaires de Champagne ces lettres patentes des personnages présents au jugement ; elles en relatent la teneur exactement dans les mêmes termes que la charte de Philippe-Auguste imprimée ici sous le n° XIX. Chantereau Lefèvre a publié les lettres de Thibaut, comte de Blois et de Clermont (Teulet, n° 1188); de Guillaume des Roches (Teulet, n° 1189); de Robert de Dreux, de G. de Pontieu, de l'archevêque de Reims (Teulet, n° 1183); de l'évêque de Noyon, du comte d'Alençon, de G. de Joigny (Teulet, n° 1186); du comte de Saint-Pol (Teulet, n° 1187); de l'évêque de Châlons (Teulet, n° 1184); des évêques de Senlis, Beauvais, Chartres, Lisieux ; du duc de Bourgogne (Teulet, n° 1185) et du comte de Beaumont.

cro, Henrico, thesaurario Bellovacensi, Roberto Balbo, Jacobo de Dinant, Milone de Crociaco, clericis, Roberto de Bova, Giliberto Louet, Milone de Lyvies, Ursione Cambellano, Petro Barone et pluribus aliis. Judicatum fuit... concorditer ab hiis omnibus.....

XXI

Paris, 1224. — Appel DE DEFECTU *porté à la cour du roi par Jean de Néelle contre la comtesse de Flandre. Défenses présentées par la comtesse. Jugement par les pairs de France et les officiers du palais.*

Arch. Nat. JJ. XXVII, f° 172 v°. — *Ed.* Dom Martène, *Amplissima Collectio*, I, c. 1193; *Actes du Parlement de Paris*, I, p. CCCIII, c. 2.

Cum esset contentio inter Johannam, comitissam Flandrie, ex una parte, et Johannem de Nigella, ex altera, idem Johannes appellavit comitissam de defectu ad Curiam domini regis. Dominus rex fecit comitissam citari coram se per duos milites. — Comitissa ad diem comparens, proposuit se sufficienter non fuisse citatam per duos milites, quia per pares suos citari debebat. Partibus appodiantibus se ad judicium super hoc, judicatum est in Curia domini regis quod comitissa fuerat sufficienter et competenter citata per duos milites, et quod tenebat et valebat submonitio per eos facta de comitissa. — Item, comitissa proposuit quod Johannes de Nigella pares habebat in Flandria, per quos debebat judicari in curia comitisse, et quod parata erat ei facere jus in curia sua per pares ipsius Johannis, nec idem Johannes dicebat quod comitissa defecerit ei de jure per pares ipsius Johannis, per quos judicari debebat in curia comitisse: et ita requirebat comitissa curiam suam de Johanne de Nigella. Johannes de Nigella e contrario respondebat quod ad curiam comitisse nullo modo reverti volebat, quia ipsa defecerat ei de jure et de defectu juris appellaverat eam ad Curiam domini regis, ubi paratus erat eam convincere de defectu juris ad considerationem Curie domini regis. Super his judicatum est quod Johannes de Nigella non debebat reverti ad curiam comitisse et quod comitissa debebat ei respondere in Curia domini regis, ubi eam appellaverat de defectu juris.

Preterea, cum pares Francie dicerent quod cancellarius, buticularius, camerarius, constabularius Francie, ministeriales hospitii domini regis, non debebant cum eis interesse ad faciendum judicia super pares Francie, et dicti ministeriales hospitii domini regis e contrario dicerent se debere ad usus et consuetudines Francie observatas interesse cum paribus Francie ad judicandum pares, judicatum fuit in Curia domini regis quod ministeriales predicti de hospitio domini regis debent interesse cum paribus Francie ad judicandum pares ; et tunc judicaverunt comitissam Flandrie ministeriales predicti cum paribus Francie apud Parisius, anno Domini MCCXXIV.

XXII

1239. — *Extrait d'un compte de l'année 1239 ; mention du mot « pallamentum » appliqué à la cour du roi.*

Ed. *Historiens des Gaules et de la France*, XXII, 605 D.

Pro batellis Belli Montis et Pontissarae, quando rex ivit ad pallamentum Parisius, circa Sanctum Michaelem......... XLIIII s.

XXIII

Extraits du « Conseil » de P. de Fontaines, relatifs aux usages en vigueur à la cour du roi [1].

Éd. *Le Conseil de Pierre de Fontaines*, éd. Marnier, p. 26.

XII. Conseil requiers d'aucunes choses, dont aucunes genz doutent, savoir se uns homs est apelez de son cors à la cort à .I. vavassor, et ait plet d'éritage à la cort le roi à cel meisme jor, et fust avant commenciez [2], si puet contremander le jor que il a devant le roi, sans autre essoigne ? — Et certes s'il demande devant le roi, contremander puet le jor ; et se l'en li demande devant le roi, encor dient aucunes genz que la grandor du crieme li doie aider au contremant, nequedent por son apel ne puet mie, ne ne doit la cort lo roi perdre son avantage ne la révérence que l'en li doit devant totes corz come à cort soveraine ; se einsi n'estoit qu'il li convenist à cel jor aler à cort armé, ou son champion et i fussent.

. . . .

XV. Se li esvesques ou autre qui ait juridition de sainte Yglise, fet ajorner aucun qui soit ajornez cel jor meismes devant le roi : encor lor doie l'en plus de révérence por lor crestienté que au seignor terrien — neporquant, por ce que l'en puet metre procurateur par devant euls, n'est mie li contremanz soffisanz par devant le roi, se einsi n'est que la cause de crestienté soit de crime. Quar encor i peust-il metre procurateur, si est-il plus seure chose avecques lui qu'elle soit traitiée en sa présence. Mes se il est semons à la crestienté por porter tesmoingnage que l'en n= puet mie porter par procurateur, est-ce léaux essoignes por contre-

---

1. Pierre de Fontaines a composé l'ouvrage dont ces fragments sont tirés entre 1252 et 1260.
2. Un ms. ajoute « devant le roi ».

mander le jor qu'il a devant le roi ? Et certes oïl, et por la [révérence] de la crestienté, et por la vérité que chascuns doit manifester, meesmement quant il est semons.

· ·

[*Ibidem*, p. 276, n° LVII]

..... Por ce que aucune foiz avient et molt sovent que molt de gent vont à la cort le roi, li un por lor propre plet, li autre por tesmoigner et li autre en message, et passent parmi ta terre, qu'il n'i soient aresté à tort, oez comen lois en parole : « *Pooirs est donez as legaz*, etc.[1] »

· ·

[*Ibidem*, p. 303, n° XXIII]

..... Je meismes menai la querelle par devant le roi que tu or me demandes, savoir mon se jugemenz puet estre rapelez par usage de cort laie fors par bataille. Et certes je vi que li home le roi à Saint Quentin firent jugement entre deus dames dont l'une apela à la cort le roi, et fist ajorner les jugeors et la partie en la cort le roi. Après molt de paroles et molt de debaz qui i furent, li rois vout oïr le recort del jugement que il avoient fet, il firent le recort. Je meismes dis por la dame que, selonc ce meismes qu'il recordoient, qu'il avoient fait à la dame .II. faus jugemenz. Après molt de paroles l'en demanda as homes et à la dame qui les avoit ajorné s'il voloient oïr droit ? Il distrent que oïl. L'en juga que il avoient fet à la dame .II. faus jugemenz, por quoi la dame recovra quanqu'ele i avoit perdu, et l'amendèrent au roi. Et ce fu li premiers dont je oïsse onques parler qui fust rapelez en Vermendois sanz bataille.

XXIV. Por ce que la cort de Saint Quentin est le roi et sont si home li jugeor, si me demandes si je vi onques d'autrui cort aler à la cort le roi por rapeler jugement ? Et je te di que de la cort le conte de Pontif, là où li home le

1. Fr. 2, § 3. D. De judic. V, 1.

conte avoient fet jugement, fist-en ajorner les homes le conte en la cort le roi, ne ne s'en porent passer por riens qu'il deissent, ne que li cuens deist, qu'il ne recordassent le jugement qu'il avoient fet en la cort le conte ; mes il s'en délivra par droit disant, por ce que li jugemenz n'avoit mie esté fez contre celui qui le fausoit, et l'amenda au roi et à celui qui il fausa.

XXIV

Paris, 1253. — Notice ou cédule d'un arrêt rendu en parlement en faveur de Saint-Martin-des-Champs. Liste des membres de la cour.

Copie moderne : Bibl. Nat. lat. 16016, ex veteri manuscripto Faremonasterii. — *Ed.* L. Delisle, *Fragments inédits du registre de Nicolas de Chartres,* Paris, 1872, p. 81.

Anno Domini MCCLII, in festo Sancti Mathie apostoli comparuit frater Evrardus de Gressu, prior Sancti Martini de Campis Parisiensis, pro se et conventu suo, personaliter, coram consiliariis domini regis Francie in pallamento Parisius existentibus, in domo regia, et exhibuit eis privilegium bone memorie Ludovici [VII], regis Francie et ducis Aquitanorum, ecclesie Sancti Martini de Campis ab eodem rege concessum, in quo inter multa alia continetur homines vel hospites Sancti Martini non esse capiendos, nisi in presenti forefacto fuerint deprehensi, et ideo petebat ab eisdem, secundum tenorem privilegii supradicti sibi reddi duos hospites suos qui a prepositis Parisiensibus capti fuerant apud Noisiacum Magnum super Maternam, occasione cujusdam homicidii perpetrati, ut dicebatur, in quadam villa Sancti Martini que dicitur Poirrosec, sita in diocesi Carnotensi. Predicti vero consiliarii, dicto privilegio diligenter inspecto, et sedentes pro tribunali, pronuntiaverunt dictos hospites esse reddendos priori Sancti Martini et reddi fecerunt eidem.

Hec autem sunt nomina predictorum consiliariorum qui

presentes fuerunt, videlicet reverendi patres et domini [beatus]¹ Philippus [Berruier], archiepiscopus Bituricensis. Reginaldus [de Corbeil], episcopus Parisiensis. Johannes [d'Aubergenville], episcopus Ebroicensis. Magister Stephanus de Monteforti, decanus Sancti Aniani Aurelianensis. Magister Odo de Lorriaco, capicerius Andegavensis. Magister Guillelmus de Senonis. Magister Petrus de Sancto Martino. Magister Guillelmus de Orillac. — Hec sunt nomina militum et ballivorum qui presentes fuerunt : dominus Gaufredus de Capella, miles, consiliarius domini regis, qui supradicta pronunciavit. Dominus Philippus de Cheneveriis, miles, baillivus Stampensis. Dominus Guarinus de Rocoi, miles. Johannes Monetarius, ballivus Aurelianensis. Robertus de Pontisara, ballivus Cadomensis. Stephanus Tatesaveur de Aurelianis, prepositus Parisiensis. Guerno de Verberie, prepositus Parisiensis.

XXV

Vers 1254. — « C'est la forme de pledier que li rois Loois commanda à garder en France. »

Ed. P. Viollet, *les Établissements de saint Louis*, I, 482.

Li prevoz de Paris tendra ceste forme à ses plaiz² :

Se aucuns muet devant li question de marchié qu'il ait fait contre un autre, ou demant héritage, li prevoz

---

1. Les mots entre crochets ont été ajoutés par un copiste moderne.
2. M. Guilhiermoz a démontré récemment (*Bibl. de l'École des Chartes*, 1887, p. 111 et suiv.) qu'il y a eu pendant le règne de saint Louis plusieurs ordonnances relatives aux gages de bataille. Celle dont nous réimprimons ici le texte (d'après M. P. Viollet) était destinée à régler, non pas la procédure de la cour du roi, mais celle du tribunal du prévôt de Paris, celle du Châtelet ; on peut même croire, avec M. Guilhiermoz, qu'elle a été « un des éléments de la réforme de la prévôté de Paris en 1254 ». Nous la reproduisons cependant parce que les *Olim* prouvent qu'elle fut de très bonne heure suivie dans les parlements. « Louis IX aura établi d'abord la nouvelle procédure des

semondra celui dom l'en se plaindra; et quant les parties vendront à lor jor, li demanderres fera sa demande : et cil à qui l'en demandera, respondra à celui jor meïsmes, se ce est de son fait : et se ce est de l'autrui, il avra .i. seul autre jor à respondre, se il le demande, et, à cest jor, si respondra. — Se cil à qui l'en demande quenoit ce que l'en dira contre lui, li prevoz ce qui sera coneü fera tenir et enteriner, selonc ce qui est acostumé, se cil à qui l'en demande ne dit aucune chose qui valoir li doie à sa deffanse. Et se il avenoit que cil à qui l'en demande meïst en ni ce que l'en li demandera ou se cil qui demande niast ce que cil mettroit à sa deffanse à cui l'en demanderoit, les parties jureront de la querelle; et la forme dou sairement si sera tele : cil qui demande jurera qu'il croit avoir droite demande et qu'il respondra vérité à ce que l'en li demandera selonc ce qu'il croit, et qu'il ne donra riens à la joutise, ne ne promettra por la querelle, ne as tesmoinz fors lor despens, ne n'empeeschera les preuves de son aversaire, ne riens ne dira encontre les tesmoinz qui seront amené contre lui qu'il ne croie que voirs soit et qu'il n'usera de fauses prueves. Cil à qui l'en demandera jurera qu'il croit avoir droit de soi deffandre et jurera les autres choses qui sont desus dites. Emprès ces sairemenz, li prevoz demandera as parties la vérité de ce qui sera dit par devant lui, et se cil à cui l'en demandera met en ni ce que l'en li demandera, se cil qui demande a ses tesmoinz prez, li prevoz les recevra tantost. Se non, cil qui demande porra avoir .ii. jorz, s'il viaut, à prover et non plus, ou lons ou courz, selonc ce que li tesmoing seront loing ou près, selonc ce qu'il semblera bien au prevost. Et est à savoir, quant li tesmoing seront presant,

gages de bataille à la cour du prévôt de Paris, et il en aura ensuite étendu l'application au parlement. » — Cette ordonnance du Châtelet était transcrite dans le registre perdu de Jean de Caux, l'un des plus précieux de la chancellerie royale au xiiie siècle. Les anciens auteurs de compilations juridiques l'ont mise à profit, en même temps que l'ordonnance de 1258 (v. ci-dessous, n° xxx) sur le même sujet.

lors demandera li prevoz se cil contre qui il seront amené viaut rien dire contre les persones; et covendra que il en responde. Se il dit que non, d'ileques en avant ne porra riens dire contre eus; se il dit que oïl, il covendra que il die coi; se il dit chose qui vaille, l'en li metra jor à prover ce qu'il dit contre les tesmoinz, .I. seul jour. Et recevra li prevoz les tesmoinz dou demandeor; et jurera chascuns par soi; et les doit oïr secreemant et tantost les puepleera; et porra dire contre lor diz cil à qui l'on demande chose qui vaille. — Et se il avenoit, quant tesmoing seront amené, que cil à qui l'en demande deïst par son sairement que il ne queneüst les tesmoinz, l'on li donra jor, se il le demande à dire contre les persones, .I. seul, et .I. autre jor à prover s'il dit chose qui vaille et il le demande; et neporquant li tesmoing dou demandeor seront receü et pueploié en la menière qui est dite desus. — Et se il avenoit que tesmoing fussent amené contre les tesmoinz au demandeor, l'en demanderoit à celui demandeor, selonc ce qui est dit desus, se il voudroit riens dire contre les tesmoinz qui seront amené à reprover les siens; et covendroit que il respondist selonc ce qui est dit dessus. Et garderoit l'en la forme desus dite en toutes choses; ne plus de tesmoinz ne seront receü d'ileques en avent à reprover tesmoinz. Et donroit li prevoz jugement selonc touz erremanz, se la chose estoit clere. Ne ne porra l'en appeler de son jugement; mes l'en porra souploier au roi que il le jugement voie, et se il est contre droit qu'il le depièce.

Cist meïsmes ordres de prueves fere soit gardez se l'en plede d'eritage ou d'apartenances à héritage. Derechief se cil à qui l'en demande met aucune chose à sa deffanse qui vaille, li ordres desus diz sera gardez as prueves faire. Et est asavoir que faus temoinz sera puniz selonc ce que li prevoz verra que bien soit. Et seront tesmoing contraint à porter tesmoignage es quereles qui seront devant le prevost.

XXVI

Parlement de la Chandeleur 1255. — Constitution de procureur.

Min. Arch. nat. X¹ª 1, f° 87 r°. — *Ed. Olim*, I, 426, n° XIII.

Cum dominus Ursionensis constituisset procuratorem per literas matris sue, dictum fuit quod si pars adversa talem procuratorem vellet recipere, reciperet; sin autem, non tenebatur.

XXVII

28 février 1256. — Liste de membres de la cour du roi.

Bibl. Nat. Suppl. latin, n° 718, p. 109. (Pouillé d'Eudes Rigaud, archevêque de Rouen). — *Ed.* L. Delisle, *Cartulaire normand*, Paris, 1852, n° 539; *Notices et extraits des manuscrits*, XX, 2ᵉ partie, p. 300.

Cum verteretur contentio super jure patronatus ecclesie de Guenevilla inter Odonem Rigaudi, Rothomagensem archiepiscopum, ex una parte, et dominum regem, nomine Colini de Becco, qui tunc temporis erat in custodia ipsius, anno Domini M° CC° L° quinto, die lune ante Cineres, adjudicata fuit Parisius in aula regis sasina dicte ecclesie dicto archiepiscopo a Radulfo, archidiacono Nicossiensi, Gervasio de Crennes, Petro de Fontibus, militibus, judicibus ad hoc deputatis a domino rege, pro eo videlicet quod inventum fuit in rotulis domini regis quod quedam inquesta facta fuit bene erant XXXVIII anni elapsi vel circa, per quam inquestam sasina dicte ecclesie fuit adjudicata Rothomagensi archiepiscopo in carcario de Phalesia [1], coram domino Barthe-

---

1. V. l'arrêt de l'Echiquier de Pâques 1218, tenu à Falaise (*Notices et extraits des manuscrits*, XX, 2ᵉ partie, p. 300, note): « Recognitio inter dominum Rothomagensem archiepiscopum et militem de patro-

lomeo de Roia et fratre Guarino, episcopo Silvanectensi, tunc temporis magistris carcariorum regis. Huic judicio interfuerunt Henricus, Senonensis archiepiscopus. Petrus de Esnencort et Stephanus de Porta, milites. Magister Johannes de Ulyaco. Stephanus Tastesavor, tunc ballivus Senonensis. Walterus de Villariis, tunc ballivus Caleti. Willelmus de Vicinis, tunc Rothomagi, et Robertus de Pontisara, tunc ballivi de Cadomo. Magister Johannes de Flainvilla, canonicus Rothomagensis. Petrus de Mesnilo; et dominus Radulphus Betain, miles, qui erat pro dicto Colino.

XXVIII

Melun, parlement de septembre 1257. — Cédule d'arrêt rédigée par le procureur de l'abbé de Saint-Germain-des-Prés.

Min. Arch. nat. X¹ᵃ 1¹. — Ed. Olim, I, 19, n° XV *bis.*

Anno Domini MCCLVII, mense mayo, capti fuerunt apud Villam Novam Sancti Georgii duo falsi monetarii, unus in campis et in via fugiendo, et alius in mercato dicte ville, et per dominos P. de Chartes et Andream de Chenville, milites domini abbatis, fuerunt suspensi dicti falsi monetarii ad furcas Sancti Germani ville predicte. Super quod prepositi Parisienses moverunt questionem, dicentes ipsorum suspensionem ad domini regis justiciam pertinere; unde dominus rex jussit quod dicti suspensi dependerentur et rependerentur in terra communi regi et abbati predicto, volens quod in hoc..... ejus abbas; et fuit demandata et commissa inquesta ex parte regis Philippo de Caturco, clerico regis, et domino Johanni..... militi, quod ipsi inquirerent sive ad regem, sive ad Sanctum Germanum dictorum suspensorum justicia pertineret..... Facta inquesta, et ipsa inquesta judi-

nata cujusdam ecclesie, et obtinuit archiepiscopus per juramentum juratorum singulariter examinatorum. »

1. Cette relation est écrite sur un feuillet de parchemin intercalé entre le f° 2 et le f° 3 du registre X¹ᵃ 1.

cata apud Meledunum, in parlamento septembris, eodem anno, pronunciatum fuit in Curia regis quod ipsorum suspensorum ad Sanctum Germanum justicia pertinebat, presentibus domino Simone de ...., milite; archidiacono Nico[siensi]; decano Turonensi; dicto magistro Philippo, thesaurario Bajocensi; magistro Odone de Loris .... [de Limeton], clericis regis; Rudulpho de Sancto Laurencio, et me, Odone de Corrigiaria, clerico, qui audivi ..... judicium pro monasterio tanquam procurator monasterii....

XXIX

Juillet 1258. — Extrait du journal d'Eudes Rigaud, archevêque de Rouen.

Journal des visites pastorales d'Eudes Rigaud, arch. de Rouen (1248-1269), éd. des *Historiens des Gaules et de la France*, XXI, 579.

XI Kal. Augusti. In festo Magdalenae, celebravimus magnam missam in capella regis Parisius in pontificalibus, Domino concedente, domino rege ibidem existente et multis Franciae praelatis, qui ad pallamentum venerant; et sermonem ibidem fecimus, ipso Domino adjuvante.

XXX

Vers le parlement de la Nativité 1258 [1]. — Instruction sur la procédure d'enquête, destinée aux officiers du roi [2].

Nous adoptons le texte restitué par M. P. Viollet, *Établissement de Saint Louis*, I, 487, qui a donné la liste critique des mss. et des éditions. (Cf. *Nouvelle Revue historique du Droit*, 1887, p. 163).

Nous deffendons les batailles par tout nostre domoine en

---

1. M. Joseph Tardif a fixé la date de la rédaction de cette célèbre pièce entre le 11 novembre 1257 et le 13 octobre 1258, et probablement au parlement de la Nativité 1258 (8-15 septembre). V. *Nouvelle Revue historique du Droit*, 1887, p. 174.

2. « Cette pièce, dit très bien M. J. Tardif, est plutôt une instruc-

toutes quereles, mais nos n'ostons mie les clains, les respons, les contremanz, ne touz autres erremanz qui ont esté accostumé en cort laie jusques à ores, selonc les usages de divers païs, fors tant que nos en ostons les batailles; et en leu de batailles, nos metons prueves de tesmoinz et de chartres. Et si n'ostons mie les autres prueves bones et loiaus qui ont esté acostumées en cort laie jusques à ores.

2. Nous comandons que se aucuns hom viaut apeler .i. autre de murtre, qu'il soit oïz, et quant il voudra faire sa clamor que l'en li die : « Se tu viaus apeler de murtre tu seras oïz, mais il covient que tu te lies à sofrir tel poine come tes aversaires sofferroit, se il estoit atainz. Et soies certains que tu n'avras point de bataille, ainz te convendra prover par tesmoins jurez; et si covient que tu en aies .ii. bons au moins; et bien amoine tant de tesmoinz comme il te plera à prover; et tant comme tu cuideras que aidier te doie. Et si te vaille ce que te doit valoir; car nos ne volons nule prueve qui ait esté receüe en cort laie jusques à ores fors que la bataille; et saches tu bien que tes aversaires porra dire contre tes tesmoinz ». — Et se cil qui apeler viaut, quant l'en li avra einsinc dit, ne viaut porsivre sa clamor, laissier la puet sanz poine et sanz peril; et s'il viaut sa clamor porsigre, il fera sa clamor si come l'en la doit faire par la costume dou païs; et avra ses respiz et ses contremanz. Et cil que l'en apelera avra ses deffanses et ses contremanz selonc la costume de la terre. Et quant l'en venra au point dont la bataille soloit venir, cil qui par bataille provast sa bataille fust, si provera par tesmoinz. Et la joutise fera venir les tesmoinz as couz de celui qui les requiert, se il sunt desouz son pooir. Et se cil contre qui li tesmoinz seront amené viaut aucune raison dire contre les

tion détaillée sur la procédure d'enquête, qui accompagnait sans doute un mandement royal, qu'une ordonnance proprement dite ». — V. pour le commentaire de cette instruction de 1258 et la comparaison avec le document similaire publié ci-dessus (n° XXV) l'article déjà cité de M. Guilhiermoz, *Bibl. de l'École des Chartes*, 1887, 1re livraison.

tesmoinz qui seront amené contre lui por coi il ne doient estre receü, l'en l'orra. Et se la raisons est bone et aperte et communement saüe, li tesmoinz ne seront pas receü. Et se la raisons n'est communement saüe, et ele est niée de l'autre partie, l'en enquerra les tesmoinz de l'une et de l'autre partie, et seront li dit des tesmoinz pueploié as parties. Et se il avenoit que cil contre qui li tesmoinz seront amené, vousist dire emprès le puepleement aucune chose raisonable contre les diz des tesmoins, il seroit oïz. Et puis après fera la joutise son jugement.

3. En ceste manière ira l'en avent es quereles de traïson, de rat, d'arson, de larrecin et de tous crimes où il ait péril de perdre vie ou mambre, là où en faisoit bataille. Et en touz ces cas devant diz, se aucuns est acusez par devant aucun bailli, li bailliz si orra la querele jusques as prueves; et adonc il le nos fera à savoir; et nous i envoierons por les prueves oïr; et as prueves oïr apeleront cil que nos i anvoierons de ces qui devront estre au jugement faire [1].

4. En querele de servage, cil qui demande home come son serf, il fera sa demande et porsigra sa querele selonc l'ancianne costume jusques au point de la bataille; et en leu de la bataille, cil qui provoit par bataille provera par tesmoinz ou par chartes ou par autres prueves bones et loiaus qui ont esté acostumées en cort laie jusques à ores ce que il provast par bataille; einsi que, se cil qui demande prueve, cil que il demandera li demorra come ses sers; et se il ne prueve, il demorra en la volenté au seignor por l'amande.

5. Se aucuns vient fauser jugement en païs là où faussemenz de jugement afiert, il n'i avra point de bataille, mais li claim et li respons et li autre errement dou plait seront raporté en nostre cort; et selonc les erremenz dou plait, l'en fera tenir ou depecier le jugement; et cil qui sera trovez en son tort l'amandera par la costume de la terre.

1. *Variante:* apeleront cels qui bons soient, o le conseil de cels qui debvront estre au jugement.

6. Se aucuns viaut apeler son seignor de defaute de droit, il covendra que la defaute soit provée par tesmoinz, non mie par bataille ; einsi que se la defaute n'est provée, cil qui apelera son seignor de la defaute, i avra tel domache com il doit, par la costume dou païs, et se la defaute est provée, le sires qui est apelez i perdra ce qu'il doit par la costume de la terre. Et est à savoir que li tesmoinz qui seront amené en querele de servage ou en querele que l'on apiaut son seignor de defaute de droit, si seront pueblové, si come il est dit desus. Et se cil encontre qui li tesmoinz seront amené viaut dire aucune chose raisonable enconte les tesmoinz qui seront amené contre lui, il sera oïz.

7. Se aucuns est repris ou atainz de faus tesmoignage es quereles devant dites, il demorra en la volenté à la joutise. Et les batailles ostons nos en nostre domaine à tousjorz mais ; et volons que les autres choses soient tenues en nostre domaine, si com il est devisé par desus, en tel manière que nos i puissons metre et oster et amander, quant il nos plaira, se nos veon que bien soit.

XXXI

Parlement de l'octave de la Chandeleur 1259. — Liste des membres de la cour.

Min. Arch. Nat. X^{ia} 1, f° 12 v°. — *Ed. Olim* I, 75, n° XXIX.

Cum G. de Andusia, heres Petri Bermundi, peteret sibi restitui a domino rege baroniam de Salvia, que fuerat ipso Petro Bermundi, patri suo, per gentes domini regis injuste ablata, sicut dicebat, dominus rex ex officio suo fecit inde fieri inquestam ad alleviandam conscienciam suam, et postmodum, die Jovis ante festum beati Barnabe Apostoli, anno Domini MCCLVIII, Parisius, relata ipsa inquesta domino regi et ea diligenter audita, dominus rex super ipsa inquesta requisivit et habuit consilium istorum quorum nomina subscribuntur, videlicet : Guido Fulcodii, Aniciensis episcopus; magister Michael, cantor Andegavensis; magister Odo de Lorriaco, capicerius Aurelianensis ; Guido de Nealpha, decanus beati Martini Turonensis ; magister Radulphus Grosparmie, thesaurarius Sancti Franbaldi Silvanectensis, qui deferebat sigillum domini regis ; Stephanus de Monteforti, decanus sancti Aniani Aurelianensis ; magister Johannes de Ulliaco, clerici domini regis. — Simon de Claromonte, dominus Nigelli; dominus Gervasius de Serannis; dominus Petrus de Fontanis; dominus Julianus de Perona, milites domini regis. Plures eciam alii ad hoc interfuerunt. — De unanimi consilio omnium istorum dictum et diffinitum fuit quod idem Guillelmus de Andusia non erat in sua peticione audiendus et quod predictus Petrus, pater suus, forisfecerat ipsam baroniam Salvie quam petit.

XXXII

1259. — *Compte rendu d'un procès au Parlement : la garde de Saint-Remi de Reims.*

Ed. Récits d'un ménestrel de Reims au XIII° siècle, publiés par N. de Wailly. Paris, 1876, p. 240.

Or vous dirons de l'arcevesque Thomas de Biaumez qui tout convoitoit..... Il avoit eu la garde de Saint Remi de Rains par lonc tans, il et si anciseur, et les mesmenoit trop malement et raiemboit..... Mais on dist piece a que la soursomme abat l'asne.

Et avint que li abes et li couvenz ne porent plus andureir, et prisent garde à leur priveleges se par aventure i averoit chose qui mestier leur eust. Si trouvèrent les chartes de six rois de France qui disoient que l'église de Saint Remi et li chastiaus estoit fondeiz de l'aumosne des rois, et l'avoit chascuns rois renouvelei par sa chartre jusques au roi Phelipe. Mais li rois Phelipes, quant il ala outre meir, la commanda à gardeir à l'arcevesque Guillaume Blanchemain, son oncle; et depuis l'ont eu li arcevesque de Rains en garde, par la nicetei des abeiz et dou couvent qui ont estei jusqu'à l'arcevesque Thomas, qui ore est.

Et quant li abes et li couvenz virent qu'ainsi estoit, si alerent au roi et li prierent pour Dieu qu'il meist conseil à l'eglise Saint Remi, dont il estoit rois et sires..... Les chartres furent moustrées au roi et leues devant le conseil, et dist li rois qu'il i meteroit voulentiers conseil. Et fu li arcevesques semons et ajourneiz devant lui contre l'abei et le couvent de Saint Remi; li arcevesques contremanda une foiz et autre et tierce foiz, et ot tous ses contremanz; et prolonja bien un an qu'onques ne respondi.

En la pardefin li rois le fist sommeir, et li fu jourz asseneiz certains que il i fust. Quant li arcevesques vit que il ne porroit plus ganchir, si li couvint aleir. L'abes et li procureeur dou couvent i furent present, et dist li rois à l'abei et au couvent: « En quel garde iestes-vous, ou en la moie, ou en l'arcevesque? » Li abes respondi et dist: « Sire, nous soumes en vostre garde et devons estre, et bien en soumes privelegié de voz anciseurs. » Et furent moustrei li privilege. Lors dist li rois: « Sire abes, aleiz vous en; li plaiz n'est pas à vous, ains est à moi; et se li arcevesques veut dire chose qui valoir lui puisse, si le die; et nous l'en ferons voulentiers droit en nostre court. »

Quant li arcevesques vit qu'il ne porroit eschapeir, si prist un jour à dire ses raisons; et quant vint au jour, il contremanda; et ot encore un jour et emport. Et à celui jour vint; et preist encore voulentiers un jour s'il le peust avoir, mais il nou pot avoir. Et quant il vit que respondre li couvenoit si demanda la moustrée des choses que li rois clammoit; et fu jourz asseneiz de faire la moustrée. Li prevoz de Loon vint à Rains, et fist la moustrée en lieu dou roi; et monstra à la gent l'arcevesque l'eglise Saint Remi et le chastel et les viles Saint Remi jusqu'a vint quatre; et leur dist que encore leur en moustreroit se il vouloient; et il dirent que il s'en tenoient bien à paié.

Atant leur fu jourz asseneiz par devant le roi pour dire droit aus parties sour touz les erremenz à chascun ; et fu li arcevesques presenz à quanqu'il pot avoir de conseil. Lors se leva maistre Juliens de Peronne, et dist : « Sire arcevesques, voulez vous oïr droit, liqueis doit avoir la garde de Saint Remi, ou vous, ou li rois ? » Li arcevesques respondi et dist : « Oïl ».

Lors recorda messires Juliens tout le procès jusqu'en la fin, et dist par droit et par jugement des maistres que li rois averoit la garde de Saint Remi et de ses choses ; et avoir les devoit par le privilège de ses anciseurs « et par la reconnoissance de vous, sire arcevesques, que vous baillastes, un jour fu ja, vostre letre pendant à madame la roïne[1]. Et veez les ici ; et parolent ainsi : « Thomas, par la grace de Dieu, arcevesques de Rains, à touz ceus qui ces letres verront, salut. Sachent tuit que je, Thomas, arcevesques de Rains, reconnois que je tieng en commande dou roi de France, mon seigneur, la garde de Saint Remi de Rains, et m'otroi à ce que je ne la tiengne fors tant comme il lui plaira ».

Quant li arcevesques oï la letre lire, si li chéi li nies ; et fu li plus esbaubiz hons dou monde, et il et tuit li sien. Lors se leva et s'ala conseillier et dist à son conseil : « Biau seigneur, que porroi-je faire ? Par foi, je sui essilliez s'ainsi demeure et ai perdue ma citei, car tuit mi bourjois iront manoir à Saint Remi. » — « En non Dieu, dit li uns de son conseil, vous direz que vous ne voulez pas que cis jugemenz soit estables, pour ce qu'il n'est pas faiz ne rendus par vos pers ; et vous iestes pers ; si devez estre jugiez par eus. » Tuit li autre dou conseil s'i acordèrent.

L'arcevesques en vint devant le roi ; et li conta Pierres Halos sa parole, et dist ainsi : « Par foi, sire, li arcevesques est pers de France ; si doit estre jugiez par ses pers. Cis

---

1. Voyez Varin, *Archives administratives de Reims*, 1, 2ᵉ partie, p. 756, nº CCLI.

jugemens n'est pas faiz par ses pers ; si ne veut pas que il li griet. » — Pierres de Fontainnes respondi : « L'on vous en dira droit, se vous voulez, s'il doit valoir ou non ». Li arcevesques dist que bien le vouloit ; et se traist arriere.

Et li maistre se conseillièrent, et dirent que cis jugemenz estoit bons et rainables, car la querele dont li jugemenz estoit faiz n'estoit pas de la perie, et pour ce convenoit-il qu'il fust tenuz. Atant se parti l'arcevesques de Rains de court sans congié penre, tout plourant ; et se mist en sa chambre, e i fu deus jourz qu'onques n'en issi. Et puis s'en vint à Rains et requist aus evesques de sa province qu'il li aidassent envers le roi ; et li evesque respondirent qu'il estoient homme le roi, ne contre lui n'iroient il mie ; ne il n'entendoient pas qu'il li feist tort.

Or vous dirons de l'abei qui demoura à court, qui requist au roi qu'il envoiast garde à Saint-Remi en l'eglise, pour gardeir la terre Saint Remi. Li rois respondi que il en averoit conseil jusqu'à la septembre au parlement. Lors s'en revint li abes à Rains. Quant li arcevesques le sot, si le feist tastier en mout de manieres pour quoi il relaissast ce qu'il avoit entrepris, mais il n'en pot à chief venir. Ains s'en ala au parlement et requist la garde au roi ; et li rois li bailla ; et s'en revint à Saint Remi bauz et joianz et liez[1].

---

1. Nous avons deux autres comptes rendus de ce mémorable procès ; il importe de les rapprocher du récit du Ménestrel de Reims : c'est le compte rendu du rédacteur des Olim (*Olim*, I, 456, n° XVIII) et celui de Jean, archevêque de Reims, successeur de Thomas de Biaumez. Ce dernier est naturellement aussi favorable à l'archevêque que le Ménestrel lui est hostile ; nous l'imprimons ici sous le n° XXXII bis, afin de faciliter la comparaison. — V. aussi ci-dessous n° LIX.

XXXII bis

1259. — *Compte rendu d'un procès au parlement : la garde de Saint-Remi de P~ims*[1].

Ed. Varin, *Archives administratives de Reims*, I, 2ᵉ partie, p. 897, note (d'après une liasse des archives de l'abbaye de Saint-Remi).

Factum tale est, domine rex. Anno Domini MCCLVIII, die Pasche, post prandium, facta pace per vos inter cives Remenses, ex una parte, et bone memorie dominum Th., tunc archiepiscopum Remensem, ex altera, vos dixistis eidem archiepiscopo quod custodia sancti Remigii Remensis erat vestra. Dixit archiepiscopus : « Domine rex, gens vestra, dum eratis in partibus transmarinis me super hac custodia inquietavit, et per eorum inquestam super custodia factam, et pro me redditam, apparuit quod ipsa custodia ad me pertinet, et pertinuit, et me gens vestra de dicta custodia dimiserunt in pace. » Item, post reditum vestrum de partibus transmarinis, prima vice quum fuistis Remis, monachi sancti Remigii iterum vobis dixerunt quod dicta custodia ad vos pertinebat : quare, vocato in eorum abbatia archiepiscopo, auditis monachorum rationibus et privilegiis et responsionibus archiepiscopi, vos assignastis archiepiscopo diem ad parlamentum sequens super garda predicta. In quo parlamento, auditis rationibus archiepiscopi, et rationibus et privilegiis monachorum, deliberatione habita cum consilio vestro et cum aliis bonis, vos dixistis sic : « Ego non video rationem vel causam quare dicta custodia archiepiscopo non debeat remanere. » Quare supplicavit idem Th., dicta die Pasche, quod vos, domine rex, pro Deo amodo ipsum ar-

---

1. Ce compte rendu du procès de 1259 nous a été conservé sous la forme d'une supplication de Jean, archevêque de Reims, envoyée au roi en 1267, pour obtenir la revision de l'arrêt prononcé contre l'archevêque Thomas. Cette supplication obtint gain de cause. V. un arrêt de la Chandeleur 1268, *Olim*, I, 701, n° XI.

chiepiscopum Th. de dicta custodia dimitteretis in pace. Ad que responditis, domine rex, sic : « Domine archiepiscope, vobis remansit possessio custodie sancti Remigii per premissa, et nichilominus potest proprietas dicte custodie ad nos pertinere; unde adjornamus vos coram nobis super dicta proprietate, ad tertium diem post octabas Penthecostes. » Et tunc, nichil acto de causa custodie, readjornatus fuit archiepiscopus, ut prius, ad diem lune post festum Omnium Sanctorum sequentem. Ad quam diem dominus Julianus pro vobis, domine rex, et nomine vestro, et de mandato vestro, petiit custodiam a dicto archiepiscopo, propter quatuor rationes quas ego, Johannes archiepiscopus, paratus sum exprimere et declarare; et super eo clamo idem Th. habuit diem consilii ad quindenam post Purificationem beate Virginis. Ad quam diem, idem Th. comparens petiit diem visionis seu ostensionis locorum, in quibus vos, domine rex, petebatis custodiam ; et habuit diem martis post Pascha sequens. Ante tamen quod dies visionis seu ostensionis concederetur archiepiscopo, dominus Julianus novum clamum pro rege fecit in hec verba : « Domine archiepiscope, abbas et monachi dicunt domino regi quod gens sua, ipso existente in partibus transmarinis, vobis tradiderunt custodiendam possessionem garde Sancti Remigii, et hoc sine lite, et sine aliqua juris vel litis necessitate; et de hoc habentur littere vestre. Quare petit dominus rex quod possessionem dicte garde eidem restituatis sine lite, sicut sine lite et sine aliqua necessitate fuit penes vos deposita ». — Ad quod respondit archiepiscopus quod super isto secundo clamo non habebat diem, nec unquam fuerat adjornatus; et propter hoc nec voluit, nec tenebatur, ut dicebat, super isto secundo clamo respondere; quare vos, domine rex, adjornavistis dictum archiepiscopum ad sequens parlamentum, videlicet ad feriam tertiam post Penthecosten sequentem dictam quindenam Purificationis, super secunda peticione quam intendebatis facere contra archiepiscopum super garda predicta, et ex causa depositi predicti. Et eandem diem martis assignavistis dicto archiepiscopo ad respondendum super prima peticione in causa proprietatis formata in causa dicte garde contra dictum archiepiscopum, salva ostensione predicta que interim debebat fieri, videlicet ad diem martis post Pascha precedens dictam Penthecosten. Et sic idem archiepiscopus pro voluntate regis ad eandem diem martis post Penthecosten habuit diem de prima peticione, que erat de proprietate garde, et etiam de secunda peticione, que erat de possessione ejusdem garde. Ad quam diem de causa nichil acto propter aliquas rationes, sed archiepiscopo readjornato ad sequens parlamentum, videlicet ad octabas post Nativitatem beate Virginis, et comparante, dominus Julianus pro vobis, domine rex, secundam peticionem prosequens, petiit et institit quod archiepiscopus vobis redderet saisinam dicte garde apud ipsum archiepiscopum deposite, ut dicebat ; asserens quod super hoc littere archiepiscopi penes vos, domine rex, haberentur; nullo modo petens nec instans quod archiepiscopus responderet super prima peticione, in qua habuerat archiepiscopus diem consilii et diem ostensionis. Et non solum non petiit ut archiepiscopus responderet super prima petitione, sed nec id potuisset si vellet, juris ratione refragante ; quia dicendo possessionem dicto garde, ex causa depositi, pro rege et a gente regis et nomine ipsius penes archiepiscopum fuisse depositam, confitebatur et a&.... rbat idem Julianus possessionem dicte garde esse regis et non archiepiscopi. Et si voluisset dominus Julianus post secundam petitionem quam usquequaque persequebatur, et prosecutus esset dicere archiepiscopo quod ipse responderet super secunda petitione, non esset audiendus, tanquam sibi contrarius, quia ipse dominus Julianus, petitione secunda, ex causa deposite possessionis, ut dicebatur, facta, dicebat ad regem possessionem et proprietatem dicte garde pertinere ; quia, ut jura volunt, rei deposite et possessionem et proprietatem retinemus ; et per primam petitionem de proprietate garde, rex expresse ore proprio confessus fuerat, ut predictum est, quod possessio dicte garde ad archiepiscopum pertinebat; et hoc idem juris interpretatione est planum. Ita, primam petitionem faciendo formari contra archiepiscopum de proprietate garde, confessus est ipsum archiepiscopum esse possessorem dicto garde. Et ideo archiepiscopus, cum magno consilio juris et usus Curie vestre habito, videns sibi nullum imminere periculum non respondendo super prima petitione in qua habuerat diem consilii et diem ostensionis..... ad primam petitionem non respondit, sed ad secundam petitionem respondit sic : « Domine rex, secundum modum petitionis contra me formate, ego peto judicari et tractari per pares meos, quia agitur contra me de magna parte baronie et parrie mee, videlicet de garda sancti Remigii; et secundum modum petitionis seu clami facti contra me in causa depositi que tangit honorem persone mee, quia, si in tali peticione, que est de deposito succumberem, efficerer infamis, bene debeo habere pares meos, et peto per eos causam istam de honore meo tractari et judicari, maxime cum sit de magna parte baronie et parrie mee. » Ad quod vos, domine rex, deliberatione prehabita, respondistis per dominum Petrum de Fontanis archiepiscopo quod non haberet suos pares, et quod archiepiscopus, consilio prehabito, aliter responderet. Et cum archiepiscopus super hoc deliberaret, sapientes ei dixerunt quod peteret judicium per pares suos de causa predicta, que erat de honore suo et de magna parte baronie sue. Et ulterius eos sapientes consulens que ivit si rex..... et nec sic vellet ei dare pares, an responderet .am magistris sine paribus? Qui sapientes dixerunt quod dominus Julianus petierat solummodo responderi ad petitionem secundam factam in causa depositi, in qua archiepiscopus nondum habuerat diem consilii vel ostensionis, nec lis erat contestata. Et sic archiepiscopus, iterum denegatus quod pares non haberet, et super dictam secundam petitionem non respondens, fuit in defectu. Et propterea vos, domine rex, accepistis in manu vestra custodiam sancti Remigii, et ibi servientem vestrum apposuistis. — Quare supplicat et requirit J., nunc archiepiscopus......, quod vos..... dictum servientem vestrum amoveatis. — Nec vos pro Deo, domine, nec aliquem de consilio vestro, moveant verba dicti domini Petri dicta in judicio, quando accepistis dictam gardam in manu vestra. Dixit enim quod archiepiscopus habuerat diem co... ii et diem visionis. Hoc enim erat verum in prima peticione, que erat de proprietate, et non in secunda, in qua super possessione deposita agebatur. Item quod non fuerit actum super prima petitione, que erat de proprietate, bene apparet. In illa enim si fuisset condempnatus, non efficeretur infamis, sed in secunda, sic. Et ideo noluit in secunda respondere sine paribus; sed in prima, si fuisset requisitus, bene respondisset sine paribus. Item, alia ratione respondisset super prima petitione, quia, si fuisset in defectu, possessionem perdidisset secundum usum Curie, cum habuisset super ipsa prima petitione et diem consilii et diem ostensionis.....

XXXIII

Parlement de la Nativité de la Vierge 1259. — Contremande.

Min. Arch. Nat. X¹ᵃ 1, f° 94 v°. — Ed. *Olim*, 1, 448, n° V.

In causa que erat inter Renaudum de Dargies et Guillelmum de Bello Saltu, ex una parte, et Petrum de Lys, ex altera, super eo quod ipse petebat ab eis recipi in hominem de hiis que tenere debebat ab ipsis, ipsi Renaudus et Guillelmus contramandaverunt. Curia recepit contramandacionem ipsorum, licet idem Petrus diceret quod in casu hujusmodi nec dilacio nec contramandacio deberet admitti [1].

[1] Cf. *Olim*, 1, 448, n° IV. « In causa que vertebatur inter dominam de Genl'aco, ex una parte, et dominam de Toula, ex altera, super victu liberorum suorum quem ipsa domina de Toula petebat ab ea, contramandavit ipsa domina de Genliaco, et fuit recepta contramandacio per Curiam, licet domina de Toula diceret quod in peticione victus hujusmodi, nec dilacio nec contramandacio deberet admitti. »

Curia tamen, volens omnem maliciam super hoc amovere, mandavit per litteras quod ipsi reciperent homagium ipsius Petri, vel ad certum diem venirent, dicturi quare hoc facere recusabant.

XXXIV

Parlement de la Nativité de la Vierge 1259. — Contremands.

Min. Arch. Nat. X¹ª 1, f° 95 v°. — *Ed. Olim*, I, 452, n° XIV.

In causa que vertebatur inter comitem Andegavensem, ex una parte, et dominum de Trou, militem, ex altera, contramandavit idem comes. Dominus de Trou se opposuit, dicens quod non valebat contramandacio, cum causa hujusmodi, de qua inter ipsos agitur, dependeat de saisina, et maxime quia comes ad hunc diem debebat dicere contra testes et dicta testium ipsius domini de Trou. Gentes comitis dicebant quod debebat recipi contramandacio, secundum consuetudinem hujus Curie in qua potest ter contramandari, maxime cum deducatur proprietas in jure, et alias recepta fuerit contramandacio ipsius comitis in hac eadem causa : non obstantibus premissis que similiter alias proposita fuerunt ab ipso domino de Trou, Curia recepit contramandacionem comitis, et assignavit diem partibus.

XXXV

Parlement de l'Ascension 1260. — Procès de Jean de Valeri; ordre de présentation des « petitiones ».

Min. Arch. Nat. X¹ª 1, f° 102 r°. — *Ed. Olim*, I, 469, n° VI.

Dominus Johannes de Valeriaco petebat a domino rege quod sibi restitueret seu redderet castrum Montis regalis, cum pertinenciis, et totam aliam terram que fuit domini Alani de Rociaco in Albigesio, de qua idem Alanus decesserat in feodo et homagio comitis Montisfortis, ut dicebat, nec eam forisfecerat; et istud petebat tanquam proximior heres ipsius Alani. — Dominus Julianus de Perona, miles, et magister Johannes de Ulliaco responderunt e contrario pro domino rege quod idem Johannes non debebat super hoc audiri, cum alias, quando eandem terram petebat a domino rege, racione donacionis sibi facte a predicto Alano de terra predicta, racionibus suis ac racionibus domini regis plenius intellectis, per jus dictum fuit et responsum eidem Johanni de Valeriaco quod rex non tenebatur eidem super hoc respondere, et cecidit a petitione sua. Dominus Johannes dixit e contrario quod audiri debebat, non obstantibus premissis, secundum jura scripta, cum eciam semper fuerit protestatus quod in verbo suo posset emendare, nec de prima peticione sua subisset judicium; preterea quia dictum fuit eidem alias, ut dicit, quod recurreret ad quem istorum duorum modorum patendi ipse vellet, quod negaverunt ipsi dominus Julianus et magister Johannes. Tandem partes pecierunt jus super hoc sibi fieri. Quia, secundum consuetudinem Francie, ex quo aliquis cadit a peticione sua secundum unum modum petendi, postmodum, per alium modum petendi, nisi de novo emerserit, non debet audiri, judicatum fuit concorditer ab omnibus, quia modo petit tanquam proximior, alias pecierat racione donacionis sibi facte, non debet super hoc audiri, nec tenetur dominus rex eidem Johanni super hoc respondere [1].

---

[1]. Cf. *Olim*, 1, 598, n° XIII (Chandeleur 1265). « Cum sit consuetum in Curia quod, si quis petat aliquid ex certa causa et succumbat, ex alia causa petens de cetero non auditur..... » Cf. ci-dessous n° XLI. — Il était aussi de règle dans les cours séculières de ne point permettre qu'on présentât plusieurs fois des exceptions péremptoires : *Olim*, I, 569, n° VII.

XXXVI

Parlement de l'Ascension 1260. — Jour de vue.

Min. Arch. Nat. X¹ᵃ 1, f° 102 r°. — *Ed. Olim.* I, 470, n° IX.

Episcopus Eduensis in causa proprietatis que vertitur inter ipsum episcopum, ex una parte, et abbatem et conventum Flavigniaci super homagio Flavigniaci, ex altera, petit diem ostensionis. Pars adversa dicit in contrarium quod in hac causa, in qua solum agitur de homagio, non debet dari dies ostensionis, maxime quia in causa possessionis ipsius homagii fecit ipsemet episcopus hujusmodi ostensionem quam sibi petit modo fieri in causa proprietatis : quia erramenta facta in causa possessionis non admittuntur erramenta in causa proprietatis, habebit episcopus diem ostensionis.

XXXVII

Parlement de la Chandeleur 1261. — Procédure des contremands et des essoines.

Min. Arch. Nat. X¹ᵃ 1, f° 23 r°. — *Ed. Olim.* I, 480, n° XV.

Cum in causa que vertebatur inter comitem Andegavensem, ex una parte, et dominum Gaufridum de Brueria, dominum de Trou, ex altera, idem comes in quatuor parlamentis contramandavisset, die postmodum partibus prefixa, secundum omnia erramenta, ad parlamentum Penthecostes proximo precedens, idem Gaufridus proposuit quod volebat ut idem comes exprimeret essonnia sua propter que contramandavit et ea probaret ad usus Curie. Procurator vero ipsius comitis dixit quod propter infirmitatem suam contramandaverat idem comes, et hoc offerebat idem procurator se probaturum per juramentum suum. Dominus vero de Trou noluit hanc probacionem recipere, cum, secundum usum Curie, procurator in tali casu jurare non debeat, ut dicebat. Determinato quod juramentum procuratoris non debebat admitti super hoc, procurator ipsius comitis obtulit se predicta essonnia probaturum per testes. Idem autem Gaufridus petiit hanc probationem per juramentum comitis fieri, et non per testes. Partibus vero talia hinc inde proponentibus, Curia assignavit diem, secundum erramenta, prefato comiti et alteri parti ad istud parlamentum. Hac vero die, presente procuratore comitis, predictus Gaufridus petiit quod comes probaret essonnia sua per juramentum suum, ut superius predictum est, vel quatuor diebus contramandacionum et duobus sequentibus parlamentis ponatur in defectu idem comes. Procurator autem comitis obtulit se probaturum hujusmodi essonnia per testes, ut prius. Partibus autem petentibus super hoc jus sibi fieri, judicatum fuit quod comes debet probare predicta essonnia sua per proprium juramentum suum et non per testes. Hoc facto, predictus Gaufridus petiit quod comes ponatur in defectu, ut predictum est, in diebus contramandacionum, cum non probaverit essonnia sua, ut debebat, in parlamento eciam Pentecostes et in isto, cum nunc declaratum sit quod comes non fecit ea que dies desiderabat.......... propter que debebat dictus Gaufridus habere saysinam castri de Trou et pertinenciarum ejus, vel querelam suam propter hoc emendari, quantum posset fieri de jure. Procurator quidem comitis dicebat e contrario quod non debebat poni in defectu in parlamento Penthecostes, cum ad hanc diem Penthecostes miserit procuratorem suum, qui paratus fuit probare per testes, et, antequam declaratum esset quod non deberet probare per testes, non debet poni in defectu, et maxime quia ad ipsam diem dictum fuit tantummodo quod procurator comitis jurare non poterat in hoc casu. Nunc, cum determinatum sit quod comes non probabit per testes, petiit procurator quod Curia mittat ad ipsum comitem pro recipiendo ipsius juramento, vel alia dies prefigatur ei ad quam veniat juraturus, parte adversa dicente quod, secundum usum Curie, non debet ad eum mitti, nec ei alia dies assignari, quia procurator suus habuit multum spacium per quod potuit significare ipsi comiti quod veniret ad istud ultimo preteritum parlamentum, facturus quod dies desiderabat; auditis racionibus partium, judicatum fuit quod ex quo comes non venerat probaturus essonnia sua, ut debebat, in diebus contramandacionum et diebus duorum parlamentorum predictorum, defecerat, et fuit judicatum quod idem Gaufridus habeat saysinam castri de Trou et pertinenciarum ejus, salvo jure proprietatis.

XXXVIII

Parlement de l'octave de la Chandeleur 1261. — Liste des membres de la cour, aux enquêtes.

Min. Arch. nat. X¹ª 1, f° 22 r°. — *Ed. Olim* I, 127, n° VI.

Inquesta facta per magistrum Johannem de Trecis, clericum domini regis, et Johannem Salnerii, servientem domini regis, super nemoribus de Fossatis de Luegue, que nemora abbas Sancti Benedicti Floriacensis dicit esse sua....; cujus contrarium asserunt gentes domini regis......., determinatum est quod rex remaneat in possessione ipsorum boscorum.... Huic determinacioni interfuerunt : Archiepiscopus Rothomagensis. Guido decanus, Simon, thesaurarius Beati Martini Turonensis. Magister Odo de Lorriaco. Stephanus, decanus Sancti Aniani Aurelianensis. Magister Johannes de Ulliaco. Magister Guillelmus de Milliaco. Magister Simon de Pogneiis. Magister Thomas de Parisiis. Dominus Nigelle. Comes Pontivi. Constabularius Francie. Dominus Petrus de Fontanis. Dominus Petrus Cambellanus. Dominus Gervasius de Serannis. Dominus Julianus de Perona. Dominus Johannes de Quarrois. Dominus Matheus de Belna. Magister balistariorum. Ballivi Viromandensis, Cadomensis, Senonensis, Vernolii, Bituricensis, Gisorcii, Constanciensis, Ambianensis, Turonensis, Caleti. Johannes Salnerii, magister Johannes de Trecis, qui hanc inquestam fecerunt.

XXXIX

Parlement de l'octave de la Chandeleur 1261. — Recours au roi.

Min. Arch. nat. X¹ª 1, fº 3 rº. — *Ed. Olim* I, 130, nº X.

Inquesta cambellanorum domini regis et abbatis Columbensis facta super palefredo quem cambellani petunt ab abbate, quando est novus abbas, expedita fuit in hoc parlamento quantum ad consilium, et non quantum ad regem, cum quo erat super hoc loquendum.

XL

Parlement de l'octave de la Chandeleur 1261 [1]. — Liste des personnages présents au procès des frères de Vincennes contre le roi au sujet de la possession d'une partie du bois de Vincennes.

Min. Arch. nat. X¹ª 1, fº 112, vº. — *Ed. Olim* I, 503, nº XXX.

.... Huic determinacioni interfuerunt : Odo, Rothomagensis episcopus. Radulphus, Ebroicensis episcopus. Matheus, abbas Sancti Dyonisii. G., decanus, Simon, thesaurarius Turonenses. Magister Johannes de Nemosio. Magister J. de Trecis. Magister Johannes de Porta. Simon, dominus Nigelle. Johannes, comes Suessionensis. G. Bruni, constabularius Francie. Dominus P. de Fontanis. Dominus Gervasius de Serannis. Stephanus, decanus Sancti Aniani Aurelianensis. Magister Petrus de Castro, cancellarius Carnotensis. Magister Odo de Lorriaco. Magister G. de Ulliaco. Dominus G. de Carnoto, presbyter. Magister G. de Montegermondi. Dominus Julianus de Peronna. Dominus Matheus de Belna. Dominus Amalricus de Meuduno. Theobaldus de Monteleart, magister balistariorum. Et Johannes de Montelucio, qui scripsit hec.

1. Exactement, samedi après Lœtare 1261

XLI

Parlement de la Pentecôte 1261. — Procès de l'évêque de Mende; ordre de présentation des « peticiones ».

Min. Arch. nat. X¹ª 1, f° 119, v°. — *Ed. Olim* I, 507, n° VIII.

Cum episcopus Mimmatensis, post saysinam sibi redditam a domino rege de castro Gresie et ejus pertinenciis, que pecierat racione comodati seu precarie inde facte regi Ludovico, patri istius regis qui nunc est, a quodam episcopo predecessore suo, ut dicebat, petiisset a domino rege castra infrascripta, videlicet Marrogium, Montem Rodatum et Chirac, tanquam pertinencias castri Gresie, et, non invento per inquestam inde factam quod predicta castra essent de pertinenciis Gresie, judicatum fuisset contra ipsum episcopum, nec admissa fuisset ejus peticio, idem episcopus, in hoc parlamento, iterum peteret a domino rege castra predicta, tanquam mutuata et comodata a predecessore suo, episcopo Mimatensi, predicto regi Ludovico et ejus gentibus, gentes domini regis dixerunt quod idem episcopus non debebat ad hec petenda admitti, secundum usus et consuetudines hujus Curie, cum alias eadem castra ex eadem causa pecierit, et contrariam sentenciam reportaverit; propter quod aliud eidem respondere nolebant nisi de jure. Episcopus ad hoc respondit quod alias pecierat hec castra, ex eadem causa, set tanquam pertinencias castri Gresie, modo ea petit racione comodati; propter que vult ea sibi restitui, vel jus. Tandem, partibus petentibus super hoc jus sibi reddi, quia idem episcopus eadem castra pecierat tanquam pertinencias castri Gresie, quod quidem castrum Gresie cum pertinenciis pecierat racione commodati facti domino regi Ludovico, et nunc eadem ratione commodati repetit, que causa est eadem, judicatum fuit contra ipsum episcopum quod non erat in peticione hujusmodi audiendus.

XLII

AFFAIRE DE BERGERAC[1]

1º *Parlement de l'octave de la Chandeleur 1261. — R. de Pons contre le roi d'Angleterre, duc d'Aquitaine. Témoins reprochés. Appels d'Aquitaine.*

Min. Arch. Nat. X¹ᵃ 1, fº 111 rº. — *Ed. Olim*, I, 499, nº XXII.

Cum Renaudus de Pontibus et ejus uxor a Curia fuissent admissi ad probandum defectum sibi factum Burdegale, in curia regis Anglie, in quindena Pasche, super facto Braigeriaci, propter quem defectum petebant causam ipsam in ista Curia remanere, ipse Renaudus et uxor sua, ad probandum ipsum deffectum..... episcopum Xanctonensem, avunculum suum, quosdam presbiteros, clericos, milites, armigeros et alios produxerunt. Procuratores vero ipsius regis Anglie proposuerunt ipsos esse repellendos de jure, tanquam suspectos : ipsum episcopum, quia avunculus eorum et de consilio, et aliquociens eis expensas ministraverat in hac causa ; quosdam milites et armigeros, quia de parentela ipsius Renaudi, vel uxoris ejus, et sunt, vel esse debent, in homagio ipsius, et eidem in hac causa consilium et auxilium prestiterunt ; quemdam eciam Petrum Medici, quia in hac causa, in quindena predicta, pro ipsis fuerat advocatus ; propter que dicebant ipsi procuratores predictorum testimonia non valere, et petebant se admitti dicti procuratores ad probandum pro rege Anglie defectum ipsius Renaudi et uxoris sue, et quod idem rex fecit quod debuit dicta die. Renaudus vero

---

1. Le procès de Bergerac est l'un des plus longs et des plus instructifs que la cour de France ait eu à juger au xiiiᵉ siècle. Le cartulaire d'Aquitaine, qui est connu sous le nom de ms. de Wolfenbüttel, en contient les principales pièces : v. *Notices et Extraits des Manuscrit*, XIV, 2ᵉ partie, pp. 428-437.

et ejus uxor respondebant quod ad hoc non debebant admitti, cum sibi fuisset adjudicata probacio, et ipsis procuratoribus alias denegata, et maxime quia, probata intencione sua, causa debebat in hac Curia remanere, secundum conventiones super hoc habitas inter reges; Determinatum fuit quod, non obstantibus premissis, propositis a procuratoribus regis Anglie, admittenda erant testimonia ipsius..... episcopi ac aliorum testium predictorum, excepto testimonio advocati predicti, qui solus fuit repulsus; et, quia Renaudus et uxor sua, per hujusmodi testes sufficienter probaverunt intencionem suam, diligenter inspectis attestacionibus ipsorum testium et convencionibus super hoc habitis inter reges, judicatum fuit quod causa remaneret in Curia ista et terminaretur; nec fuerunt admissi procuratores ad probandum.

2° *Parlement de la Saint-Martin d'hiver* 1261. — *Jour de vue. Profit du défaut, demandé par R. de Pons contre le duc d'Aquitaine.*

Min. Arch. nat. X¹ª 1, f° 119 v°. — *Ed. Olim* I, 525, n° XVIII.

Cum in causa que vertebatur inter regem Anglie, ex una parte, et Renaudum de Pontibus et ejus uxorem, ex altera, super facto Brageriaci et pertinenciarum ejusdem, cujus petit saysinam idem Renaudus, rex Anglie habuisset diem consilii, postmodum in duabus pallamentis defecit idem rex, et modo in tercio pallamento peciit idem rex diem ostensionis; audita quadam composicione super hoc negocio confecta inter regem Anglie et regem Francie; auditis eciam aliis racionibus ipsius Renaudi, determinatum fuit quod rex Anglie non haberet diem ostensionis. Tunc dictus Renaudus, propter predictos duos defectus, peciit habere saysinam Brageriaci et pertinenciarum, vel jus. Procuratores regis Anglie responderunt quod propter ipsos duos defectus non debebat idem Renaudus habere dictam saysinam, secundum usum hujus Curie, cum ante diem ostensionis facti fuerint. Renaudus dicebat e contrario quod ex vi littere super ipsa compositione confecte et per quedam alia erramenta, a principio amota fuit de jure dies ostensionis, cum de plano, sine dilacione vel strepitu judicii, debeat in hac causa procedi, et idcirco tantum operantur ipsi defectus quantum si fuissent facti post diem ostensionis; demum, partibus petentibus super hoc jus, judicatum fuit quod idem Renaudus non haberet ad presens saysinam hujusmodi propter predictos defectus.

3° *Lettre anonyme au duc d'Aquitaine, qui contient des modèles de procuration à envoyer aux agents chargés de soutenir les intérêts dudit duc à la cour de France dans l'affaire de Bergerac.*

Record office, Chancery miscellaneous Portfolios n° XVIII, sans numéro d'ordre. — *Ed.* Ch. V. Langlois, *De monumentis ad priorem curiae regis judiciariae historiam pertinentibus.* Paris, 1887, p. 60, note 4.

Ista duo procuratoria subscripta mittantur nobis de die et de nocte ita quod ea habeamus ad ultimum diem veneris vel sabbati vel diem dominicum proximum post festum beati Mathie apostoli, quia magister H. de Verzeliaco seduxit dominum regem et filium ejus super facto illo, sicut tota Curia bene novit. — « Regi Francie, etc. rex Anglie, salutem. Noverit celsitudo vestra quod nos, in causa quam Reginaldus de Pontibus et Margareta, uxor ejus, movent et habent contra nos in Curia vestra super castro Bregeriaci et pertinentiis, seu occasione dicti castri et pertinenciarum ejusdem, dilectos nostros tales procuratores constituimus et quemlibet eorum in solidum, et hoc quantum ad diem nobis assignatam in quindena Purificationis beate Virginis, diem et dies continuandos si quem et si quos continuari contigerit, et ad protestandum de jure nostro super probacionibus et defensionibus nostris, et ad omnia et singula facienda que ad predictam diem et dies predictas fuerint facienda, ratum et gratum habituri quicquid dicti procuratores et eorum quilibet fecerit et fecerint in premissis omnibus et singulis premissorum.

Et hec vobis et parti significamus adverse. Datum, etc. » — Et constituantur procuratores magister Johannes Gernon et Simon Passelewe et magister Johannes de Pontibus et scribatur ipsi magistro G. specialiter quod pro nullis sumptibus omittat quin negocium illud viriliter prosequatur. — Item fiat alia procuratio per eadem verba preter istam clausulam : « Et ad protestandum de jure nostro super probacionibus et defensionibus nostris. »

§ Item faciatis habere latori presencium pro labore suo jam facto et faciendo amplas expensas ut possit sibi conducere equitaturam accelerando ad nos de die et de nocte, ne negocium domini regis per adventus sui defectum depereat.

4° *Parlement de la Toussaint 1262. — Preuve par témoins.*

Min. Arch. Nat. X¹ª 1, f¹ 123 v°. — *Ed. Olim*, I, 519, n° IX.

Cum Renaudus de Pontibus et ejus uxor peterent recipi testes suos in causa Braigeriaci, procuratores regis Anglie se opponebant, dicentes quod recipi non debebant, cum, secundum antiquum usum Curie, unam produccionem deberet facere, et secundum novum statutum regis [1] tantum debeat duas produciones facere, et, cum plures fecerit, dicebant quod hoc non debebat fieri, et quod tercia que jam facta fuerat, non valebat. Item dicebant quod cum ultra numerum quadraginta testium testes produxerit, et effrenata multitudo prohibetur a rege, et maxime cum unum articulum habeat probare, videlicet quamdam spoliacionem, non sunt recipiendi testes eorum. Ex parte vero Renaudi et ejus uxoris proponebatur in contrarium quod debebant admitti, cum per eos non steterit, set per regem Anglie supradictum, qui testes de terra sua a Renaudo sibi nominatos compellere noluit ad perhibendum testimonium in hac causa, cum a rege Francie sibi fuerit injunctum, propter quod de-

1. Voy. *Bibl. de l'Ecole des Chartes*, 1887, p. 114; cf. ci-dessus n°⁵ XXIV, XXIX.

bet prima productio reputari ad numerum testium, dicebatur quod plures articulos habebant probare, videlicet saysinam suam et spoliationem, et super pertinenciis Brageriaci, propter quod testes producere poterant ultra numerum supradictum. Deinde, auditis hinc inde propositis, quia rex Anglie noluit compellere testes ipsorum super hoc requisitus, determinatum fuit quod ipsi testes reciperentur.

5° *Vers 1262. — Lettre d'H. de Mortemer au duc d'Aquitaine, au sujet du procès de Bergerac.*

Or. Record Office, Royal Letters, n° 984. — Ed. Champollion Figeac, *Lettres de rois*, etc. *de France et d'Angleterre*, Paris, 1837, I, 131 ; W. W. Shirley, *Royal Letters illustrative of the reign of Henri III*, London, 1866, II, 164.

Excellentissimo domino suo Henrico, Dei gratia illustri regi Anglie, domino Hibernie, duci Aquitanie. Hugo de Mortuomari, clericus ejus humilis et devotus, devotum obsequium cum omnimoda voluntate serviendi. — Noverit regia celsitudo quod Reginaldus de Pontibus et Margarita, uxor sua, in causa quam movent contra vos in Curia Francie super castro Brageriaci centum testes et amplius produxerunt, licet ex parte vestra frequenter extiterit contradictum, tum propter effrenatam multitudinem testium, quam jus non admittit, tum propter alias rationes que fuerunt ex parte vestra proposite, minime tamen exaudite. Protestationes tamen facte sunt pro jure vestro super his que creduntur expedire defensioni cause vestre. Et ratione dicte cause datus est nobis dies in parliamento quod erit in octabis Pentecostes proximo venturis ; et expediret, sicut credo, salvo meliori consilio, quod evitaretur dictum litigium si fieri posset quoquo modo, quia multum timeo finem litis. — Ceterum cum nuntiis vestris fui coram rege Francie pro complemento pacis inter vos et eundem celebrato. Quid autem dictus rex super singulis articulis responderit, domini Simon Passelawe et Johannes de la Lynde serenitati vestre referent viva voce. Nihil autem fuit omissum de contingentibus in prosecutione negocii memorati. — Nuntii autem vestri et maxime dictus Simon circa predicta negocia necessaria diligenter et fideliter laborarunt. Factum enim Brageriaci erat in casu perditionis positum, nisi Dominus nobis subvenisset, diligentia ejusdem Simonis mediante. — Dominationi vestre supplico ut precipiatis, si placet, quod ego existens extra Angliam breve vestrum habeam de protectione in forma communi usque ad annum vel biennium duraturum.

Conservet Deus vestram regiam majestatem incolumem et jocundam per tempora longiora [1].

[Au dos].

Hugo de Mortuomari.

XLIII

Parlement de la Pentecôte 1263. — Femme ne plaide devant la cour du roi sans l'assistance de son mari.

Min. Arch. Nat. X^{ia} 1, f° 129 r°. — *Ed. Olim*, 1, 577, n° XVI.

In causa que vertebatur inter Reginaldum de Pontibus et ejus uxorem, ex una parte, et vicecomitissam de Combornio, ex altera, de hereditate movente ex parte ipsius vicecomitisse, idem Renaudus et ejus uxor nolebant ei respondere, secundum consuetudinem Curie, absque presencia mariti, cum ipsa maritum habeat; ipsa vicecomitissa dicente e contrario quod propter hoc non debebat sua responsio impediri, cum hereditas de qua agitur ex parte ipsius moveat, et maritus adeo sit senex et debilis quod equitare et venire nequeat, ut dicebat, et maxime cum ipsa habeat auctoritatem petendi ab ipso marito suo. Demum, licet hoc esset contra consuetudinem hujus Curie, tamen placuit regi quod ipsi Renaudus et ejus uxor respondeant ipsi vicecomitisse absque marito suo.

1. Sur cette affaire de Bergerac, v. en outre W. W. Shirley, *op. cit.*, II, 158, 159.

XLIV

Parlement de la Pentecôte 1265 (15 juin 1265). — Le roi au parlement.

Min. Arch. Nat. X¹ᵃ 1, f° 144 v°. — *Ed. Olim*, 1, 608, n° XI.

Die lune post festum beati Barnabe Apostoli, in hoc eodem pallamento habuit dominus rex per consilium plurium prelatorum et aliorum bonorum quod ipse habet et habere debet Parisius, in terra episcopi Parisiensis, per manum suam, justiciam et emendam subjectorum episcopi ipsius qui non tenuerunt bannum et inhibicionem domini regis factam de non recipiendis monetis.... Et requisivit dominus rex ipsum episcopum quod se non opponeret quin dominus rex gauderet pacifice de predictis.

Item, eodem die, habuit dominus rex consilium eorumdem prelatorum et virorum bonorum quod dominus rex habet et habere debet similiter per manum suam, Parisius, justiciam et emendam burgensium et aliorum subjectorum ipsius episcopi de terra sua qui non guetant ad mandatum prepositi Parisiensis......... Et requisivit dominus rex, prout superius est expressum de facto monetarum. — Dominus rex postmodum aliud ordinavit super hiis duobus, et inde confecte sunt littere sue patentes et littere e[pisco]pi Parisiensis.

XLV

Parlement de l'octave de la Toussaint 1266. — Compétence de la cour du roi.

Min. Arch. Nat. X¹ᵃ 1, f° 152 v°. — *Ed. Olim*, 1, 651, n° VI.

..... Consilium domini regis, attendens quod si comites et alii barones regni Francie, quando violencias et injurias fecerint vel alia tangentia factum personarum suarum, propter aliquod domicilium quod sub aliis dominis habent, recursum peterent ad curiam dominorum suorum, cum super hiis moveretur questio contra eos, licet capud baroniarum suarum a domino rege teneant, et sub rege habeant suum domicilium principale, hoc plurimum cederet in prejudicium eorum qui de ipsis conquererentur baronibus et in diminucionem dignitatis regie non modicum redundaret; qua consideratione habita, unanimi assensu[1] tocius consilii pronunciatum fuit quod comes [Sacri Cesaris] non haberet reditum ad curiam domini Borbonii, set in hac Curia responderet.

XLVI

Parlement de la Chandeleur 1268. — Constitution de procureurs.

Min. Arch. Nat. X¹ª 1, f° 159 r°. — *Ed. Olim,* I, 694, n° 1.

Major et jurati Suessionenses fecerant super aliquibus adjornari decanum et capitulum Suessionenses coram rege. Die vero qua peticionem suam facere debuerunt, miserunt major et jurati procuratorem qui peteret pro eisdem. Procurator vero decani et capituli respondit quod, secundum consuetudinem hujus Curie, procuratori ipsorum majoris et juratorum non tenebatur respondere, nec volebat, cum ipsi essent actores, vel jus utrum hoc sibi fieri deberet. Procurator autem dictorum majoris et juratorum e contra dicebat quod secundum usum hujus Curie debebat admitti, cum major ageret pro se et suo communi. Tandem, procuratoribus predictis super hoc jus sibi reddi petentibus, auditis hinc inde propositis, determinatum fuit quod major et jurati predicti, cum agerent pro suo communi, poterant et debebant, pro taliter agendo, per procuratorem admitti.

1. Quelquefois les arrêts n'étaient rendus qu'à la majorité. V. *Olim,* II, 328, n° XV : « Istud non placuit omnibus de consilio. »

XLVII

Parlement de la Chandeleur 1268. — Style de la cour au sujet du moment précis où se produisaient les effets de la litis-contestatio.

Min. Arch. Nat. X¹ᵃ 1, f° 161 v°. — Ed. *Olim*, I, 706, n° XXII;
Actes du Parlement de Paris, I, p. 110, c. 2.

Dictum est et pronunciatum quod, quando litigatur in hac Curia, aliqua parcium potest addere in causa sua et in dicto suo quousque verba parcium posita sint ad judicium, licet ante addicionem hujusmodi posita essent ad consilium.

XLVIII

Parlement de l'octave de la Chandeleur 1268. — Défaut.

Min. Arch. Nat. X¹ᵃ 1, f° 161 v°. — Ed. *Olim*, I, 709, n° XXXII.

Questione mota inter dominum Guillelmum de Basriz, militem, ex una parte, et dominum Theobaldum de Tria, militem, et ejus filium, ex altera, dedit dominus rex procuratorem et quasi curatorem dicto Guillelmo, propter infirmitatem seu impedimentum ipsius. Litigato diu postmodum inter dictum procuratorem et Theobaldum predictum, ad hoc deventum est in causa quod probaciones partium fuerunt de mandato Curie recepte. Die vero ad referendum attestaciones prefixa, predictus procurator defecit, parte altera comparente. Procurator quidem predictus postmodum veniens fecit adjornari secundum omnia erramenta ipsum Theobaldum. Porro, partibus posthac in Curia comparentibus, peciit procurator ad publicacionem testium et decisionem cause procedi, dicto Theobaldo e contrario dicente quod, cum dictus procurator, qui tenet locum actoris, defecisset, cadere debebant omnia erramenta inter eos habita in hac causa. Ad hoc respondebat dictus procurator quod defectus hujusmodi ipsi non debebat obesse, cum per examinatorem testium in parte stetisset qui ad dictam diem qua datus fuerat idem defectus non venit nec attestaciones misit, per quod eciam, si dicta die venisset, nichil fecisset; cum eciam, si dicte attestacionem relate fuissent, bene potuisset absque ipso procuratore ad testium publicacionem procedi, sicut dicebat. Tandem, post multas altercaciones, partibus jus sibi fieri petentibus, habito consilio, quia, secundum proposita, Curia prestitit impedimentum super hoc ipsi procuratori, et pro parte fuit causa defectus hujusmodi, determinatum fuit quod propter defectum hujusmodi non caderent erramenta, set procederetur in causa, non obstante predicto defectu.

XLIX

Parlement de la Toussaint 1268. — Style de la cour du roi en matière de reproches fondés sur l'excommunication et le parjure.

Min. Arch. Nat. X¹ª 1, f° 166 r°. — *Ed. Olim*, I, 738, n°⁸ XXXII, XXXIII.

Nota quod quando alicui agenti in hac Curia denegatur responsio eo quod excommunicatus dicatur, vel testis aliquis repellitur a testificando, racione excommunicationis sibi imposite, non auditur proponens excommunicationem nisi statim probet eam prout debet probari, quia ita voluit rex.

Item, nota quod si contra aliquem testem proponatur in hac Curia quod sit parjurus, et propter hoc asseratur ejus testimonium non valere vel quassari petatur, non auditur hoc proponens nisi proponat et probet testem ipsum, in causa in qua testificatur, presencialiter dejerasse.

L

Parlement de l'octave de la Chandeleur 1269. — Arrêt relatif aux pouvoirs des procureurs.

Min. Arch. Nat. X¹ᵃ 1, f° 168 r°. — *Ed. Olim*, I, 748, n° XXIII.

Determinatum est in hoc parlamento quod procurator alicujus qui habet sufficiens procuratorium ad litigandum, si incidenter dicat procurator quod res de qua agitur moveat de feodo alterius, et advocetur, et ad curiam domini, a quo res litigiosa a possessore advocatur, petatur remitti, non oportet quod de potestate advocandi in ipso procuratorio specialis mentio habeatur, set, non obstante quod non exprimatur ibidem, potest tieri; et hoc est actum inter comitem Augi et procuratorem comitisse Drocensis.

LI

Parlement de la Pentecôte 1269. — Jour de conseil et défaut.

Min. Arch. Nat. X¹ᵃ 1, f° 169 r°. — *Ed. Olim*, I, 754, n° VII.

Proponebat in Curia ista vicecomes Meleduni contra R., comitem Forisiensem, quod convencio certa facta fuerat inter uxorem ipsius vicecomitis, relictam quondam Guidonis, comitis Forisiensis, ex una parte, et dictum comitem R., ex altera, videlicet quod idem comes dictam dominam acquitaret de omnibus debitis ipsam contingentibus, racione dicti comitis Guidonis, fratris sui, excepto debito in quo tenebatur domino de Chacenaio, fratri ipsius domine. Cum itaque plura de debitis hujusmodi alia quam debitum domini de Chacenaio peterentur ab ipso, racione uxoris sue, petebat idem vicecomes ipsum comitem condemnari ad hec debita persolvenda; et ad probandam hanc convencionem, litteram ipsius comitis exhibebat. Procurator comitis, audita peticione ista, peciit diem deliberandi, et habuit. Postmodum alia die assignata ipsi comiti ad respondendum precise super convencione predicta, procurator suus, audita iterum peticione dicti vicecomitis, procedere noluit aut aliquid respondere, et fuit dictus comes propter hoc per Curiam positus in defectu. Porro, adjornato dicto comite secundum omnia erramenta et in Curia comparente, peciit vicecomes ante omnia comitem ipsum, propter dictum defectum procuratoris sui, condempnari ad solvendum, vel jus sibi dici utrum hoc fieri deberet an non. Comes ex adverso respondit quod, propter defectum procuratoris sui, non debebat defensiones suas amittere, cum ad procedendum in causa misisset eumdem, set Curie paratus erat hunc emendare defectum. Tandem, partibus instanter petentibus jus sibi super hoc fieri, judicatum fuit quod cum ageretur de mobili, et comes habuisset diem deliberandi, et postmodum talem fecisset defectum, proinde erat ac si cognovisset intencionem partis adverse, et, ad solvenda predicta debita, que dictus vicecomes estimaverat ad duo milia librarum, fuit per Curiam condempnatus.

LII

Parlement de la Pentecôte 1269. — Style de la cour du roi en matière de montrée et de production de témoins.

Min. Arch. Nat. X¹ᵃ 1, f⁰ 169 v⁰. — *Ed. Olim*, I, 758, nᵒˢ XIII, XIV.

In hoc parlamento determinatum est quod in ostensione facienda inter partes, actor potest ostensionem facere per procuratorem; et hoc specialiter dictum fuit inter dominum Cociaci et abbatem et conventum Sancti Vincentii Laudunensis qui super hoc litigabant.

Item, determinatum est et dictum quod, quando testes producendi sunt in causa, actor potest testes suos producere per procuratorem; et hoc specialiter actum fuit inter comitem Attrebatensem et dominum de Bailolio.

LIII

Parlement de la Pentecôte 1269. — Règlement pour les citations au roi d'Angleterre en Aquitaine.

Min. Arch. Nat. X¹ᵃ 1, f° 170 r°. — *Ed. Olim*, I, 759, n° XVIII.

Ordinatum est per Curiam quod, cum in Wasconia vel in partibus Petragoricensibus, Caturcensibus aut Lemovicensibus, oportebit ad querelam alicujus citari regem Anglie, scribetur ipsi regi aut locum ejus tenenti in illo locorum hujusmodi in quo erit controversia pro qua dicta citatio fieri debebit.

LIV

25 juin 1269. — Extrait d'une lettre de Louis IX aux régents Mathieu de Vendôme et Simon de Néelle. Proclamation des ordonnances en parlement.

Ed. Ordonnances du Louvre, I, 105.

..... Ut sepius ad memoriam inducatur et efficaciter hujusmodi preceptum nostrum [de blasphemis] servetur, sicut in corde gerimus et zelamus, in singulis compotis nostris inter alia ratiocinia nostra queratur et exigatur districte ab omnibus et singulis baillivis, et de his teneantur plenam ibidem reddere rationem.

..... In singulis parlamentis districte precipiatur eisdem ut circa punitionem hujus nefandi sceleris studiosi et vigilantes existant. Qui vero desides et remissi fuerint inventi durius arguantur et secundum quod bonum visum fuerit districtius corrigantur.

LV

Parlement de la Toussaint 1269. — Style de la cour du roi ; contremands.

Min. Arch. Nat. X¹ᵃ 1, f° 172 r°. — *Ed. Olim*, I, 778, n° XI.

Nota quod in peticione mobilium, facta peticione in Curia contra partem presentem, non recipitur rei contramandacio. Hoc dictum fuit inter Johannem de Mauquinchy, militem, et Guillotum, nepotem suum.

LVI

Parlement de la Toussaint 1269. — Jean de Sulli contre Aymeri de Rochechouart ; défaut.

Min. Arch. Nat. X¹ᵃ 1, f° 174 r°. — *Ed. Olim*, I, 787, n° XXXVII.

Johannes de Soliaco requisivit in hoc parlamento coram consilio domini regis dominum Aymericum de Rupecavardi presentem quod, cum vicecomitissa Lemovicensis presencialiter peteret ab ipso circa octo millia librarum turonensium pro facto dicti Aymerici, idem Aymericus, antequam dictum Johannem oporteret litem super hoc contestari, litem hujusmodi super se sumeret, vel, si bonas haberet defensiones per quas posset vicecomitissa ab hujus peticione repelli, eas sibi diceret, et ipse paratus erat eas proponere. Quod si hoc facere nollet, bene denunciabat eidem dictus Johannes quod si eum dictam pecuniam solvere oporteret vel dampnum super hoc incurrere, intendebat super hoc habere recursum ad eum. Dictus autem Aymericus super hiis pluries ab eodem Johanne in plena Curia requisitus, nec litem super se capere nec defensiones aliquas proponere voluit, et sic recessit.

LVII

Parlement de la Chandeleur 1270. — Contremands par procureurs : punition disciplinaire.

Min. Arch. Nat. X¹ª 1, f⁰ 175 v⁰. — *Ed. Olim*, I, 796, n⁰ XV.

Quia convictus fuit dominus Radulphus Maleti, miles, quod dominum de Estotevilla et ejus uxorem contramandaverat in hac Curia sine mandato ipsorum, condempnatus fuit per Curiam ad solvendum propter hoc domino regi .xx. libras turonensium pro emenda, et quod, placitando in ista Curia, non audiretur per annum.

LVIII

Parlement de la Chandeleur 1270[1]. — « Ordinatio de inquisitione consuetudinum facienda. »

Min. Arch. Nat. JJ. XXXIV, f⁰ 38. — *Ed. Actes du Parlement de Paris*, I, 242, c. 2.

Inquiretur de consuetudinibus in hunc modum. Vocabuntur plures sapientes carentes suspicione. Ipsis vocatis, proponetur eis consuetudo per os unius ex ipsis, et dabitur eis in scripto. Qua proposita jurabunt quod ipsi dicent et fideliter referent illud quod sciunt et credunt et viderunt usitari super illa consuetudine. Quo juramento prestito, trahent se ad partem, et deliberabunt et referent deliberationem illam et dicent inter quos viderunt illam consuetudinem, et in quo casu, et quo loco, et si fuerit judicatum, et de circumstanciis ; et omnia redigentur in scriptis et mittantur ad Curiam clausa sub sigillis inquisitorum ; et reddent omnes causam dicti sui, eciam in turba.

1. La date de cette ordonnance est fournie par la Restitution du *Liber Inquestarum* de Nicolas de Chartres ; v. *Actes du Parlement de Paris*, I, p. 318, n⁰ 39 a.

LIX

La cour du roi sous Louis IX; extraits des mémoires de Joinville.

Histoire de saint Louis, par le sire de Joinville, éd. de Wailly. ch. XXXVI, n°s 672 et suiv.

Il avint, quant nous fumes revenu d'outremer, que li moinne de Saint-Urbain esleurent dous abbés : li evesques Pierres de Chaulons (que Dieu absoille!) les chassa tous dous, et beney en abbei monsignour Jehan de Mimery, et li donna la croce. Je ne le voil recevoir à abbei pour ce qu'il avoit fait tort à l'abbei Geoffroy, qui avoit appelei contre li et estoit alez à Rome. Je ting tant l'abbaïe en ma main que li diz Geffrois emporta la croce, et cil la perdi à cui li evesques l'avoit donnée; et tandis que li contens en dura, li evesques me fist escommunier. Dont il ot, à un parlement qui fu à Paris, grant tribouil de moy et de l'evesque Perron de Chaulons, et de la contesse Marguerite de Flandres et de l'ercevesque de Reins, qu'elle desmanti.

A l'autre parlement qui vint après, prierent tuit li prelat au roy que il venist parler à aus touz seus. Quant il revint de parler aus prelas, il vint à nous qui l'atendiens en la chambre aus Plaiz, et nous dist en riant le tourment que il avoit eu aus prélas, dont li premiers fu teix, que li ercevesques de Reins avoit dit au roi : « Sire, que me ferez vous de la garde Saint Remi de Reins que vous me tollez? car, par les sains de ceans, je ne vouroie avoir un tel pechié comme vous avez pour tout le royaume de France. — Par les sains de ceans, fist li roys, si feriés pour Compieigne, par la convoitise qui est en vous..... »

« Li evesques de Chartres me requist, fist li roys, que je li feisse recroire ce que je tenoie dou sien. Et je li diz que non feroie, jeusques à tant que mes chatex seroit paiés. Et li dis que il estoit mes hom de ses mains et que il ne se menoit ne bien ne loialment vers moy quant il me voloit desheritier.

« Li evesques de Chalons me dist, fist li roys : « Sire, que me ferez vous du signour de Joinville, qui tolt à ce povre moinne l'abbaïe de Saint Urbain? — Sire evesques, fist li roys, entre vous avez establi que l'on ne doit oyr nul escommenié en court laye; et j'ai veues lettres seelées de trente dous seaus que vous estes escommeniés : dont je ne vous escouterai jusques à tant que vous soiés absouz. » Et ces choses vous moustré-je, pour ce que vous voyez tout cler comme il se delivra touz seuz, par son senz, de ce que il avoit à faire.

Li abbes Geffrois de Saint Urbain[1], après ce que je li oz faite sa besoingne, si me randi mal pour bien, et appela contre moy. A nostre saint roy fist entandant que il estoit en sa garde. Je requis au roy que il feist savoir la veritei, se la garde estoit seue ou moye. « Sire, fist li abbes, ce ne ferez vous ja, se Dieu plait; mais nous tenez en plait ordenei entre nous et le signour de Joinville; que nous amons miex avoir nostre abbaïe en vostre garde, que non à celi cui li eritaiges est. » Lors me dist li roy : « Dient-il voir que la garde de l'abbeïe est moye? — Certes, sire, fiz-je, non est, ains est moye. »

Lors dist li roys : « Il puet bien estre que li eritaiges est vostre; mais en la garde de vostre abbaïe n'avés vous riens. Ains couvient, se vous voulés, et selonc ce que vous dites et selonc ce que li seneschaus dit, qu'elle demeure ou à moy ou à li. Ne je ne lairai ja pour chose que vous en dites que je n'en face savoir la veritei; car se je le metoie en plait ordenei, je mespenroie vers li qui est mes hom, se je li metoie son droit en plait, douquel droit il me offre à faire savoir la veritei clerement. » Il fist savoir la veritei; et, la

1. Cf. Olim I, 677, n° VI.

vérité seue, il me délivra la garde de l'abbaye et m'en bailla ses lettres.

LX

Extrait de Li Usages d'Orlenois. — Principe de la compétence exclusive des parlements dans les affaires où le domaine royal est intéressé.

Ed. P. Viollet, *Les Etablissements de saint Louis*, II, 405.

Nule joutise le roi ne doit plaidier de son droit, ne de son héritage, ne de sa seignorie, fors en sa cort[1].

LXI

Extraits des Enseignements de Louis IX à son fils.

Ed. Joinville et les Enseignements de saint Louis à son fils, par Natalis de Wailly. Paris, 1872, p. 50.

XVIII. Care fili, si contingat quod tu venias ad regnum, provideas quod tu habeas ea quae pertinent ad regem, hoc est dicere quod tu sis adeo justus quod non declines a justitia pro aliquo quod valeat evenire. Si contingat esse querelam ali-	XVIII. Chiers fiz, se tu viens à regner, efforce toi d'avoir ce qui afiert à roi, c'est à dire que en justice et en droiture tenir tu soies roides et loiaus envers ton pueple, sanz torner à destre ne à senestre, mais tozjors à droit, quoi qu'il puisse ad-

---

1. Il s'agit évidemment de la Cour de parlement. M. Viollet (*op. cit.*, IV, 257) rapproche de ce texte le passage suivant du *Livre de justice et plet* : « Baillis ne peut quenoistre de chose qui apartiegne à la Cort le roi »; et cette phrase de Guillaume du Breuil (*Stylus*, ed. Lot, p. 34) : « In causa hereditagii regis vel proprietatis super patrimonio regis nullus potest esse judex, nec se intromittere, nec cognoscere, nisi in Curia parlamenti... »

cujus pauperis contra divitem, sustine plus pauperem quam divitem quousque scias veritatem, et quando intelliges veritatem, fac eis jus.

XIX. Et si contingat contra te aliquem habere querelam, sustine querelam extranei coram consilio tuo, ut non ostendas te nimis diligere querelam tuam, quousque cognoscas veritatem. Quia illi de consilio ex hoc possent esse pavidi ad loquendum contra te, quod tu velle non debes.

venir. Et se uns povres a querele contre un riche, sostien le povre plus que le riche jusques à tant que la veritez soit desclairie ; et quant tu sauras la vérité, fai lor droit.

XIX. Se aucuns a entrepris querele contre toi, soies tozjors por lui et contre toi devant ton conseil, sanz mostrer que tu aimes trop ta querele, tant que l'an sache la vérité; car cil dou conseil en porroient doter à parler contre toi, ce que tu ne dois voloir. Et commande à tes juges que tu ne soies de rien plus sostenuz que uns autres, car ainsi jugeront ti conseillier plus hardiement selonc droiture et selonc verité.

LXII

*Parlement de la Chandelour 1271. — Style de la cour du roi :
serment par procureur.*

Min. Arch. Nat. X¹ª 1, fo 128 r°. — Ed. Olim, I, 838, n° 1.

In causa mota inter dominum Cociaci, ex una parte, et abbatem et conventum Sancti Audoeni Rothomagensis, ex altera, cum deberent recipi parcium juramenta, proposuit idem dominus quod non tenebatur in propria persona jurare nisi juraret in propria persona dictus abbas. E contra respondit procurator ipsorum abbatis et conventus quod, secundum Curie consuetudinem, jurare tenebatur dictus dominus, eciam abbate absente, cum idem procurator jurandi in animas ipsorum abbatis et conventus speciale mandatum haberet, et paratum se dicebat jurare. Demum, auditis hinc inde propositis, pronunciatum fuit quod dictus dominus jurare tenebatur, et procedere cum procuratore predicto [1].

LXIII

Parlements prorogés en 1272.

Min. Arch. Nat. X¹ᵃ 1, f⁰ 76 r⁰. — *Ed. Olim*, I, 398.

Anno Domini MCCLXXII. — Dominus rex non tenuit parlamentum in Penthecoste et Candelosa proxime preteritis, propter exercitum Fuxensem.

LXIV

Vers la S. Barthélemy 1272. — *Arrêts rendus aux comptes du Temple.*

Min. Arch. Nat. X¹ᵃ 1, f⁰ 76 r⁰ — *Ed. Olim*, I, 397, n⁰ II.

Cum custodes regalium Remensium vellent levare de scabinis et civibus Remensibus partem expensarum factarum in coronacione domini regis, nomine archiepiscopatus, sicut

---

1. Cf. *Olim*, I, 763, n⁰ XXVII (Pentecdto 1269). — « In causa mota inter archiepiscopum Remensem et Giletum de Opere.... cum partes deberent jurare, archiepiscopus voluit jurare per procuratorem et non in propria persona. Giletus e contrario proponebat quod in propria persona jurare debebat idem archiepiscopus, cum actor esset et in peticione sua facienda contra dictum Giletum presens fuisset. Postmodum, partibus instanter petentibus super hoc jus sibi fieri, habito consilio, determinatum fuit quod, cum dictus archiepiscopus in propria persona petivisset contra dictum Giletum, in propria persona tenebatur jurare. »

de aliis bonis villis ipsius archiepiscopatus, dicti scabini et cives se opposuerunt et impetraverunt litteras domini regis ad Viromandensem ballivum, dicentes quod ipsi erant in bona libertate et in saisina pacifica non solvendi hujusmodi expensas seu partem earum et quod alias in casu consimili, impetiti per quemdam ballivum Viromandensem, quem nominabant, Remis propter hoc specialiter missum, sicut dicebant, fuerant absoluti............; die eis assignata Parisius apud Templum ad audiendum jus super predictis, et racionibus eorum diligenter intellectis, cum non probassent ea que ad defensionem suam proposuerunt, de consilio magistrorum Curie, qui tunc erant in predictis compotis apud Templum, dixit dictus ballivus et pronunciavit per jus quod prefati scabini et cives nichil probaverant per quod a prestatione dictarum expensarum seu partis earum videntur seu debent esse seu remanere immunes. Cum itaque racione hujus judicii, dicti custodes eos compellerent ad solvendam partem hujusmodi expensarum, ipsis super hoc conquerentibus negantibusque judicium tale fuisse; demum, vocatis Parisius propter hoc dictis custodibus et ballivo, auditis eciam que partes proponere voluerunt, et recordato a dicto ballivo judicio suo, eo modo quo predictum est, circa festum beati Bartholomei, cum dominus rex de exercitu Fuxi redisset, pronunciatum fuit quod dictum judicium teneretur, et preceptum ipsis custodibus quod ad solvendam partem dictarum expensarum compellerent scabinos et cives predictos. — Istud ultimum judicium factum fuit Parisius in compotis Ascensionis apud Templum, et post recordatum Parisius circa festum beati Bartholomei apostoli, anno Domini MCCLXII.

LXV

Parlement de la Pentecôte 1273. — Style de la cour : preuve par témoins.

Min. Arch. Nat. X¹ᵃ 1, f° 194 v° — *Ed. Olim*, I, 926, n° XI.

Receptis testibus in causa que inter homines Montis Ferrandi, ex una parte, et dominum Ludovicum de Bellojoco, dominum ipsius ville, ex altera, vertebatur, ante publicacionem attestationum pecierunt dicti homines admitti ad dicendum in testes, presertim cum de hoc protestati fuissent coram auditoribus in ipsa produccione testium, sicut dicebant; et, si sibi negaretur, petebant super hoc recordum auditorum. Ex adverso proponebat idem Ludovicus quod ad hoc non debebant admitti, cum jam testes fuissent recepti et clause attestaciones, maxime cum in ipsa recepcione obtulissent eis auditores quod si dicere vellent in testes parati erant eos audire; nichil tamen tunc dicere voluerunt, quod confessi fuerunt in plena Curia auditores predicti. Tandem, auditis hincinde propositis, partibus instanter petentibus jus super hoc sibi fieri, judicatum fuit quod, ex quo in produccione ipsa non dixerant, de cetero ad dicendum in testes non debebant admitti, quamquam eciam de hoc protestati fuissent.

LXVI

1273. — Liste des maîtres de la cour.

Arch. de Senlis, AA. IX, Cartulaire enchaîné, sur la première garde. — Ed. J. Flammermont, *Histoire des Institutions municipales de Senlis* (fasc. 45 de la biblioth. de l'École des Hautes Études), p. 184.

.... Nous fumes plaintiz au mestres en plain parlement.... et fu juchié des mestres que la joustice estet nostre et commandèrent au bailli que il nous la rendist.

A ce juchement fere furent présent l'abé de Sain Denis, le seingneur de Neelle, mestre d'Ulgli, Jahan de Monluçon, mestre Gautier de Chambeli, mestre Fouquet de Loudun, mestre Felipe de Caours, evesque d'Evreeues.

LXVII

Entre 1273 et 1275. — « *Registre* » *ou feuille d'audience d'un clerc des arrêts de la cour du roi*[1].

Or. Bibl. Nat., lat. 9016 (anc. suppl. latin 1480, n° 18). — *Ed.* Ch. V. Langlois, *De monumentis ad priorem curiæ regis judiciariæ historiam pertinentibus.* Paris, 1887, p. 83.

§ In ballivia Caleti, de domicella que mandavit clericum in gardino.

§ Johannes de Camera de Vernolio qui petit. C. libras pro expensis quas fecit contra capitulum Ebroicense pro jure regis apud Vernolium obtinendo.

§ Reducatur ad memoriam duellum de Caleto; hoc non expedietur nisi per regem.

§ Reducatur ad memoriam plevina patris Radulphi de Beco, clerici, de quadraginta libris de quibus petit terminum ad quatuor annos, licet ipsius terra non valeat nisi. X. libras annui redditus.

§ Quidam homo de Caudebec de ballivia Caleti percussit unum hominem per brachium de uno costello in hoc quod volebat destruere melleiam duorum hominum. Concordant amici ad pacem per IIII. XX. libr. quas percussor dat amicis, si placet regi. — Fiat sibi jus per consuetudinem patrie; pax non placet regi.

§ Duo valeti qui erant filii cujusdam sacerdotis : unus ex eis serviebant (*sic*) cuidam militi habenti quandam filiam quam

---

[1] Ce curieux document n'est pas seul de son espèce. V. Arch. Nat. J. 1030, 1034 : cf. Collection des facsimilés de l'École des Chartes, n° 61 et suivants.

duxit per patriam tres annos, per sequelam fratrum ipsius filie, interfecerunt filium sacerdotis. Pax intervenit, si placet regi, per. IIII. XX. et. VI. libr. terre, et vadit tres annos ultra mare, post erit in revocatione uxoris mortui. — Fiat pax prout ordinatum est.

§ Due societates comederant insimul; hinc et inde erant homines et mulieres; rixe fuerunt inter eos; quidam clericus qui erat ex una parte credidit percuttere quemdam hominem de costello, et uxor sua credidit ictum perturbare, et percussa fuit ita quod mortua fuit, et percussit alium hominem qui decessit. Pax intervenit, si placet regi, inter amicos, ita quod idem clericus dat amicis .XI.XX. libr. et vadit ultra mare tres annos et ipsius socius totidem. — Fiat pax prout ordinatum est.

§ In ballivia Cadomi quidam erant in quadam taberna; duo ex ipsis exierunt post potacionem suam, unus post alium, et cum alii recessissent de taberna, invenerunt in media via unum de duobus mortuum et alium quesierunt per villam et invenerunt in porticu cujusdam domus et duxerunt eum ad ballivum; et ballivus inquisivit per capientes veritatem; audita veritate ab eisdem, deliberavit eum; post deliberacionem amici mortui secuti fuerunt eum coram ballivo et tractatum est de pace, si placet regi, in hunc modum quod ille vadit ultra mare et ibi tractabit moram in servicio Templariorum per tres annos et, mora trium annorum facta, asportabit litteras Templariorum testimoniales quod ibi servivit per spacium trium annorum predictorum; et debet movere ad primam assisiam post Candelosam; et fratribus mortui debet dare XV. l. t. pro expensis, et quilibet debet se de Curia eicere. — Pax fiat, ut ordinatum est.

§ Item, in ballivia Cadomi, unus serviens percussit unum hominem sine causa, ita quod cecidit ad terram. — Loquatur cum rege.

§ In ballivia Viromandensi, quedam mulier petit quod Nevelon de Vallibus justicietur. — Tenebitur et tradetur ballivo Attrebatensi ita quod justicietur infra festum beati

Remigii, vel reddet ad justiciandum ballivo Viromandensi.

§ Recol[ere] Petrum Bas, militem, super duello faciendo contra Reginaldum de Yspania, armigerum.

§ In ballivia Caleti, in foresta de Tractu pro Johanne Macro qui ejectus fuit per Petrum de Chambliaco, forestarium ibidem, propter infirmitatem, modo existens cruce signatus, repetit servicium sibi cum nulla de causa amiserit, sicut dicit. — Habet litteras quod sciatur de causa.

§ Pro Ysabella Buhot de marito suo occiso per Amelotum, imprisonatum propter hoc apud Bapaumes.

§ Pro indecenti usura et superflua Judeorum Aurelianensium. — Concordatum est nihil.

§ De apprisia facta de Betisiaco per ballivum Silvanectensem pro homine mortuo.

§ Pro quodam homine interfecto in ballivia Cadomensi cujus filius incessanter clamat. — Est contra Sonnete.

§ Pro quadam muliere detenta Aurelianensis pro suspicatione murtri. — Deliberat   est.

§ De causa appellacionis C   sone senescallo Tholosano super morte unius hominis et vulneracione cujusdam canonici de Albia.

§ De ponte de Samais et de calceya ex traverso. — Loquatur cum rege.

§ De hoc quod abbas de Barbel vult habere copiam testium qui contra se producuntur.

§ De omnibus illis qui sunt culpabiles vel suspecti probabiliter de morte abbatis videlicet Arnoldi quondam Sarlatensis capiantur per senescallum Petragoricensem et, prout justum fuerit, puniantur[1].

§ Concordatum est quod ballivus Bituricensis reddet curiam de milite et armigeris quos tenet in prisione comiti de Sacro Cesare.

§ Item, in ballivia Ambianensi. Et dat deffendans appel-

---

1. Cf. *Historiens des Gaules et de la France*, xxi, 779 E.

lanti, videlicet domino Johanni de Riencuria .XII.XX. libr. si placet regi, sine alia pena.

§ Item, in ballivia Ambianensi, ballivus tenet duos valletos suspectos de morte filii cujusdam hominis quem assecuraverant, et tamen ballivus non potest habere aliquam probationem[1]; et alius fuit vulneratus qui clamavit post ipsos, et tunc gentes comitis Pontivi quesierunt eos qui venerant ad clamorem et invenerunt quamdam mulierem qui vidit eos intrare monasterium. Pauperes sunt; si placeret regi quod irent ultra mare, libenter irent, si non possent concordare cum amicis.

§ Loquatur cum rege de domicella que dicitur Sonnete et de armigeris qui interfecerunt maritum ipsius domicelle. Audito casu, dominus de Nigella non laudat pacem.

§ Loquatur cum rege de relicta Poissant, militis, que vendit dumum prepositure prope Verbriam et contiguum foreste regis Cuisie, valentem XXX l. tur., in quo dumo rex apprehendit commodam chaeyam, et est de retrofeodis regis. Vendidit episcopo Belvacensi.

§ Item de ponte de Terrascon quem abbas et conventus non possunt facere nisi gratia regalis a transseuntibus conferatur.

[On lit au dos] :

§ Senescallus Tholosanus faciet jus falso testi.

§ Concordatum est quod mulier videlicet Sonnete et armiger videlicet Radulphus de Crueli recapientur; et quod sint in illo statu in quo erant quando recredencia fuit facta; et faciat eis jus, et reponantur in arciori loco. Ballivo Cadomensi scribatur.

§ G., comes Armegniaci, citatus est per senescallum Tholose vel locum ejus tenentem contra G. de Casalibono,

---

1. Le scribe a effacé les mots suivants : « nisi suspicionem tantummodo quod post factum iverunt ad quoddam monasterium. »

militem, secundum arramenta, ad diem mercurii post Penthecostem instantis parlamenti[1].

[Et plus bas] :

§ Hi sunt illi quibus mors Rigaudi Bel imponitur : Girardus de Cardillac, dominus de Castro de Cardillac. Hugues Bataz, frater Giraudi Bastaz, ballivi ipsius Girardi, qui propter hoc fuit suspensus. Ameneuz de Veteri Castro, armiger. Arnaldus Carriere, sommulerius dicti Giraldi de Cardillac. Arnaudus de Cardillac, sororius ipsius Giraldi de Cardillac. Vezion, filius dicti Arnaudi de Cardillac. Guillelmus Gache, baillivus dicti Arnaudi de Cardillac. Ugues les Combeles, homo de corpore dicti Gerardi de Cardillac.

§ Nomina murtrariorum sunt hec : Bertrandus de Turribus. — Guillelmus Ayndre. — Armannus de Julhac. — Focaudus de Rochechoart. — Giraldus de Sancto Laurentio. — Eblo de Arenis. — Petrus de Virac. — Giraldus de Brolio. — Ademarus de Challud, qui alias dicitur Ademarus de Bordellia.

§ Omnes isti banniti sunt pro morte defuncti Ademari militis de Malomonte[2].

Gilebertus la Glee, homo de corpore dicti Girardi. Ugo de Cardillac frater dicti Arnaudi de Cardillac. Arnaudus de Rokefuel. Bernardus de Roke de Torac, Berengarius de Sovegnac, Bernardus Blanc qui facit se appellare Bernardum Gaz, clericus, qui se reddidit ad sanctam ecclesiam propter factum; et Ugues de Salac. Omnes isti vocati sunt ad jus per vices et sunt in deffectum.

§ Dominus Guillelmus de Pathay fuit pagiatus apud Es in Wasconia a gentibus regis Anglie .XIII. d. t., et ibi fuit lesus Archambaudus de Pessonville, valletus regis.

Gilebert, le chatelain de Es, envoia son fiz et le portier

---

1. V. *Olim* I, 407 et L. Delisle, *Essai de restitution d'un volume perdu des Olim*, n° 121.
2. Cf. *Olim*, I, 286, n° VIII.

et .II. autres vallez en l'eustel monsegnieur Guillaume et furent à blecier Archenbaut.

§ Johannes de Lessart[1], miles, dedit treugas de se et suis Radulpho de Flavi et suis usque ad festum sancti Andree et debent partes venire coram ballivo Viromandensi in crastino octabarum Assumptionis beate Marie Virginis ad probandum ex parte dicti Johannis quod quadragena servata fuerat in principio guerre de qua agitur, et quod prosequendo guerram fecit Radulpho de Flavi quicquid fecit. Et dies ballivie Viromandensis instantis parlamenti Omnium Sanctorum est assignata partibus.

LXVIII

2 septembre 1274. — Représentants du duc d'Aquitaine à la cour de France.

Record Office, Treasury of receipt of the Exchequer, lib. B, f° 284. — *Ed.* Rymer (Record edition), I, 516.

Edwardus, Dei gratia rex Anglie, dominus Hibernie et dux Aquitanie, religioso viro et dilecto sibi in Christo fratri Johanni de Turno, thesaurario domus Templi Parisiensis, salutem. Cum pro negotiis nostris in Curia serenissimi principis domini et consanguinei nostri karissimi Ph., regis Francie illustris, in instanti parliamento exequendis, dilectos et fideles nostros Umbertum Guidonis et Franciscum Accursii de Bononia ad idem parliamentum mittamus, vos rogamus quatinus eisdem vel eorum alteri trescentas vel ducentas libras tur. ex mutuo habere faciatis ad salarium advocatorum quos eligent ad opus nostrum inde acquietandum ; et nos eas vobis, quando volueritis, habere faciemus. — Datum apud Odyham, secundo die septembris, anno regni nostri secundo[2].

1. Cf. *Actes du Parlement de Paris*, I, n° 1987 B.
2. Cf. Un récépissé délivré par Umbert au trésorier du Temple, à la date du 29 septembre 1274, British Muséum, Julius E. 1. f° 37 r°.

LXIX

23 octobre 1274. — Ordonnance royale sur les avocats.
Bibl. Nat. lat. 9988, f° 116 v° et tous les exemplaires du *Registrum Curie Francie*. — Ed. *Ordonnances du Louvre*, I, 300.

Philippus, Dei gratia Francorum rex, senescallo Carcassone, salutem. Nostrorum zelantes prospicere commodum subjectorum, ut coram nobis et in curiis ballivorum, senescallorum, prepositorum et aliorum judicum seu allocatorum nostrorum jus suum in causis et negociis facilius et liberius prosequantur, eosque, qui circa causas et judicia suum exhibent ministerium, a maliciosis litium protractionibus et immoderatis salariis, arcere proponentes,

Ordinavimus et statuimus ut omnes et singuli, tam in vestra[1] quam baillivorum et aliorum predictorum nostrorum officialium seu judicum curiis, advocationis officium exercentes prestent super sacrosanctis evangeliis juramentum quod in omnibus causis in dictis curiis pertractandis, officium quod in eis assumpserint vel assument, bona fide, diligenter ac fideliter exercebunt, quamdiu eas crediderint esse justas, in nulla causa in dictis curiis patrocinium seu consilium, nisi eam justam esse crediderint, impensuri; quodque in quacumque parte judicii eis innotuerit injustam seu improbam fore causam amplius non patrocinabuntur eidem, sed a patrocinio et consilio dicte cause penitus abstinebunt. Avocati autem qui juxta eam formam jurare noluerint, hujusmodi voluntate durante, advocationis officium in dictis curiis sibi noverint interdictum. — Circa advocatorum vero salaria duximus statuendum quod pro modo litis et advoca.orum peritia competens salarium recipiatur, ita tamen quod pro quacumque causa movenda de cetero coram nobis seu coram vobis seu coram nostris justiciariis antedictis pro tota causa summam triginta librarum turonensium unius advocati salarium non excedat. — Jurabunt etiam advocati

1. *Var.* nostra.

quod nec pensionis, servitii, muneris, aut gratie cujuscumque nomine vel pretextu, per se vel per alium, quacumque arte vel ingenio, quocumque colore excogitato seu excogitando, sine fraude aliqua, nihil ultra summam recipient pretaxatam. — Si quis vero ordinationes et statuta hujusmodi, necnon et juramentum prestitum violare presumpserit, postquam constiterit ita esse in predictis curiis, is nota perjurii et infamie, nulla alia expectata sententia, ab advocationis officio perpetuo sit exclusus, alias nihilominus prout nobis seu aliis nostris judicibus in quorum curiis deliquerit videbitur puniendus. — Ordinavimus etiam juramentum predictum ab advocato quolibet annis singulis innovari. Et hanc ordinationem nostram per baillivos, senescallos, et alios justiciarios nostros ter in anno in suis assisiis precipimus publicari.

Vobis igitur districte precipiendo mandamus quatenus statutum nostrum hujusmodi in potestate vestra diligenter facientes observari et in assisiis et curiis quam citius ad vos pervenerit publicari, et hanc publicationem quolibet anno ter repeti, transgressores ejus puniatis juxta formam superius annotatam. — Actum Parisius, die martis ante festum beatorum apostolorum Simonis et Jude, anno Domini M°CC° septuagesimo quarto [1].

LXX

Parlement de la Pentecôte 1276. — Style de la cour :
« *publicaciones testium.* »

Min. Arch. Nat. X¹ᵃ 2, f° 31 v°. — Ed. Olim II, 74, n° IX.

Ordinatum fuit quod in ista Curia non fierent publicaciones testium ; set coram ballivis et prepositis et coram aliis justiciariis fiet, prout fuit hactenus consuetum.

1. Rapprochez de cette ordonnance le canon XIX du Concile de Lyon (mai-juillet 1274) *de postulando*. Cf. *Histoire des avocats au Parlement de Paris*, 1885, par A. Delachenal, Introduction, p. xix.

LXXI

Parlement de la Chandeleur 1277. — Style de la cour : ajournements.

Min. Arch. Nat. X¹ᵃ 2, f° 32 v°. — Ed. *Olim* II, 85, n° XXXIV.

Super eo quod quidam barones domino regi applicabant quod homines et subditi sui non adjornarentur coram domino rege per gentes regis, set pocius per ipsos, responsum fuit quod dominus rex hoc non faceret nec hoc tenebatur facere, nisi vellet.

LXXII

Janvier 1278. — Ci commencent li establissemens du roi Philippe, noble roi de France, faiz à Paris, l'an de l'Incarnation Nostre Seigneur Mil. CC. LXXX., III moins, u mois de genvier, au pallement de la Chandeleur.

Copies. A. Bibl. Nat. fonds français, 5899 f° 98. — B. Bibl. de sir Th. Philips, à Cheltenham, n° 810. — C. Bibl. Nat. Collect. Dupuy, vol. 280, f° 9 v°; vol. 266; vol. 532, f° 126. — D. Copie exécutée par du Tillet. — E. Manuscrits d'un abrégé champenois des Établissements de saint Louis où notre ordonnance a été utilisée. V. P. Viollet, *Les Établissements de saint Louis*, III, 141.

Ed. Gilbert, *Mém. Acad. Inscript.*, XXX, 625, d'après D. — *Ordonnances du Louvre*, XI, 360, d'après C, D. — Desmaze, *Le Parlement de Paris*, p. 489, d'après C, D. — Ch. V. Langlois, *Le règne de Philippe III le Hardi*, 1887, p. 429 et suiv., d'après A, corrigé à l'aide de CDE.

§ 1. Premièrement[1] l'an doit garder pour l'abregement des parlemenz que l'on ne retiengne nulles causes es parlemenz qui puissent ou doivent estre amenées devant les baillis.

---

1. Nous reproduisons ici le texte critique que nous avons établi en 1887. Les mots entre crochets ont été empruntés à C, D ou E pour corriger les passages altérés de A.

§ 2. Venu le terme de chascune baillie, li pledeurs se presenteront au tems du termine pour lor délivrance, celon ce que il a esté autrefoiz ordené.

§ 3. Puis que les parties seront presentes, durant le jor de leur baillies atandront en la sale, appareilliez d'antrer en la Chambre où l'an plede, quant elles seront apelées pour eus délivrer.

§ 4. Li clers des arres si nommeront les parties qui ont causes en la Court, et seront appelées par l'uissier les parties que li mestres commanderont, pourveu que avecques les parties qui pledent n'antrent nules parsonnes qui ne soient nécessaires en la cause.

§ 5. Les parties qui antarront anz si garderont ceste ordenance en plaidoiant, c'est asavoir que li demandierres par breves paroles proposera son fait en la manère que il antande à avoir, et la partie adverse si respondra au fait sanz soi retorner à nules trufles.

§ 6. Le fait proposé des parties et nié, il sera tantost ordené par aucuns des mestres, et le feront mestre an escrit pour oster la discention qui naist chascun jor entre les parties.

§ 7. Le fait mis an escrit, einsi com il est desus dist, l'an anvoiera auditeurs de la Court u paiz don li pledans seront; et pour ce que l'an puisse avoir auditeurs avant les majeurs[1] tiex com l'an devra eslire, chascun baillif lera les noms de .x. personnes an escrit aus clers des arres, les queles parsonnes soient soffizanz à faire ce que l'an leur commandera [en droit]. — Et an chascune besoigne mener si souffiront .II. de ces auditeurs.

§ 8. Les parties, quant il entarront en la Chambre pour pledier, entarront par l'uis de la sale, et istront, quant il auront pledié, par l'uis devers le jardin.

§ 9. Nus advocaz ne s'entremete de alleguier des droitz[2] où les coustumes auront leu, ainz useront des coustumes.

---

1. C'est-à-dire, les meilleurs.
2. *Var.* Droit escrit.

§ 10. Nus ne soit oiz pledant en la Chambre le roi pour nullui, se il n'est tel personne qui soit souz la joustice séculière, et que elle puisse estre jousticiée par la joustice séculière, se elle est trouvée en forfait; se par avanture aucun clerc ne pledoit pour lui ou pour s'yglise ou pour parsonne qui li apartandroit de lignage ou pour son segneur de qui il tiengne fiez en héritage ; [autant] en ceste constitution doit l'en entendre des procureurs et des contremandeurs.

§ 11. Nus advocat n'ose dire parole ne recommencier de son co-advocat, mes bien pourra ajouster chose nouvele se il voit que elle soit à ajouster.

§ 12. A causes à oïr le baillif de Rouan parlera premier [1]; et seulement se einsi n'est que correction soit nécessaire pur son desvoiement [2].

§ 13. Ceus qui seront du conseil si metent grant auctorité à retenir ce [que] l'an proposera.

§ 14. Nus du conseil n'ose aller contre les parties qui plederont, [mes chascuns des plaidans escoute] au païs; se par avanture ne soit nécessaire pour desclarer aucune chose [3].

§ 15. Les arres de chascune journée soient delivrés au leur jour ou l'andomain au plus tart.

§ 16. Les requestes soient ouiez en la sale par aucun des mestres, et seront portées au roi celles qui contandront grâce; et des autres l'an comandera au baillif ce que l'an devra [com]mander.

§ 17. Ceus de la terre qui est gouvernée par droit escrit soient oïz par certains auditeurs de la Court, einsi com il a esté autrefoiz ordené.

§ 18. Les regardeurs antandeurs [des anquestes, les

---

1. *Var.* Parlera tant seulement le bailli derrain.
2. *Var.* Se il n'avient que à lui dévoyant soit nécessaire amendement de son recort.
3. *Var.* A aucune chose descleicier soit nécessaire aucune demande.

anquestes recevront de] certenes persones esleuçs de la Court, et par eus et par les regardeurs-antandeurs seront devisiées, se elles ne sont teles que elles soient de grans choses ou autres grans personnes que l'an les conviengae porter au coumun conseil por leur difficulté.

§ 19. Aus conseuz prandre [l'un demande] et li conseillier [tantost] responnent tout en paiz ; que nus [n'aille] encontre celi qui parlera, ne ne commancera à dire l'un ce que son compaignon [aura dit], mes par courtes paroles respoigne aus choses otroiées et desotroiées ; et nequedant li secons responnant puisse ajouster nouvelle reson au dit de l'autre.

§ 20. Nus de la seconde baillie ne soit oiz jusques à tant que celle devant soit délivrée.

§ 21. Après le terme de sa baillie, nus ne soit oiz en fesant requeste, se il ne requiert de chose puis mette.

§ 22. Puis que la demande sera dite, et la contraire partie die que elle veut avoir conseil, ou elle l'ait tantost, ou, se il convient que l'atande jusques à l'andemein, [sera atandu], et l'andemein viengnent les parties bien matin qu'elles puissent estre delivrées devant toutes les autres.

§ 23. Nulles des terres qui sont gouvernées de droit escrit ne soient an la Chambre au Plaiz, ains aillent à leur auditeurs qui leur seront bailliez.

§ 24. En la Chambre au Plez soit touzjourz .i. clerc por les letres faire de cas de sanc et pour les autres lettres .i. autre clerc, se mestiers est.

§ 25. Se aucuns chiet an question mette de [defaute] de droit, ou par apel de mauves et de faus jugement, il sera puniz de grant poinne.

§ 26. Li chevalier et li conseillier et li clerc le roi touzjourz soient ententibles à fere les choses qui apartienent à la délivrance du parlement, en tel maniere que nus ne se traie arrieres. — Viengnent tous bien matin et ne s'en partent devant au terme.

§ 27. Les quereles des nouveles dessaisines ne viegnent

aus parlemenz, mes chascun baillif, [an sa] baillie, aveques des preudes homes aillent audit lieu, et, sanz espovantement, sachent [se] c'est nouvelle dessaisine ou ancombremens ou trouble. Et se il treuve que ce soit einsi, face tantost le lieu resaisir et mestre en la mein le roi et face droit au parties[1].

§ 28. Se aucuns se plaint du prévost ou du serjant par devant le baillif, le baillif n'ose pledier pour le prevost ou li soustenir, ains face bon droit et hastif aus parties en tel maniere que il n'en conviengne mie venir à la Court.

§ 29. Chascun baillif en cui court l'an juge par homes contraigne les homes au plus tost que il pourra à jugier les causes meues devant eus, que, par la malice des homes qui contremandent, li jugement ne soient retardé au doumage d'aucune des parties.

---

1. Le texte latin de cet article 27 nous a été conservé. On le trouve notamment dans le registre Arch. Nat. X¹ª 8602, f° 26 v°, sous la rubrique « constitutio super casibus novitatis in patria juris scripti », et dans le ms. Bibl. Nat. lat. 9993, f° 37, c. 1. — Ed. *Ordonnances du Louvre*, II, 542, c. 2 (d'après le registre des Archives); Ch. Dumoulin, *Stylus Curiae Parlamenti*, 1553, in-4°, p. 194 et p. 391 (d'après le ms. lat. 9993); Viollet, *Établissements de saint Louis*, I, 286, 340.

Voici ce texte, débarrassé des gloses qui le surchargent dans quelques mss :

« Querele de novis dessaisinis non veniunt in parlamentis, sed quilibet ballivus, in ballivia sua, vocatis secum bonis viris, eat ad locum, et, sine strepitu, sciat si sit nova dessaisina, seu impedimentum, seu turbacio : et si inveniat ita esse, faciat statim ressaisire locum, et arripiat in manu regis, et faciat jus partibus [coram se vocatis]. »

LXXIII

Parlement de la Saint-Martin d'hiver 1278. — Arrêts de règlement sur la façon de recueillir les dépositions des témoins et sur les citations au parlement.

Or. perdu. Trésor des chartes de Carcassonne, 7e continuation, rouleau n° 3 ; Copie. Bibl. Nat., fonds latin 11016, f° 75. — Ed. Ménard, *Histoire de Nismes*, I, pr. p. 104 ; *Bibliothèque de l'École des chartes*, 1887, p. 186.

« *Arresta senescallie Carcassone in parlamento domini regis festi sancti Martini hyemalis, anno Domini MCCLXXVIII.* »

Injunctum est omnibus senescallis quod districte precipiant notariis suis quod depositiones testium quos recipiunt et examinant in processibus suis plene et de verbo ad verbum, prout deponunt singuli, ponant distincte et etiam scribant, non ponendo ibi illa verba consueta : « Dicit secundus idem quod primus et quod tertius vel quartus testis », vel similia verba[1].

Item, injunctum est omnibus senescallis ut faciant publicari per suas assizias quod omnes veniant ad parlamentum, ad diem senescallie sue, ad supplicandum sive ad proponendum vel procedendum prout fuerit rationis ; alioquin nisi dicta die venerint, extunc non audientur, ymo ponentur in deffectu, prout alias extitit publicatum in assiziis Carcassonne et Biterris.

---

1. Cf. un arrêt du parlement de la Toussaint 1284. *Bibl. de l'École des chartes*, 1887, p. 562-3 : « In causa Gombaldi de Tyrano fuit per utramque partem peticio quod ferretur judicium super causis appellationum..... et fuit aliquid tactum de suspicione examinationis testium propter modum interrogandi..... dicta testium ; item, propter modum concordandi testes, quia scripsit examinator : « (Talis) dixit idem quod talis.....

LXXIV

1278. — *Procès du duc de Bourgogne contre le seigneur d'Arcis; procédure de l'appellation.*

Extrait du recueil intitulé « Li droiz et la coustume de Champagne et de Brie », publié par B. de Richebourg, *Coutumier général*, III, 216, c. 2. Collationné sur le ms. n° 29 de la bibliothèque de Provins (XIII° siècle) et le ms. n° 5256, fonds français, de la Bibl. Nat. (XIV° siècle).

(§ XLIII) Il est coustume en Champaigne que quicunques soit en plait devant justice et il face demande contre partie soit de moubles ou de héritages qui touchent à partie, et li juges lor rapporte jugement, de quoy l'une partie se tiegne pour grevée, par quoy elle vuille rappeller devant le roy ou devant le prince, la partie qui vient rappeller, ains qu'il appelle, doit ainsis dire à la justice: premierement: « Je met mon corps et tous mes bien et tout mon conseil en la garde li roy et li prince; de vous devant li je appelle et ay appellé de ce jugement, comme de faux et mauvais, et le trayeray millor de l'ostel le roy[1] ». Et puis que li appiaux est fais, cils de qui il appelle n'a nulle juridiction sus luy, ne sus ses biens, ne ne le puet prenre, puis qu'il ait rienz souz le roi ou souz celi devant qui il appelle. Et tandis la querelle demeure en l'estat tel comme li appiaux la trueve quiex que il soit. Et se il est saisiz, il demeure saisiz. Ce fu dit pour le duc de Bourgoigne, l'an MCCLXXVIII, à Paris, contre le seigneur d'Arceis, que li dux de Bourgoigne li fit un jugement, et li sires d'Arceis en rappella, et li dux de Bourgoigne estoit en saisine de Vitry que il avoit mis en sa main pour cause de son fié, et li sires d'Arceis s'efforça par les gens le roy que la main au dux en fust ostée, l'appel pendant. Il fut rapporté que li dux de Bourgoigne

---

1. *Var.* Penrey meilleur de la court lo roy

demourroit saisiz. Ad ce faire furent li abbes de Sainct Denis, li sires de Neelle, messires Jacques de Bouloigne, [maistre] Gautier de Chambri, li quens de Pontif, Regnaut Barbou, messire Gui le Bas, messire Johan du Mont et plusieurs autres [1].

LXXV

Juillet 1279. — Lettre de Thomas de Sandwich, sénéchal de Pontieu, au roi d'Angleterre sur les affaires pendantes à la cour de France.

Or. Record Office, Chancery miscellaneous Portfolios, V, n° 138. — Éd. Ch. V. Langlois. *De monumentis ad priorem curiae regis historiam pertinentibus*. Paris, 1887, p. 101.

A son tres chier segneur monsegnor le rey d'Engletere li siens liges Thomas de Sandwiz, soy meesmes aparilliez à tous serviches.

Sire, d'endroit le plait l'abbé de Saint Richier avons jour d'apensement de la Tousseins prochaine à venir en .vi. semeynes au jour des barons. Du trespas kel meesmes chelui abbé sieut pour sa gent de Feukières sus la gent d'Abeville est ordené par devant le rey et par son conseil que les parties s'asembleront en .i. lieu certain lendemain de la septembresse à treiter en forme de peis de la besoigne, par qoi li rois nen enquière de sen offisce, car se sereit contre nous; et se tant advenoit ke enquerre en voudreit por le defaute des parties, nous l'empeecherons et debaterons par toute la vee ke nous porrons por nostre estat sauver et nostre gent [2]. — Du segnor de Durcat n'avoie-je mie encore parlé

---

1. Le ms. de Provins remplace les trois derniers mots par ceux-ci : « chevaliers le roy ».
2. Cf., pour vérifier la date que nous attribuons à cette pièce : *Bibl. de l'École des chartes*, 1885, p. 446, et *Olim* II, p. 196, n° xxxii. — Voy. aussi une autre lettre de Thomas de Sandwich, Rec. Off.

au rey quant cheste lettre parti de moy, porce que vos conseus ne le looyent mie avant que nous eussons tout besoignié de nos autres afaires. — Et sachiez, sires, que toutes les fois que l'en parle à cest parlement de vos besoignes, li reis meesmes i a esté tout le plus et n'a souffert que son conseil à autres besoignes entendist que la vostre fut délivrée.

Des mil livres ke Jehans de Pontieu devoit, avons tant esploitié par grans destreces et greveus sour lui et sour ses pleges, dont il s'en plaint de moy à trop de gens, ke il dedens les .III. jorz après che ke cheste letre fu foite les devoit rendre et peier à vostre recheveeur de Pontieu ; les keus mil livres j'ai empruntées, si comme accordé fu par entre vous et madame, à mon partir de vous, à paier à Paris en partie des grans detes ke vous i deves par le conte, tant ke de la terre de Pontieu les puissons lever. — Et saciez, sire, ke chele gent à qui l'en doit aigrement me demandent leur detes. — Et en droit de la prière dont vous m'aviez commandé à faire au rey par le conseil l'eveske d'Amiens ke par sa gent ne fussons destraint à la plainte des créanchors, li reys me respondi moult franchement que des choses qe à lui apendent ne voudra que par ses baillis soions molesté quant à ce, mais ke autrui droiture ne soit décriié. — Du segneur de Durcat, d'autres besoignes et de plusors estatus ke li reys a fait à cest parlement vous fara dire Willame de Blibourch toute la certayneté à son venir à vous ki ne demorrera gaires. — Sire, por la besoigne d'Aubemalle serons à Roem pour enquerre ent ce que nous porrons par gent de la terre vos amis ki là vendront contre nous de la Magdalayne en huit jours. — Et tantost apres chestes assises d'Abeville, vous manderey ce ke fait i sera de la demande de Jehan de Pontieu ou li eveskes d'Amiens sera,

---

Chancery files, n° XX : « Sire, bien vous ai autrefoiz mandé l'amende que li rois veut avoir de vostre gent d'Abevile pour le fait de Fénkières..... »

si k'il nous a promis. — Sire, li cuens de Dreues a faite sa feuté sour lakele je lui carchay le jour que vous lui aviez donné de son hommage faire en Engleterre.

Sire, j'ai la lettre le rey que vous et madame poes faire atourné en demandant et en defendant en la besoigne d'Aubemalle contre Jehan de Pontieu par vos letres et les madame ouvertes, keles bon est qe vous nous envoiez par le prochain entrevenant. — Et si à vous esgarde ke Bernars d'Oissencort, ki est vostre hom liges, gentiex hom et loiaus, sera bon vostre atourné en cheste besoigne, se vous n'estes de meillor avisez, et bien peut l'en avoir feit de maistre Huon de Caussebart vostre procureur, mais il convient k'il soit advocas avoeques vostre autre consel en cheste besoigne [1].

Donné à Paris, le samedi après la Saint Martin le Buillant. Sire, Dix vous gard.

LXXVI

1279-1280. — *Relation d'un procès par un procureur de la ville de Reims*.

Livre Rouge de l'Échevinage de Reims, p. 75. — *Ed.* Rogier, *Discours sur l'Échevinage*, 1628, p. 54; Marlot, *Histoire de l'Église de Reims*, II, 572; Varin, *Arch. adm. de Reims*, I, 2ᵉ partie, p. 965.

En l'an de grace mil CC sissante dis et nuef, en parlement de la Toussains [2], estoient présent li procureur des eschevins de Reins contre l'arcevesque; et faisoient demande ou non des eschevins contre l'arcevesque de ce que il disoient que l'arcevesques et ses gens, en venant contre les poinz de leur chartres que il ont dou roi Phelippe et de l'arcevesque Guillaume, avoit pris deus bourjois, et mis à gehine sans

1. Cf. L. Delisle, *Fragments inédits du registre de Nicolas de Chartres*, p. 59.
2. Cf. *Olim* II, 147, n° XXVII.

cause et sans fait notoire de murtre, ne de larrecin, ne de trayson dont li bourjois fussent sievi ne occoisonnei; et seur ce que li bourjois avoient offert bonne seurtei d'estre à droit en la court l'arcevesque et à jugement d'eschevins : de rechief, seur ce que l'arcevesques ou ses gens avoient mis leur saisines es biens Thoumasset le Bouchut et es biens la femme la Piche, bourjois de Reins, et pris d'un boulengier sissante soudées de pain en venant contre les poinz de leur chartres ; seur ce que li dit bourjois avoient offert bonne seurtei d'estre à droit en la court l'arcevesque, par jugement d'eschevins, si comme il est contenu es privileges, et li eschevin seur ce les eussent requis par mi droit faisant en la cour l'arcevesque au jugement d'eschevins, comme li dit bourjois ne fussent sievi ne occoisonnei de murtre, ne de larrecin, ne de trayson ; et li procureur des eschevins requeissent que li arcevesques fust constrains à ce que il leur tenist les poinz de leur chartres que il ont dou roi et de l'arcevesque, et que il ostast sa main que il avait mise es biens desdiz bourjois, et les delivrast par plèges par mi droit faisant en sa court et au jugement d'eschevins ; et que li troubles et li empechement que il i avoit mis fust osteiz, et ce que il avoit fait mis à nient, et la chose mise en son droit estat ; et que il li fust dit par droit que dès ore en avant ne troublast ne empeechast la franchise desdiz bourjois ne des eschevins, ne ne venist contre les poinz ne privilèges en cas semblans.

Li procureur l'arcevesque debati la procuration des eschevins et le seel des eschevins dont la procurations estoit seelée en disant que li bourjois de Rains ne avoient ne cors ne commugne, ne teil gent n'estoient qui seel dussent avoir ne useir de seel. Et disoit que li seaus des eschevins n'avoit onques estei receuz en court de roi, ne d'autre, par quoi il s'en peussent aidier, ne conneuz n'estoit. — Li procureur des eschevins disoient à l'encontre que li eschevin de Reins avoient bien cors d'eschevinage, et privilegiiet estoient pour eus et pour tous ceus qui demouroient ou ban l'arcevesque par privilege de roi et de l'arcevesque qui à ce tens estoient ; et selonc ce qu'il est contenu es privileges, li eschevin estoient tenu de gardeir les franchises de Reins et des bourjois dou ban l'arcevesque, et à eus en apartient li jugemens ; et que, par les privileges, il ont bien si grant franchise et sont de si noble citeit que il doivent bien avoir seel, si comme ont autres bonnes viles qui ont eschevinages ou royaume de France, si comme Arras et les autres bonnes viles de Flandres ; et encore que il ont usei de lonc tens de ce seel apertement et notoirement, à la veue et au seut des arcevesques de Rains, dès le tens que leur privileges furent donneit, et leur anciennes coustumes rendues par les privileges par plusieurs foiz en la court le roi en parlement, devant le bailli de Vermendois en assises, en faisant dettes pour le pourfit de la citeit, en divers lius et en toutes mennières, et toutes les foyes qu'il leur pleu et que besoins a esteit pour les besongnes des eschevins et pour le pourfit de la citeit. Et bien offroient li procureur des eschevins à provoir des choses deseur dites ce que mestiers leur en seroit, fust par recort de la court des procurations que il avoient veues et receues et par le recort le bailli de Vermandois, la ou recors apartenroit, et par tesmoins ou prueves afferroient premièrement droit, ou à savoir mon se selonc leur estat, et par leur privileges, et la noblece de la citeit, il povient et devoient avoir seel et useir de seel ; et que la cour se recordast des procurations que il avoient apportées autres foyes, par plusieurs foyes, scelées de ce seel. — Seur ce que li procureres l'arcevesque et li procureur des eschevins se mistrent en jugement, et furent les chartres as eschevins dou roi et de l'arcevesque mises devant les maistres, li procureres l'arcevesque ne vost mie attendre jugement, et reciut la procuration des eschevins. Et ce fu fait en ce parlement, le jour des octaves de la Tiephainne.

Et dit li procureres l'arcevesque, en alant avant et en approuvant la procuration, que li eschevins de Reins et li bourjois estoient couchant et levant l'arcevesque et si justisable de cors et de chateus; s'en requist à avoir la court l'arcevesque, ou droit. — Li procureur des eschevins distrent à l'encontre que li arcevesques ne devoit mie avoir la court, en la mennière que il avoient faite la demande pour les eschevins, si comme il est deseur dit; car li arcevesques et ses commandemens avoient faites les prises deseur dites, et mises leur saisines es maisons des bourjois, en venant contre les poinz de leur chartres que il ont dou roi et de l'arcevesque, et confermées dou roi; seur ce li bourjois avoient offert bonne seurteit de faire droit en la court l'arcevesque à jugement d'eschevins.

Et de ce se mistrent li procureur d'une part et d'autre en jugement, à savoir mon se li arcevesques raveroit sa court, ou se il responderoit à la demande que li eschevin avoient faite en la menniere deseur dite. — Il fu dit, et par jugement, le mercredi après les octaves de la Tiephainne, en ce parlement, que li arcevesques n'averoit mie la court et que li arcevesques responderoit à la demande des eschevins, ensi comme il et ses commandemens avoient aleit contre les poinz des chartres qui sont de ses ancesseurs, et qui sont confermées dou roi, selonc ce qu'il est contenu es demandes des eschevins. A ce jugement rendre furent comme jugeur li evesques d'Amiens, li abbes de Saint Denis, M° Henri de Verzelai, chanceliers le roi, M° Guillaume de Rueuil, arcediacres de Chartres, messire Gautier de Chambli, arcediacres de Coustances, messire Thiebaus de Poncy, doyens de Bayeus, li doyens de Saint Martin de Tours, li duz de Bourgongne, li sires de Neele, li mareschaus de Champaingne, messire Guis li Bas, messire Guillaume de Couardon, messire Raoul de Juppilles, messire Giraus de Maumont, M° Estevenes de Chartres, M° Guillaume de Trapes, Renaus Barbou, Nicolas de Chartres et M° Robers de la Marche.

Li abbes de Saint Denis et li baillis de Ruein priierent as eschevins que li jours fust en auteil estat, de eus et de l'arcevesque, dusques à l'autre parlement; et li arcevesques, par devant l'abbeit et le bailli de Ruein promist qu'il leur feroit amendeir et adrecier tout ce que il et sa gent avoient entrepris vers eus et vers les bourjois, et que il leur tenroit pleinement tous les poinz de leurs chartres. Et li abbes li dit que « se il ne leur faisoit amendeir à sa gent et punissoit tres bien ceux qui faisoient contre ses chartres et les privileges le roi, et li eschevin revenoient à court, li rois et la cours le feroient tres bien amendeir à l'arcevesque et à sa gent. » Et li eschevins, pour la priiere de l'abbeit et dou bailli, et pour la grâce et la faveur de la court avoir, soufrirent le jour en auteil estat, dusques à l'autre parlement, au jour des barons.

LXXVII

Vincennes, 1280. — Ph. le Bel délègue plusieurs membres de la cour du roi à Toulouse, pour tenir dans cette ville des parlements judiciaires.

Trésor des chartes de Carcassonne, 7e continuation, rouleau n° 5, perdu. — *Ed.* Dom Vaissete, *Histoire générale de Languedoc*, éd. Privat, X, c. 163.

Philippus, Dei gratia Francorum rex, universis, etc., notum facimus, quod nos subditorum nostrorum senescalliarum Tholose et Carcassone, Petragoricensis, Ruthenensis, Caturcensis et Bellicadri laboribus et expensis parcere cupientes, viros providos et discretos de consilio nostro, videlicet magistros P., archidiaconum Xanctonensem, Theobaldum Bajocensem et P. Sancti Martini Turonensis decanos, ad partes mittimus Tholosanas, ut in octabis Pasche proxime personaliter ibi intersint, pro querelis, querimoniis, petitionibus et supplicationibus ipsorum subditorum, pro quibus nostram adirent presentiam, audiendis, expediendis et terminandis, secundum quod jus et equitas suadebunt; necnon quod curam et diligentiam sollicitam adhibeant in omnibus aliis, que nostrum commodum tangere viderint et honorem. Propterea damus tenore presentium omnibus in mandatis, ut in premissis et in iis que ad premissa pertinent, eisdem vel duobus ex ipsis pareant et intendant. Actum apud Vicennas, die jovis in cathedra sancti Petri, anno Domini MCCLXXIX.

LXXVIII

Parlement de la Pentecôte 1280. — Défauts au profit du roi.

Arch. de l'Hérault, B. 9, f° 189. — *Ed. Bibl. de l'École des chartes*, 1887, p. 188.

« *Arresta senescallie Carcassone facta in parlamento Pentecostes Parisius anno Domini MCCLXXX.* »

Arrest portant que le roy lèvera l'amende de 6 sols tournois contre la personne qui playdera contre luy, défaillante au jour de l'assignation[1].

LXXIX

Parlement de la Pentecôte 1281. — Pouvoirs des membres de la cour, délégués pour conduire les enquêtes en province.

Min. Arch. Nat. X1a 2, f° 57 v°. — *Ed. Olim*, II, 188, n° L.

Ordinatum fuit per totum consilium quod illi qui deputabuntur ad inquirendum contra prepositos, servientes et forestarios et alios quoscumque, non habeant potestatem condempnandi, set, quod inquisierint, referendi, ut justius per Curiam domini regis dicte condempnaciones fiant.

1. Analyse d'un arrêt perdu.

LXXX

2 décembre 1281. — *Procès-verbal de présentation d'une supplique des évêques de la province de Bordeaux au roi de France.*

Or. Arch. de la Vienne. — Ed. *Revue des Sociétés savantes*, 4e série, IV, 451.

In nomine Domini, amen, anno ejusdem M°CC° LXXX° primo, indictione X, pontificatus domini Martini pape IIII anno primo, IIII idus Decembris, videlicet die martis post festum sancti Andree apostoli. Pateat universis per hoc presens publicum instrumentum quod in presentia mei..... notarii et venerabilis viri fratris Hugonis, prioris sancti Christofori de Castellone in Medulco, Burdegalensis diocesis, magistrorum Guillelmi, rectoris sancti Saturnini de sancto Maxencio, Mathie Aliena, Aymerici, Theobaldi de Belverio, Pictavensis diocesis, et Johannis de Severaco, clerici, notarii ville sancti Antonini, Rutenensis diocesis, testium ad hoc specialiter vocatorum et rogatorum, discretus vir magister Johannes de Brolio, rector ecclesie de Villafagnain, Pictavensis diocesis, presentavit publice et patenter illustrissimo domino Ph., Dei gratia Francorum regi, ex parte venerabilium patrum Agenensis, Engolismensis, Xanctonensis, Pictavensis et Petragoricensis episcoporum, Burdegalensis provincie, quasdam litteras patentes sigillo ipsorum decani et capituli una cum sigillis predictorum episcoporum, ut prima facie apparebat..... ; quarum litterarum tenores..... inferius continentur [1] :

....

Quibus quidem litteris dicto domino regi a dicto magistro Johanne sic presentatis, idem dominus rex sigilla ipsarum

---

1. Suit le texte des lettres du chapitre de Bordeaux et des évêques.

litterarum inspexit, et ipsas litteras per dictum Male, suum servientem armorum, ut dicebatur, fecit recipi, et eidem precepit quod eas portaret consiliariis ipsius domini regis. Qui quidem serviens easdem litteras portavit ad cameram ubi consueverunt cause parlamentorum ipsius domini regis agitari et finiri, et ipsas litteras tradidit ex parte dicti domini regis Raginaldo Barbo, ballivo Rotomagensi pro dicto domino rege, et consiliario ipsius regis, presentibus inibi pluribus aliis consiliariis dicti domini regis, et presentibus etiam me notario subscripto et predictis magistris Johanne de Brolio, Guillelmo, rectore ecclesie sancti Saturnini de sancto Maxentio et Mathia Aliena clerico, testibus ad premissa vocatis specialiter et rogatis. Actum Parisius, in locis supra scriptis, anno, indictione, anno pontificatus, et die supradictis, presentibus predictis testibus et pluribus aliis ad premissa specialiter vocatis et rogatis.

LXXXI

1281-82. — *Auditeurs de la cour.*

Or. Record Office, Chancery miscellaneous Portfolios, n° XXXVI. — Ed. Bibliothèque de l'École des chartes, 1887, p. 548, p. 551.

Raymundus de Monte Alto petiit auditores suarum probationum mutari quia dicebat se habere suspectum Guillelmum Endradi, canonicum Xanctonensem, eo quod dicebant ipsum esse de consilio regis Anglie, quod fuit negatum; est dictum eciam contra quod similiter magister Helias Galteri erat nimis amicus dicti Raymundi; et fuerunt dati auditores decanus Sancti Severini Burdegalensis et magister Johannes de Sotz, canonicus Xanctonensis; super quo dictus Raymundus fortiter contradixit propter dictum decanum quem pro constanti dixit esse de consilio regis Anglie et se obtulit hoc probaturum, sed non probavit. Item proposuit idem Raymundus quod gentes regis Anglie nolebant parere citationibus auditorum, et fuit sibi responsum per ballivum Rothomagensem quod auditores non habebant citare sed require senescallum quod faceret citari, et in ipsorum defectu quod citarent gentes regis Francie.

....

Cum alique cause appellacionum fuissent commisse per Curiam cognoscende et judicande certis auditoribus et judicibus que principaliter tangebant regem Anglie, scilicet una magistro Stephano Cebaterii pro Boniono de Galhardo, Guillelmo de Marqueriis et quibusdam aliis; alia abbati Moyssiacensi pro Bernardo de Rovinhano; fuit supplicatum quod hoc revocaretur cum tales cause non deberent extra Curiam agitari. Et fuit ibid*m* preceptum dicto abbati et magistro Stephano ne tales causas audirent.

LXXXII

1281-82. — *M° Grimaut, scribe du sénéchal de Périgord. — « Arrêts » et « Conseils ».*

Or. Record Office, Chancery miscellaneous Portfolios, n° XXXVI. — Ed. *Bibliothèque de l'École des chartes*, 1887, p. 554.

Super apprisia de Rippis et aliis pertinentiis Agennesii fuit factum arrestum per Curiam quod habet magister Grimaldus, scriptor senescalli Petragoricensis, videlicet, sicut dixit, quod probationes gentium regis Anglie super hiis admittantur; et petatur a dicto senescallo dictum arrestum, et postmodum deliberetur super illo quia non fuit hoc dictum per arrestum, quia nos[1] sciremus, sed ordinatum in consilio, sicut dicit magister Grimaldus.

1. Ce sont les procureurs du duc d'Aquitaine qui parlent. Cf. nos articles dans la *Bibl. de l'Ec. des chartes*, 1887.

LXXXIII

Extrait d'un journal du parlement de la Pentecôte 1283. — Affaire de l'abbaye de Saint Benoît contre le duc d'Aquitaine; liste des membres de la cour.

Or. Record Office, Chancery miscellaneous Portfolios, n° 682. — Ed. Bibliothèque de l'École des chartes, 1887, p. 556.

In causa abbatis Sancti Benedicti in parlamento hyemali preterito abbas Sancti Benedicti, dicens se esse de gardia regis Francie una cum membris suis, impetravit a Curia quandam litteram quod inquireretur per senescallum Petragoricensem de violenciis et injuriis ipsi abbati factis apud Regulam. Ostensum fuerat regi Francie quod hoc erat in prejudicium regis Anglie, ducis Aquitanie. Ipse rex mandaverat supersederi. Demum dictus abbas fecerat citari gentes dicti regis et ducis quod venirent, dicturi causam quare rex Francie non debebat facere emendari premissas injurias. Super hoc fuit dictum per gentes dicti regis et ducis quod prioratus de Regula fuerat ab antiquo et erat de obedientia, ressorto et garda dicti regis et ducis, quod dixerunt esse clarum et notorium; nec sciebant quod abbas esset in gardia regis Francie. — Tunc pars abbatis dixit quod ad presens non faciebant questionem de gardia dicti prioratus, set de gardia abbatis predicti, de quo erat notorium Curie quod idem abbas fuerat et erat in tali garda. — Tunc dixit procurator dicti regis et ducis quod dictus abbas super injuriis de quibus fiebat mentio fuerat conquestus senescallo Vasconie, et idem senescallus delegaverat inquisitorem, de quo consenserat dictus abbas; et dictus inquisiverat, et si fuisset dictus abbas prosequtus..... [fe]cisset sibi emendari sicut debuisset secundum inquestam factam. Et sic curia debebat reddi de premissis dicto senescallo. — Finaliter..... contradicente fortiter quod licet abbas ostendisset senescallo, non propter hoc videbatur in eum consensisse, cum

Curia pro notorio [hab]eret dictum abbatem esse in gardia regis, fuit ita actum quod de injuriis factis abbati et sue familie in personis vel rebus inquireretur, et non de aliquo quod tangeret personas vel bona prioratus predicti ; ita quod per hoc non fieret prejudicium regi Anglie in gardia dicti prioratus ; et ad hunc finem fuerunt emendati articuli dicti abbatis qui erant sub contrasigillo, et fuerunt in multis decurtati sicut in originali per Curiam correcto apparebat, ita quod gardia prioratus, non obstantibus premissis, remansit in primo statu. His interfuerunt abbas Sancti Dyonisii, episcopus Dolensis, magister Galterus de Chambli, archidiaconus Meldensis, magister Guillelmus de Polhi, prepositus de Lile, baillivus Rothomagensis, et plures alii.

LXXXIV

Extraits des « Coutumes de Beauvoisis » par Philippe de Beaumanoir.

Ed. Beugnot, I, 163 [1].

Toute laie juriditions du roiaume est tenue du roy en fief ou en arrière fief; et por ce pot on venir en se cort, par voie de defaute de droit ou de faus jugement, quant cil qui de li tienent n'en font ce qu'il doivent. Mais avant que on viengne dusqu'à li, on doit porsivir les segneurs sougès de degré en degré, c'est à entendre : se j'ai toute justice en me terre et je tieng cele justice du comte de Clermont, et li quens de Clermont le tient du roy, et je ne fes pas ce que je doi de ma justice, si que on me veut porsivir de defaute de droit ou de fax jugement, on me doit porsivir

---

1. L'édition de M. Beugnot n'est pas excellente en général, mais, pour les passages cités, elle est suffisante ; cf. cependant l'édition de la Thaumassière, 1690, in-f°, et surtout le ms. fr. 4516 de la Bibl. Nat. — Comp. A. Giry, *Documents sur les relations de la royauté avec les villes en France de 1180 à 1314*, Paris, 1885, p. 113.

par devant le conte, car s'on me porsivoit par devant le roy, s'en aroit li quens se cort, s'ele estoit requise. [Ch. XI, n° 12.]

....

[*Ibidem*, I, 479].

S'il avient qu'aucuns plede tant solement sor saisine, et il gaaigne le saisine par jugement, et cil qui pert le saisine le fet rajorner sor le propriété, et le gaaigne par jugement, li heritages li doit estre rendus aussi bons et aussi soufizans comme il estoit quant le saizine fu gaaignié contre li. Et se cil qui gaaigna le saisine leva aucune coze de l'iretage, le plet pendant de le propriété, il doit rendre toutes les levées qu'il fist puis le jor qu'il fu ajornés sor le propriété, tout fust ce qu'il eust gaaignié le saisine par jugement, car on gaigne souvent saisine, tout soit ce c'on n'ait point de droit el treffons de l'iretage. Et quant il appert c'on n'avait point de droit en tenir le, dont apert il que ce qui fu levé fu levé à tort. Ne jugemens de saisine ne fet point de damace à celi qui le pert, fors en tant qu'il plede dessaisis dusques à tant que ses drois est conneus par jugement; et quant il r'aura le saisine par son droit, adont pot il demander les arrierages qui furent levé à tort. Et ce que noz avons dit de rendre tix arrerages, veismes noz passer par jugement en l'ostel le roy [Ch. XXXII, n° 30].

....

[*Ibidem*, II, 400].

Que ce soit voirs que escuiers pot avoir quant il se combat capel de fer à visiere et les autres armes que noz avons dites, il apert par le bataille qui fu, el tans que noz fesions cest livre[1], de mesire Renaut de Biaurain et de Gillot de la Houssoie, au bois de Vinceines, que li chevaliers debati qui li escuiers n'eust pas tel capel, ne glaive, ne escu; car il disoit qu'à escuier qui se combatoit à chevalier, n'aparte-

1. Beaumanoir a composé son ouvrage entre 1279 et 1283.

noit pas tes armes, especialement quant li escuiers avoit fet l'apel. Et li escuiers disoit que si fesoit. Et comme li chevaliers eust hiaume, el quel il avoit tout plain de broces par derrière, il requerroit qu'il li fu ostés. Et disoit encore qu'il s'estoit présentés à l'ore de miedi, por quoi il voloit son apel avoir furni. Et mesires Renaut disoit qu'il s'estoit presentés dedens hore et bien à tans, et disoit que bien li loisoit avoir tel hiame. Et puis s'apoièrent à droit sor ce que cascune partie avoit proposé. Il fu jugié que li chevaliers pooit avoir hiamme à broches, et qu'il s'estoit présentés avant que miedis fust passés, par quoi il estoit venus à tans, et que li escuiers se combatroit à tout tels armes comme il avoit aportées. Et en tel manière se combatirent bien l'ore d'une liue d'un home à pié[1], tant qu'il plot au roy que pes fu fete[2]. Et par cel jugement pot on veir que les cozes que nous avons dites dessus des armes à l'escuier sont vraies, et c'on porroit bien perdre par defaute qui dedens l'ore de miedi ne se presenteroit. [Ch. LXI, n° 63.]

....

[Ibidem, II, 446].

S'il avient que li home soient ensanlle por fere jugement, et li home sunt en descort, si que on ne set de le quele partie il en a plus d'acordans, li sires de s'auctorité doit penre deus homes, ou trois, ou quatre, selonc ce que le besongne est grans, de cascunne partie ; et doit fere metre les paroles en escrit sur lesqueles li jugemens doit estre fes ; et les doit baillier as homes qu'il ara pris et les doit envoier conseillier à le cort sovraine ; c'est à dire se li descors est en le cort d'aucun des sougés le comte, il doivent aler querre

1. Pendant le temps qu'un homme à pied met à faire une lieue : Beugnot donne une autre explication, qui est un contresens. (II, 441, note 2.)
2. Sur les *coups le roi*, sur l'intervention du roi avant la fin naturelle des duels judiciaires, voyez les observations de Tanon, *Histoire des justices des anciennes églises de Paris*, Paris, 1883, p. 22.

conseil à le cort de Clermont; et se descors est en le cort de Clermont, il doivent aler querre conseil en lo cort au roi, en parlement. Et le conseil tel qu'il aporteront en le cort là u li descors fu mus, li sires le doit fere tenir et prononcier par jugement. Car, s'il y avoit apel, s'iroit en le cort dont li consaus fu aportés; et ce seroit grant seurtés as homes de fere lor jugement bon, quant il l'aroient fet par le conseil de cex par qui il convenroit qu'il fust aprovés bons ou malves, car cil qui aroient le conseil doné iroient à enuis contre ce qu'il aroient conseillié. [Ch. LXV, n° 13.]

. . . .

[*Ibidem*, II, 469].

Coustume est en le cort le roy, quant on rent les jugemens, que on n'apele pas les parties. Se eles voelent, si y soient, et se eles ne voelent, non. Et c'est porce qu'il n'i cort point d'apel, car on ne pot apeler de lor jugement. Mais ce ne pot on fere, ne ne doit fere, es cours dont on pot apeler. [Ch. LXVII, n° 27.]

LXXXV

Parlement de la Toussaint 1283. — Style de la cour : secondes productions, changements d'auditeurs, à la requête des parties.

Min. Arch. Nat. X¹ª 2, f° 67 v°. — *Ed. Olim*, II, 228, n° VII.

Ordinatum fuit quod a partibus, factis propositis ac datis a Curia auditoribus ad probaciones parcium recipiendas, sive fuerint inqueste, sive probaciones, quod partes, sive actor, sive defensor, possint per procuratores petere renovari mandata data auditoribus, vel, si casus se offerat, alios auditores petere subrogari, vel secundam produccionem petere sibi dari et omnia prosequi usque ad publicacionem faciendam, cum fuerit facienda, et usque ad judicium audiendum, si fuerit inquesta.

LXXXVI

1ᵉʳ mars 1284. — *Liste des personnages présents à la cour, lors de l'arrêt rendu contre le roi de Sicile, au sujet de ses prétentions sur l'héritage d'Alfonse de Poitiers.*

Registre de Nicolas de Chartres *(Liber Inquestarum)*, perdu. — Ed. publiée, d'après des copies, par M. L. Delisle, *Restitution d'un volume perdu des Olim*, n° 537, dans les *Actes du Parlement de Paris*, I, 389, c. 1.

..... Die certa assignata ad audiendum judicium, anno Domini M° CC° octogesimo tercio, feria quarta post *Invocavit me*, dicta die, videlicet domino rege Philippo, ex una parte, et domino rege Sicilie, ex altera, presentibus, per jus pronunciatum fuit..... Huic judicio presentes fuerunt Petrus Remensis, Symon Bituricensis, Petrus Narbonensis archiepiscopi. Guydo Lingonensis, Guillelmus Ambianensis, Th. Dolensis episcopi. Thomas, electus Belvacensis. Matheus, abbas Sancti Dyonisii. Guillelmus, prepositus Insulensis. Petrus, decanus beati Martinis Turonensis. Galterus Constantiensis, Guillelmus Blesensis, Stephanus Bajocensis, Petrus de Sigalonia archidiaconi. Abbas sancti Luciani Belvacensis. Guido de Boiaco, canonicus Remensis, et plures alii clerici et laici et baillivi. — Robertus, dux Burgundie, Francie camerarius. Guido comes Flandrie. Theobaldus, comes Barri. Johannes de Falevi, comes Pontivi. Simon, dominus Nigelle. Eustachius de Coulans [1]. Ymbertus de Bellojoco, Francie constabularius. Johannes, filius regis Jerusalem, Francie buticularius. Radulphus de Nigella, Francie cambellanus. Guido de Tornebu, miles. Guillelmus Crespini, marescallus. Johannes, dominus de Harcourt. Frater Johannes, thesaurarius Templi. Egidius de Bryone. Guido Bassi, Johannes de Bellomonte, Guillelmus de Pre-

---

1. Conflans (?)

nayo, milites. Forrerius de Vernolio. Frater Arnulphus de Wisemale.

LXXXVII

Enquête faite en 1284. — Dépositions de quelques témoins en faveur du monastère d'Aurillac.

Copie : Bibl. Nat. Coll. Moreau, CCI, f° 187 v°. — *Ed. Actes du Parlement de Paris*, I, p. 416, c. 2.

§ 12. Frater Ph., decanus Cariaci in monasterio Aureliacense, quadraginta annorum vel circa, testis juratus et diligenter requisitus, super decimo articulo tantummodo productus, dicit quod bene sunt novem anni vel circa quod iste qui loquitur, tunc socius abbatis Guillelmi Aureliacensis qui modo est, vidit et presens fuit in quodam pallamento in camera consilii, [nomine] domini abbatis predicti, presente procuratore ville seu communitatis consulum ville Aureliacensis Hugone Diescle. Supplicabatur Curie domini regis quod advocationem quam consules et communitas ville predicte fecerant, [quasi] erant gentes domini regis, injuste de muris, fossatis, et plateis vacuis dicte ville, dissiparetur vel amoveretur. Dominus abbas Sancti Dyonisii in Francia interrogavit dictum procuratorem et dixit ei : « Si aliquis casus accideret de murtro, latrocinio, vel de alio aliquo in dictis plateis vacuis, quis haberet cognitionem de dictis casibus ? » — Et dictus procurator respondit et dixit : « Certe, domine, dominus abbas Aureliacensis haberet cognitionem ». — Item interrogavit dictus dominus abbas beati Dyonisii dictum procuratorem quis haberet jurisdictionem et justitiam ville ; et dictus procurator respondit quod credit quod abbas Aureliacensis haberet in dicta villa Aureliacensi omnimodam jurisdictionem et justiciam. Et scit quod erat procurator dictus Hugo et per hoc quia ostendit procuratorium sigillatum sigillo communitatis contra istum procuratorem abbatie coram magistris

Curie; et proponebat factum suum pro communitate ville contra istum melius quam poterat. — Et dicit quod parum post predictum tempus vidit apud Parisios in pallamento in Curia domini regis quod cum magistri Curie peterent, nomine domini regis, cavalcatam ab hominibus ville Aureliacensis, dicendo dictos homines ad hoc teneri, ipse qui loquitur, procurator predicti monasterii, ostendit quoddam privilegium nomine monasterii Karoli Magni ad deffendendum dictos homines non teneri ad cavalcatam. Lecto et viso privilegio predicto a magistris Curie, dixerunt dicti magistri quod dictam cavalcatam ponebant in sufferentiam domini regis; et tunc recessit iste dicens quod dictam cavalcatam postea non solverunt domino regi homines dicte ville pro ut scit de visu. Predicta omnia vidit et presens interfuit; plus nescit.

. . . .

[*Ibidem*, f° 205 v°]

Petrus de Villemangon, armiger, ballivus de Guines pro rege, quadraginta annorum etatis..... requisitus super nono articulo, dicit quod bene sunt quatuor anni vel circa quod iste qui loquitur vidit et audivit et presens fuit apud Parisios, in Curia domini regis in camera consilii, quando Guillelmus dictus d'Essars qui se gerebat pro procuratore communitatis et consulum ville Aureliacensis et litigabat tanquam procurator in dicta Curia contra dictos abbatem et conventum, prout vidit, confessus fuit abbatem Aureliacensem esse dominum ville, et quod videbat facere inquestas contra malefactores delinquentes in casibus criminalibus, et quod consules debebant interesse inquestis; quod negavit abbas quod deberent interesse inquestis. Requisitus si dictus procurator habebat potestatem super hoc, credit quod sic. Requisitus quare credit, dicit per hoc quod propter dictam confessionem fuit expeditum negocium in Curia quantum ad dictas inquestas. Plus nescit, super istis precedentibus articulis tantummodo productus.

LXXXVIII

Parlement de la Pentecôte 1285. — Appellations d'Aquitaine; extrait d'un rouleau d'arrêts rédigé par les procureurs du duc d'Aquitaine à la cour de France.

Or. Record Office, Chancery miscellaneous Portfolios, VI, n° 682. — Ed. Bibliothèque de l'École des chartes, 1887, p. 562.

Eodem pallamento fuit denunciatum, non in Curia, set secreto, domino abbati Sancti Dyonisii quod gentes regis Anglie, cum intendebant aliquid judicare contra subditos suos, aliquibus diebus ante judicium saisiebant bona illius contra quem judicare intendebant ut sic postmodum possent dicere quod hoc fecerant ante judicium factum et appellationem emissam, ut sic, appellacione durante, appellans careret bonis suis. Ad que fuit dictum quod senescallus nullo modo sustineret talia fieri maliciose nec unquam factum fuerat, immo adinventiones erant et male faciebant..... debant et factum specialiter non declarabant.

Item fuit dictum quod appellantes ad Curiam Francie a curia regis Anglie incarcerabantur et male tractabantur ita quod homines non audebant appellare.

Item fuit dictum de gradibus judicum qui fiebant ad impediendum appellationes et fuit dictum *per Curiam, non tamen judicando,* quod non sustineretur aliquo modo *quia a quolibet tenente jurisdictionem pro rege Anglie poterat appellari ad Curiam Francie* [1].

Postmodum propter hoc verbum, quod multum posset esse dampnosum, fuit dictum ad partem et secreto abbati Sancti Dionisii si hoc intelligebat de quocumque preposito, quia esset inconveniens et esset immutare totum statum usque nunc observatum. Et ipse respondit quod « non, nisi de illis tantum qui cognoscunt et judicant, sicut senescalli. »

1. Les mots en italiques ont été ajoutés en interligne.

LXXXIX

1285. — *Gages de quelques maîtres des parlements, d'après le compte des bailliages de France pour la Toussaint 1285.*

Ed. Historiens des Gaules et de la France, XXII, 667 c.; 668 e.

Pro vadiis magistri [Egidii Camelin] pro parlamento Omnium Sanctorum anno LXXX°IIII° et Penthecostes sequentis, per LXIX dies. . . . . XVII l. V. s. p.

. . . .

Pro vadiis [domini Johannis de Falevi] de parlamento per LXII dies. . . . . LXII l. p.

XC

Décembre 1285[1]. — *Procès du sire de Joinville contre G. du Châtelet; liste des membres de la cour.*

« Li droiz et li coustumes de Champagne et de Brie ». — *Ed.* B. de Richebourg, *Coutumier général*, III, p. 219, c. 1[2].

(§ LXI). Comme contens fust entre monssigneur Jehan, seigneur de Joinville, qui lors estoit sénéchaux et gardoit la terre de Champaigne pour le roy quant il estoit en Arragon aveuc son père, d'une part, et Guillaume du Chastellet, d'autre part, sus ce que li diz sénéchauz disoit que li diz Guillaumes de Chastellet avoit à la Ferté une maison et autres héritages achaptez en franchieu que on tenoit du fié le roy,

---

1. Cet arrêt et le suivant manquent dans le ms. fr. 5256 de la Bibl. Nat., qui est mutilé.
2. Cet arrêt et le suivant sont datés de décembre 1283 : date évidemment erronée, puisque l'abbé de Saint-Denis et Simon de Néelle ne furent faits régents qu'en 1285, pendant l'expédition d'Aragon. Ces deux arrêts sont en réalité du parlement de la Toussaint 1285 (*Olim*, II, 247).

senz congié le roy, pourquoi il voloit avoir l'héritage pour le roy, li diz Guillaume s'en deffendoit et disoit qu'il estoit une coustume en Champaigne que sergens puet bien tenir de fié, et puet bien acquérir en franc lieu et en franc fié. — Les raisons oyes et la coustume de Champaigne sur ce enquise, li abbes de Saint Denis, qui lors gardoit France pour le roy, et monseigneur de Neelle rapporterent par jugement à Paris du lundi devant Noël l'an MCCLXXXIII que ledit Guillaume du Chastellet, ne autre sergens, ne puecnt ne ne doivent acquérir en franc fié qu'il ne perde l'argent et l'éritage, se il ne l'aqueste par le congié du seigneur. — Ad ce jugement furent monseigneur Robert d'Artois, li cuens de Pontieu, messires Gautiers de Chamberi, messire Jaques de Bouloigne, messire Robert de Harecort, Renaut Barbou, Florent de Roye, et plusieurs autres.

XCI

Décembre 1285. — Procès de Jehan d'Arcis contre son frère Erart : liste des membres de la cour.

« Li droiz et li coustumes de Champagne et de Brie ». — *Ed*. B. de Richebourg, *Coutumier général*, III, p. 219, c. 1.

(§ LXII). Le jeudi devant Noël, l'an MCCLXXXIII, comparut en jugement messires Jehans, sires d'Arceis, devant l'abbé de Saint Denis, qui lors gardoit pour le roy le royaume de France, encontre monssigneur Erart, son frère, et demandoit à avoir ainsnecce ou chastel de Chacenay qui estoit lors venu d'eschouecte de costé, et disoit qu'il en devoit porter ledit chastel de Chacenay par vertu de la charte de Champaigne. Messire Erars s'en deffendoit et disoit que l'en en avoit autrement usé en Champaigne : que, quant chastel de costé eschiet, il doit estre partis entre les frères ygaument : c'est assavoir Saint Just, Montaguillon, Seris et Marolles. Ce jour fu rapporté par jugement, les raisons oyes d'une part et d'autre, et la coustume de Champaigne enquise, que quant chastiaux vient d'escheoicte de costé, il se partira entre les frères ygaumens, senz avantage. Ad ce jugement rendre furent messire Gautiers, evesque de Senliz, monssigneur Simons de Neelle, li quens de Pontif, l'evesque de Térouenne, li dians de Tours, li dux de Bretaigne, li sires de Grancey, et plusieurs autres, grant fuison.

XCII

Sans date. — Lettre de J. de Grailli, procureur du roi d'Angleterre près la cour de France, à son maître.

Or. Record Office, Royal Letters, n° 2101. — *Ed.* Ch. V. Langlois, *De monumentis ad priorem Curiæ regis historiam pertinentibus,* 1887, p. 102.

Excellentissimo principi domino E., Dei gratia regi Anglie, *etc.*, J. de Grelli, miles, suus senescallus Vasconie, cum omni honore totius felicitatis prosperum incrementum. — De statu agendorum vestrorum in Curia Francie, que sicut vellemus totaliter non procedunt pro vobis, per G. de Blieburk, clericum vestrum, qui ea vidit, et per rotulum sibi traditum continentem memorialia super ea, poteritis esse certus. — De statu terre Vasconie ut vos reddamus inde certiorem, magistrum B. Fabri, clericum vestrum et nostrum fidelem, infra paucos dies ad vos mittemus, et per eum dignemini vestram voluntatem mandare. Rex regum Deus et Dominus vos conservet. — Datum Parisius, dominica post Conversionem sancti Pauli.

XCIII

Sans date[1]. — *Lettre de J. de Grailli, procureur du roi d'Angleterre près la cour de France, à son maître, au sujet du procès de Bigorre.*

Or. Record Office, Royal Letters, n° 2161. — *Ed.* Champollion-Figeac, *Lettres des rois*, etc., I, 272-3 ; Ch. Rocher, *Rapports du Puy avec le Bigorre*, le Puy, 1873, p. 204.

Domino suo Johannes de Greilliaco, se totum. — Quamvis omnes periti de vestro consilio harum parcium indubitanter asserant quod de jure, consuetudine et equitate judicium dari pro vobis debeat in causa quam episcopus et capitulum Anicienses movent contra vos super homagio et obedientia comitatus Bigorre, propter quod negocium michi, per latorem presencium, litteras ipsorum episcopi et capituli super alienatione domino genitori vestro facta per vos de jure quod habebant in comitem et comitatum Bigorre [misistis] ; verentes attamen non modicum propter presumpsiones varias de citatione comitis Bigorre et aliis motibus Curie Francie, deliberatione diligenti prehabita, supersedimus hiis diebus requirere dictum judicium vel ostendere litteras memoratas Curie supradicte, et proponimus cum cautela procurare quod ad presens dictum negotium differatur. Cum enim obtineatis possessionem eorum que petuntur per dictum episcopum et capitulum, non videtur vestris consiliariis cautum fore instare pro dicto judicio et excitare leporem dormientem. Propter que, litteras predictas penes nos retinuimus ut, si forte ad instanciam adverse partis dicta Curia

1. V. la liste des documents relatifs à l'interminable procès de Bigorre qui se trouvaient au xiv° siècle dans les archives du roi d'Angleterre, *De monumentis*, etc., p. 104, n° xv. — Cf. la liste des lettres de Jean de Grailli à Edward Ier, relatives aux affaires pendantes à la cour de France, dont nous avons retrouvé les originaux au Record Office, *ibid.*, p. 62, note 5.

vellet procedere ad prolationem dicti judicii, easdem haberemus paratas et possemus ostendere Curie supradicte. Nec miretur vestra dominatio de mora diuturna presentium portitoris ; fuit enim meum consilium quod semper retinerem eumdem quousque, in quo statu remaneret dictum negocium, ista vice per ipsum possitis certius intimari, et ut dicte littere nobis possent, ut scripsistis, per ipsum remitti. Nunc vero, cum pretactis racionibus dictum negocium differatur, nosque in persona propria vel per alium non minus certum nuncium, qui sit missus a vobis, intendamus remittere litteras supradictas, eundem armigerum vestrum ad vos duximus remittendum sine litteris supradictis ; et quam citius poterimus, de predicto et aliis vos certiores reddemus. Bene et diu vos [Dominus] conservet. Datum Parisius, in festo apostolorum Petri et Pauli.

XCIV

Sans date[1]. — Lettre de Jean de Ribemont, clerc, au maire et aux jurés de Saint-Quentin.

Or. Arch. communales de Saint-Quentin, A, 21. — Ed. Bibl. de *l'Ecole des chartes*, VIII (1846), p. 157 ; E. Lemaire, *Archives anciennes de Saint-Quentin*, p. 121.

A sages homes et honestes le maieur, les jurés de le ville de Saint Quentin, ses chiers amis Jehan de Ribemont, clers, salus et boine amour. — Comme il soit ensi que au tans que vous eustes contens as églises de Saint Quentin, doiens, capitles, abbés, convens, et vos besoingnes vous vinrent bien et a vo volonté, la cours et li roys se gouvernoient par grant

---

1. On n'est pas d'accord sur la date de cette lettre. M. Janin, le premier éditeur, l'attribue à la seconde moitié du xiiie siècle, et plus précisément « aux premières années du règne de Ph. le Hardi ». M. Lemaire, qui n'a pas connu l'édition de M. Janin, penche pour les dernières années du xiiie siècle.

gens layes et en grant estat, ores est li contraire. Pour quoi en ceste année, je vous ai conseillié et loé, et en secré, que vous, plus que autrefois, eussiés l'amour de vos bailliu et de vo prevost et feissiés vos besoingnes et vos querelles en le court lo roy par devant eauz, à Saint Quentin, et que vous a vo pooir eschiussiez que vos besoingnes ne venissent à court contre eauz, ou vous vos apasissiés; car li clergiés en la court le roy est au desseure et vous i estes au dessous. Et comme vous ne voelliés faire chose que je vous conseille et lo, anchois créés autre conseil qui si bien ne connoist mie vo pooir comme je fach, je vous fach à savoir que je ne bee mie à estre vos hiraus ne boire au hanap de la confusion la u vous beverés prochainement. Je ferai envers le ville ce que je deverai; et pleuist à Dieu que tout li communs de le ville sevist vo folie, mais que ce ne fust mie par mi. Vous envoiés vo braieur Gobert le Drapier; si le quidiez waingnier par brere et par crier; mais il n'est mie ensi, car vous avés à faire à gens qui ont toute le faveur de le court. Et sachiés que je ne bee mie à i estre sos ne braieres ne crieres pour vos folies, car je n'en venroie à cief, anchois en venroie à confusion, aussi comme vous ferez. Et plaise à Diex que il vous plaise à advertir segont ce que li tans et li pooirs des personnes se portent; et aussi, m'aït Diex, que je vorroie l'onneur et le pourfit de le ville autant que feroit homs jurés de vo maison. Et Diex vous wart.

XCV

Date incertaine : Philippe III. Philippe IV. — « Forma juramenti quod faciunt qui sunt in consilio regis. »

Arch. Nat. JJ.XXX^a, f° 200 v°.— *Ed.* Noël Valois, *Inventaire des arrêts du Conseil d'État*, Paris, 1886, I (Introduction), p. VII.

Nous jurons que nous serons leal au roi et le conseillerons leaulment, quant il nous demandera conseil, et celerons son secré et son conseil, en bone foi, et, es causes que nous orrons devant lui, ou sanz lui par s'autorité, nous li garderons sa droiture et l'autrui en bone foi; ne ne lerrons pour amour, ne pour haine, ne pour grace, ne por autre chose ; et que nous ne prandron nul don, ne par nous ne par autre, de balli, ne de prevost, ne de autre qui ait fait le serement au roi que li bailli font, tandis com il seront en l'office, ne de nule autre persone qui ait cause meue en la court le roi, ou qui apere qu'el doie estre meue, par tans que nos sachiens, ne emprés la cause pour achoison de la cause, se ce n'est vins hors de tonnel, ou chiens, ou oisiaux, ou viande, hors de buef ou de pors ou de autre chose qui tournast à mauvaise convoitise.

XCVI

Fragments d'une ordonnance parlementaire; date incertaine.

Arch. Nat. X¹ª 4, f° 29, « Extractum de registro magistri Johannis de Caleto¹ ».

Diem habens in Curia ipsa die veniat vel procuratorem mittat in casibus in quibus potest constitui procurator, vel contramandet si contramandatio locum habet; alioquin sequenti die infra prandium deficiens reputetur.

Deputati ad causas audiendas partes duarum causarum vel trium coram se faciant evocari, et quousque fuerint et quantum ad diem pertinet expedite, alias non sustineantur introduci.

Illis expeditis, alie audiantur, et sic fiat quousque totum fuerit expeditum.

Antequam adjornati fuerint expediti querimonia alicujus

---

1. Le registre de Jean de Caux, perdu dès 1318, avait été rédigé vers 1266 (Bordier, *les Archives de France*, p. 131). Il ne nous en est demeuré qu'un répertoire (Arch. Nat. JJ. 3), où nous avons cherché vainement une rubrique qui corresponde au fragment extrait par Pierre de Bourges, le rédacteur du ms. X¹ª 4, du registre de Jean de Caux.

in Curia non habentis adversarium minime audiatur, nisi forte aliqua necessitate urgente.

Nullius querimonia audiatur, nisi talis que in baillivia per baillivum expediri non possit, vel nisi de ipso baillivo querimonia deferatur.

XCVII

Extraits d'une ordonnance de janvier 1286 sur l'organisation de l'hôtel du roi.

Arch. Nat. JJ. LVII, f° 6, v°; Bibl. Nat. fonds latin, n° 12814, f° 65. — *Ed.* Ce fragment est rapporté assez inexactement par La Rocheflavin (livre II, t. I, c. 2) et par Miraulmont (*Essai sur les parlements*, p. 17) sous la date fausse de « janvier 1275 »; il a été reproduit par Joly dans ses additions aux *Offices de France* de Girard, et par les *Ordonnances du Louvre*, I, 312. V. aussi Pasquier, *Recherches de la France*, II, chap. 3 (d'après « un vieux registre de 1289 »).

Portiers : .II. au parlement quant li rois n'i est, Philippot le Convers et un autre; et aura chascuns .II. sols de gaiges pour toutes choses; et l'en leur deffendra que il ne prengnent riens de prélat ne d'autrui par leur serment, et que il ne lessent ame entrer en la chambre des Plais sans le commandement des maistres.

. . . .

Clers de conseil. — Maistre Gautier de Chambli. Maistre Guillaume de Poully. Maistre Jehan de Puiseus. Maistre Jehan de Morencices. Maistre Gile Camelin. Maistre Jaque de Bouloigne. Mestre Guy de Boy. Maistre Robert de Harecort. Maistre Laurens Voisin. Maistre Jehan le Duc. Maistre Philippe Suart. Maistre Gile Lambert. Mons' Robert de Senlis.

Tuit cil ne mangeront point à court et prendront chascuns V sols de gaiges quant il seront à court ou en parlement, et leurs manteaux quant il seront aus festes...

Messire Pierre de Sargines, Giles de Compiegne et Jehans Mailliere. Cil .III. orront les plais de la porte et aura Giles de Compiegne autiex gaiges comme messire P. de Sargines, et mangera avec les chambellens.

XCVIII

Juillet 1286. — Appellations d'Aquitaine; privilèges accordés par Philippe le Bel à Edward Ier.

A. Texte latin : *Mss.* Arch. Nat. JJ. XXXIV, f° 32; Arch. Nat. X^{ia} 2, f° 19. — *Ed. Olim*, II, 44.

B. Texte français. *Mss.* Arch. Nat. JJ. XXXIII, f° 45, en deficit; Record Office, Chancery miscellaneous Portfolios, III, n° 121; VI, n° 687; VI, n° 879. — *Ed.* Rymer (Record edition), I, pars 2, p. 665; *Ordonnances du Louvre*, I, 311[1].

A. TEXTE LATIN.

Ph. Dei gratia, etc. Notum facimus quod nos carissimo consanguineo et fideli nostro E., eadem gratia regi Anglie, domino Hybernie et duci Aquitanie, concedimus pro nobis, heredibus et successoribus nostris, quod occasione cujuscumque appellationis ab ipso vel senescallis suis seu eorum loca tenentibus, qui nunc sunt et pro tempore fuerint, in omnibus terris quas habet et habiturus est in Vasconia, Agenesio, Caturcinio, Petragoricinio, Le-

B. TEXTE FRANÇAIS.

Ph. etc., à tous ceux qui verront ces letres, salut. Nous faisons sçavoir que nous à nostre chier cousin et feal Eduart, par cele meisme grace roy d'Angleterre, seigneur de Hirlande et duc d'Aquitaine, otroions pour nous et pour nos hoirs et pour nos successeurs que s'il avient qu'on appelle de lui, ou de ses seneschaux ou de leurs lieutenans qui ore sont ou apres seront, en toutes les terres que il a ou aura en Gascogne, Agenois, Caorsin,

---

1. Sous la date fausse de 1283.

| A. TEXTE LATIN. | B. TEXTE FRANÇAIS. |

movicinio et Xanctonia, ad nos seu Curiam nostram per quemcumque super iniquo, falso et pravo judicio vel deffectu juris seu quocumque alio modo interposite vel interponende, si super hiis aliquo casu subcumbant vel convincantur, quamdiu idem consanguineus noster vixerit, ipse et senescalli sui et eorum locatenentes predicti in aliquam penam, forisfacturam non incidant vel emendam; et quidquid inde nobis heredibus vel successoribus nostris posset accrescere vel aliquatenus obvenire in vita ipsius regis et ducis sibi pro nobis, heredibus et successoribus nostris, quantum in nobis est, remittimus et donamus. Cum vero continget appellantes ad nos seu Curiam nostram ab ipso rege et duce, senescallis suis vel eorum locatenentibus, subcumbere in appellationibus antedictis, salvum sit eidem, senescallis suis et eorum locatenentibus, omne jus pene, forisfacture vel emende quod sibi competere poterit contra dictos appellantes et subcumbentes, non

Pierregort, Lemosin et en Xantonge, à nous ou en nostre Court par quelle achoison que ce soit, de mauves et de faux jugement ou de defaute de droit ou en quelque autre maniere, faite ou à faire, si de ceux apiaux par aucun cas choient ou en soient convencu en nostre Court, tant comme celi nostre cousin vivra, luy, ne ses seneschaux ne leurs lieutenans, en paine ne en forfaiture ne en amende vers nous ne chieent. Et se aucune chose, par acuoison de ce, peut accroitre ou avenir à nous ou à nos hoirs ou à nos successeurs, nous les quittons, relessons, et donnons à luy, tant come en nous est, pour nous et nos hoirs et nos successeurs à durer toute sa vie. Et se il avient qu'on appelle de lui, ou de ses seneschaux ou de leurs lieutenans, en quel cas que ce soit, et les appellans chieent, nous voulons que son droit li soit sauf en forfaiture, en paines, en encourement, et en toutes autres choses qui de ce li devront avenir. Et encore octroions nous à nostre cher

A. Texte latin.

obstante concessione et donacione nostra predicta. Concedimus insuper prefato regi et duci ad vitam ipsius quod postquam ab ipso, senescallis suis, vel eorum locatenentibus, ad Curiam nostram fuerit per aliquem appellatum super pravo et falso judicio vel defectu juris seu alias quoquomodo, nos partes appellantes remittemus ad eos, ita quod ipsi infra tres menses a tempore requisitionis partis appellantis sibi facte de faciendo jus vel emendando judicio numerandos possint partibus jus reddere, et sic defectum juris, si prius intervenit, purgare, ac judicium redditum a quo prius ad Curiam nostram appellatum fuerit emendare, si viderint emendandum ; post requisitionem vero predictam et lapsum dictorum trium mensium poterit pars appellans appellationem suam prius ad Curiam nostram interpositam libere prosequi si voluerit, non obstante remissione, requisitione, et lapsu trium mensium supradictis. Et hoc, salvo jure, etc.

B. Texte français.

cousin, que des apiaux qui vendront en nostre Court de luy, ou de ses seneschaux et de leurs lieutenans, en quel cas que ce soit, que nous les appellans renvoirons et leur donrons espace de trois mois des le hore qu'il seront requis de celi qui aura appellé, de leur jugement amender et de faire droit, se defaut iert. Et si nel font dedens le temps, si puissent les appellanz adonques retorner à nostre Court et retenir droit en nostre Court. Et ces choses avons nous octroyées sauve autruy droiture.

En tesmoing de laquelle chose nous avons fait sceller ces lettres de nostre scel. Donné à Paris, l'an de grace MCCLXXXVI, au mois de juignet.

XCIX

Arrêts rendus vers la Pentecôte 1286, en faveur du duc d'Aquitaine, roi d'Angleterre, au sujet des appellations d'Aquitaine.

Arch. Nat. X¹ᵃ 2, f⁰ 18 ; British Museum, Julius E. 1, f⁰ 289 ; Record Office, Diplomatic Documents, box I, n⁰ 21 ; Arch. Nat. JJ. XXXIV, f⁰ 32. Copie moderne : Bibl. Nat. Portefeuilles Fontanieu, n⁰ XLVIII (d'après la bibliothèque de Peiresc). — *Ed. Olim*, II, 38 et suiv. ; Dumont, *Corps diplomatique*, I, part. I, p. 262, c. 2 (d'après une copie de la bibl. royale de Berlin) ; *Preuves des mémoires concernant les pairs de France*, p. 78.

[Voici l'introduction qui précède la copie de ces arrêts, dans le ms. Julius E. 1.]

Quando rex Anglie et Francie fuerunt Parisius in estate post Pentecostem, responsiones que fuerunt in quodam rotulo contente fuerunt facte Parisius per consilium domini Ph., regis Francie, gentibus regis Anglie super aliquibus novitatibus et oppressionibus que dicebant sibi fieri per gentes domini regis Francie ; et fuerunt scripte in rotulo predicto per manum Robberti de Marchia, clerici et registratoris in Curia domini regis Francie predicti, de mandato consilii dicti domini regis. — Et fuerunt in dicto rotulo date gentibus dicti domini regis Anglie ; quas acceperunt ad ostendendum dicto domino regi Anglie, non tamen approbaverunt easdem, cum non haberent super hoc potestatem. Dictus vero rex Anglie, ipsis auditis, aliquas acceptavit et aliquas contradixit ; et propter hoc super factis illarum que non placebant, fuerunt facte alie requisitiones pro ipso rege Anglie domino regi Francie in parliamento yemali sequenti per dominum Johannem de Greli, tunc senescallum Vasconie.

[D'autre part, on lit dans le registre Arch. Nat. JJ. XXXIV, f° 25 v°.]

Memoriale de litteris originalibus quarum transcripta precedunt traditis magistris Raymundo et Petro, clericis illustris regis Anglie, per manus Nicolai de Carnoto et Roberti de Marchia, clericorum domini regis Francie.

Originalia precedentium litterarum magistri Raymundus et Petrus, clerici illustris regis Anglie habuerunt penes se et portaverunt de archivis domini regis Francie per manum Nicolai de Carnoto et Roberti de Marchia, clericorum ipsius domini regis, de mandato magistrorum Curie, anno Domini M°CC° octogesimo sexto, dominica post Assumptionem beate Marie Virginis. Eisdem die et anno habuerunt et portaverunt tria paria litterarum de compositione facta inter Alfonsum, comitem Pictavensem et Tholose, et priorem beate Marie de Portu, Agenensis diocesis; item, septem paria litterarum super compositione facta inter dictum comitem et priorem de Manso, ejusdem diocesis, et super confirmacionibus episcopi Agennensis et capituli de Manso : item, unam litteram sigillatam sigillo prioris de Portu super prestatione fidelitatis facte comiti predicto pro justicia de Portu ; item quandam litteram papalem super jure patronatus ecclesie parrochialis Grandis Castri.

---

1. Ordinatum fuit quod reciperentur appellaciones in causis criminalibus tam super condempnacione quam super absolucione ; set ubi confessus fuerit de crimine et condempnatus, vel ubi erit captus in ipso maleficio, poterit sentencia condempnacionis mandari execucioni, et in causa appellationis excusabitur judex a quo erit appellatum, si probet aliquem casuum predictorum ; in aliis autem casibus oportebit supersederi execucioni.

2. Item, absolutum et condempnatum, in casu in quo erit supersedendum execucioni, poterit senescallus recredere,

suo periculo, ita quod possit eum representare ad mandatum Curie, vel alias de persona ipsius respondere.

3. Item in terra que regitur jure consuetudinario, ille contra quem fertur sentencia alia quam banni poterit appellare statim, si sit presens, vel, si sit absens, non per contumaciam, quamcito sentencia ad ejus noticiam devenerit, et nullus alius poterit appellare pro ipso.

4. Item ille qui vocabitur ad jus super crimine, si sit absens, et non veniat ad jus, non poterit per aliquem alium, sive per procuratorem sive per conjunctam personam, appellare ad impediendum processum judicis sui ; set, si veniat postquam erit bannitus, et alleget justas causas absencie, audietur et fiet jus ; et hoc in terra que regitur jure consuetudinario. In terra que regitur jure scripto, servabuntur jura scripta.

5. In facto mulieris combuste audietur causa appellacionis, et non fiet inquesta ex officio.

6. In terra que regitur jure consuetudinario poterit appellari a quocumque judicio tanquam pravo et falso, et a defectu juris ; set in terra que regitur jure scripto, servabuntur in hoc jura scripta.

7. Item, in terra regis Anglie que regitur jure scripto, appellabitur, tam in civili quam in criminali, ad tenentem locum ipsius regis vel ad judicem qui de appellacione cognoscet, et secunda appellacio fiet semper ad Curiam domini regis Francie, et non ad alium. Si autem senescallus vel alius generaliter tenens locum ipsius regis Anglie in dicta terra que regitur jure scripto tulerit sentenciam, ad Curiam domini regis directe appellabitur; ab aliis vero inferioribus justiciariis qui sunt sub senescallo appellabitur primo et semel ad ipsum senescallum, et secundo, ex eadem causa, ad Curiam domini regis Francie.

8. De illa terra Bigorre, de qua rex Anglie est in possessione habendi homagia et feoda, appellaciones prime fient ad curiam ejus, secundo ad Curiam regis Francie ; de illa vero parte de cujus homagio dominus rex Francie est in saisina, appellabitur ad eum et senescallum suum Tholosanum.

9. Item de appellacionibus factis de terra comitatuum Armaniaci et Fezenciaci, si rex Anglie est in possessione homagii et feodi dictorum comitatuum.

10. In casibus in quibus erit imminens magnum periculum, et in quibus non poterit bono modo aliud remedium adhiberi, poterit peti jus extra curiam et appellari a defectu juris, vel a pravo et falso judicio; si fiant alias, non poterit extra curiam peti jus, nec eciam extra curiam appellari, in terra que regitur jure consuetudinario.

11. In terra que regitur jure scripto, si appelletur ad Curiam regis Francie, non committetur cognicio et terminacio cause appellacionis extra Curiam Francie de hiis que tangunt regem Anglie. Super aliis vero que tangunt alias partes, precipue pauperes, poterit commissio fieri super cognicione et decisione appellacionis extra Curiam, tali modo quod illi quibus fiet commissio non poterunt alios committere; et hoc ideo quia, in terra que regitur jure scripto, judex a quo appellaretur non subest periculo, set pars appellans vel appellata.

12. Super processibus causarum credetur actis sigillatis sigillo curie regis Anglie et non registro, nisi concordet cum actis.

13. Super exempcione appellancium nichil innovatur quoad terram que regitur jure consuetudinario. In terra que regitur jure scripto servabitur super hoc jus scriptum.

14. Appellans, post appellacionem suam, non defendet se cum armis contra regem Anglie vel gentes suas; et si contrarium faciat, non fiet sibi emenda, set si fiat sibi dampnum per easdem gentes, Curia Francie faciet emendari sicut debebit.

15. De inquestis que fient per senescallum domini regis Francie, vel alios deputatos non suspectos, de mandato Curie, si per eas expediantur, fiet publicacio et copia regi Anglie et gentibus suis; si ad Curiam regis Francie remittantur expediende, non fiet publicacio nec copia.

16. Executores gentibus regis Anglie facient copiam litterarum sibi directarum, et eciam dabunt litteras super hiis que mandabunt gentibus regis Anglie, si petatur.

17. Si appellans, appellatione pendente, velit agere contra aliquem subditum regis Anglie, super aliquo quod non tangat causam appellacionis, sequetur forum rei coram gentibus regis Anglie, et ibi poterit reconveniri, si consuetudo patrie hoc requirit ; si autem aliquis velit agere contra appellantem, appellacione pendente, appellans stabit juri coram rege Francie vel senescallo suo ; et hoc de subditis immediatis[1]. De aliis deliberabitur alias.

18. Appellans in placitando causam appellacionis et eciam in placitando attemptata, tenebitur declarare locum et diem in quibus dicet se appellavisse, et personam seu locum tenentem senescalli regis Anglie a quo dicet se appellasse, si hoc petatur a parte appellata.

19. Auditores et inquisitores quicumque facient gentibus regis Anglie copiam et mandati sui et racionum et eorum que proponentur a partibus coram eis.

20. Gentes et subditi regis Anglie non adjornabuntur coram senescallo domini regis Francie, nisi in casibus ad regem Francie pertinentibus, et in adjornando exprimeant causam pro qua citabunt. Et hoc fiet de speciali mandato senescalli domini regis Francie vel locum ejus tenentis, vel alicujus alterius boni viri super hoc deputandi.

21. Eodem modo fiet de pignoracionibus et saisinis et capcionibus hominum in terra regis Anglie faciendis, auctoritate regis Anglie vel senescalli sui.

22. Mandabitur senescallo domini regis Francie quod gentibus regis Anglie reddat curiam de subditis suis, in casibus non pertinentibus ad dominum regem.

23. Execucio que fiet pro propriis debitis domini regis

---

1. Cf. un arrêt de la Madeleine 1277 (*Olim*, II, 94, n° XXVI) : « Dictum fuit quod senescallus Wasconie in nullo casu justiciabit illos qui ab ipso super pravo et falso judicio appellaverunt, dicta appellatione pendente. » — Les procureurs du duc d'Aquitaine protestèrent contre cette décision dès 1281 (*Olim*, II, 37, n° X), mais la cour de Philippe III refusa de modifier l'arrêt de 1277, au moins en pays de droit coutumier.

Francie in terra regis Anglie, fiet per manum domini regis Francie.

24. Execucio vero que fiet pro aliis debitis, sigillo domini regis Francie vel suarum senescalliarum sigillatis, fiet per manum gencium regis Anglie, et in defectum ipsorum per manus gencium domini regis Francie. Si tamen aliqua cognicio sit super hoc necessaria, hec cognicio remittetur ad illum judicem cum cujus sigillo fuit dictum debitum sigillatum.

25. In hiis que requirunt cause cognicionem, spectantia ad gentes regis Anglie, non fiet mandatum per Curiam regis Francie senescallo regis Francie quod talia faciat in defectum gencium regis Anglie, set in hiis que spectant ad dominum regem Francie poterunt fieri talia mandata. — Super justicia illorum qui sunt jurati de bastidis domini regis Francie, levantes et cubantes sub rege Anglie, scietur consuetudo bastidarum vicinarum.

26. De offensis et commissis que fient per officiales et servientes regis Anglie contra gentes domini regis Francie inquiret ipse senescallus regis Francie, adjunctis sibi viris idoneis vel viri idonei non suspecti de mandato ipsius senescalli, vocatis evocandis, et inquisicio remittetur ad Curiam regis Francie, et secundum ordinacionem ipsius Curie fiet emenda.

27. In gardia ecclesie Burdegalensis nichil immutatur ad presens, quia dicta ecclesia vacat; de aliis vocabuntur quorum interest.

28. Videbitur in registro Curie regis Francie si aliquid fuit ibi scriptum de gardia ecclesie Wasatensis in causa que fuit (non est diu) inter ipsam ecclesiam et senescallum regis Anglie; et si sit ibi aliquid quod esset prejudiciale regi Anglie, emendabitur.

29. Ab injuriis, violenciis, novis desaisinis, defendentur gardiati per dominum regem Francie, gardiantem, contra subditos regis Anglie, racione gardie, et, super aliis subditis regis Anglie, stabunt juri coram eo.

30. Super facto Issigiaci, vocabuntur quorum interest et fiet jus[1].

31. De pertinenciis Agenesii, item de rippis et alia terra Petragoricensis dyocesis que est inter Drocum et Dordoniam, que dicitur supprisa per gentes domini regis Francie post mortem comitis Pictavensis, scietur veritas.

32. Privilegia renovata, ut dicitur, sub generalibus verbis, post tractatum Ambianensem, videbuntur et emendabuntur prout fieri debebit.

33. Super obediencia vicecomitis Fronciaci, videbitur judicatum in Curia Francie, et, vocatis quorum interest, fiet quod debebit.

34. De omnibus aliis scurprisiis, que dicuntur facte per gentes domini regis Francie contra regem Anglie et gentes suas, scietur veritas[2].

1. Les cinq derniers articles ne se trouvent pas dans tous les mss. Ils ont en effet un caractère moins général que les autres.

2. Philippe le Bel ordonna à plusieurs reprises l'observation exacte de ces articles de 1286 :

a) British Museum, Julius, E. 1, f° 288 v°.

Ph. etc., senescallo Xantonensi vel ejus locumtenenti, salutem. Mandamus vobis quatinus in hiis que tangent carissimum et fidelem consanguineum nostrum regem Anglie, senescallos, ballivos et subditos (suos), (prout) occurrerint facienda, (responsiones) servetis et servari faciatis per consilium nostrum factas super aliquibus requisitionibus dicti regis Anglie, (licet) aliquas non acceptet. Datum Parisius, die veneris post Quadragesimam, anno Domini MCCLXXXVI.

b) Record Office, Diplomatic Documents, box I, n° 21.

Ph. etc., senescallo Petragoricensi, salutem. Mandamus vobis quatinus, in hiis que Amanevus de Casanova proponet coram vobis vel vestrum locum tenentem, contra Amanevum ipsum post appellacionem suam a senescallo Vasconie seu ejus locumtenente ad Curiam nostram, ut dicitur, interpositam, et occasione ejusdem, per gentes carissimi et consanguinei et fidelis nostri illustris regis Anglie indebite attemptata, et eciam in aliis que per vos vel gentes vestras super hiis que tangent ipsum regem Anglie, senescallos, ballivos et subditos suos occurrerint facienda, servetis et servare faciatis responsiones per consilium nostrum factas super aliquibus requisitionibus dicti

XCIX bis

Arrêts rendus au parlement de la Toussaint 1286, à la requête du sénéchal de Gascogne, en faveur du duc d'Aquitaine au sujet des appellations d'Aquitaine [1].

British Museum, Julius E. I, f° 290 v°. — *Ed.* Ch. V. Langlois, *De monumentis*, etc., p. 99.

1. Blavia deliberabitur cum pecunia nisi dominus Blav[ie] pecuniam.....
2. Arresta dabuntur in scriptis prout erunt registrata. Procurabitur quod tabellio amoveatur per regem.
3. Limitabitur de quibus se intromittent senescalli vicini.
4. De bastidis ordinabitur bono modo.
5. Non dabitur guardiator appellantibus nisi ex justa causa de qua prius constet; et guardiator serviens non erit

regis Anglie quas vobis mittimus sub contrasigillo nostro inclusas, licet ipse rex Anglie ipsarum aliquas non acceptat. Datum Parisius, die veneris post mediam Quadragesimam.

[Dans un vidimus d'A. de Arreblay, sénéchal de Périgord, 1291].

c) Record Office, Royal letters, n° 4279.

Ph. etc. Petragoricensi et Xanctonensi senescallis ceterisque justiciariis nostris ad quos presentes littere pervenerint, salutem. Cum nos carissimo filio Edwardo regi Anglie, duci Aquitanie, fideli nostro, arrestorum expeditorum Parisius, genitore suo ibibi existente, anno Domini MCCLXXVI, circa Penthecostem, copiam sub contrasigillo nostro duxerimus concedendam, mandamus vobis et vestrum cuilibet quod, visa ipsa copia, eadem arresta et contenta in ipsis juxta sui tenorem cum diligencia observetis in quantum ad vestrum quemlibet pertinebit, nec in contrarium aliquid indebitum attemptetis, licet ipse dux ipsorum aliqua non acceptet. Datum Parisius, XII° die Julii, anno Domini MCCCXIII.

1. Voy. ci-dessus p. 133, *sub fine*. Ces onze arrêts, complémentaires des précédents, sont rubriqués dans le ms. Julius E. I: « Sequuntur secunde responsiones facte per consilium domini regis Francie. »

residens in terra regis Anglie nisi ex justa causa prius probata. Et dabitur aliqua certa forma suo officio.

6. Appellantes post appellationem delinquentes capientur si delictum sit tale quod requirat captionem persone. Et significet senescallus regi Francie.

7. Dabuntur littere per executores et citatores quas facient fieri illi contra quos fient executiones. — Mandabitur senescallis quod injungant suis servientibus et executoribus quod requirant justiciarios regis Anglie de amovendo violenciam per quam executiones hujusmodi possent impediri, nisi in dilatione talis requisitionis esset periculum vel alia causa rationabilis quare non posset fieri modo bono. Non fiet in justiciis et jurisdictionibus regis Anglie vel subditorum suorum, quamdiu alias invenientur que possent sayziri, nisi esset casus de malo utendo justicia vel jurisdictione, vel nisi subsistet causa rationabilis quare hoc fieri deberet.

8. Mandabitur senescallis vicinis quod in appellationibus a criminibus que dicentur notoria se informant utrum sint notoria; et si inveniantur notoria per dictam informationem, quod licencient gentes regis Anglie quod faciant justiciam, non obstante appellatione.

9. Super exemptione apponetur consilium quod poterit per inquisitionem vel alias.

10. Appellantes non habebunt adherentes nisi familiam quam habebunt sine fraude, et nisi illos quos causa ita tangit quod inde possint habere commodum vel incommodum.

11. In terra que regitur jure consuetudinario inquiretur utrum ad Curiam Francie consueverit appellari a particularibus justiciariis regis Anglie vel ad senescallum Vasconie : prout invenietur, servabitur.

C

Parlement de la Toussaint 1287. — Tout procureur près la Cour du roi doit être laïque.

Min. Arch. nat. X¹ᵃ 2, f° 77 v°. — *Ed. Ordonnances du Louvre*, I, 316; *Olim*, II, 269.

..... Ordinatum fuit quod omnes causam habentes et habituri post presens pallamentum in Curia domini regis et coram secularibus judicibus regni Francie, constituant procuratores laicos. Capitula tamen poterunt facere procuratores de suis concanonicis et similiter abbates et conventus de suis monachis.

CI

Parlement de 1288. — Appellations d'Aquitaine; arrêt relatif à certaines grâces accordées de pluribus appellacionibus a defectu juris *par Philippe IV à Edward Ier.*

Record Office, Chancery miscellaneous Portfolios, III, n° 121; cf. VI, n° 687. (Inédit.)

Inter acta parliamenti Parisius, anno gracie M° CC° octogesimo octavo, continentur infrascripta; et infra quatuor annos proxime sequentes terminata erant per Curie Francie presidentes contra avum domini nostri regis.

Procurator regis Anglie petiit remissionem fieri juxta graciam factam dicto regi de pluribus appellacionibus factis, ut dicebatur, a defectu juris. Appellantes vero dictam graciam non habere locum in appellationibus interpositis, et quod ipsam graciam contra honorem et superioritatem domini regis Francie et in magnum prejudicium subditorum ejusdem concessam revocari petebant propter rationes alias propositas et Curie traditas. — Dictus procurator proposuit, ut alias proposuerat, se nolle deducere in judicium gratiam predictam. — Curia vero posuit hoc ad consilium ; et postmodum dixit quod illi qui volunt impugnare gratiam tradent suas rationes Curie. — Et quia gentes regis Anglie nolunt super dicta gratia placitare, Curia ex officio cum auxilio dictorum gentium defendet dictam gratiam ; et rationes suas super hoc proponet, et, visis rationibus, fiet jus in alio pallamento ; et interim remittentur appellantes qui consentient remissioni, sive appellaverint a judicio, sive a defectu juris. — Illi vero qui non consentient non remittentur, nec in causis eorum procedetur, sed prorogabuntur in statu ad aliud pallamentum.

CII

Sainte-Marie-Majeure, 13 avril 1289. — Nicolas IV à Philippe le Bel; prière de révoquer la défense faite aux évêques de plaider par procureur aux parlements.

Arch. du Vatican, reg. 44, c. 127, f° 138 r°. — Ed. *Annales ecclesiastici*, éd. de Lucques, IV, 60 (1289, n° 41); *Les registres de Nicolas IV*, publiés par Ernest Langlois, Paris, 1887, n° 825, p. 182.

Charissimo in Christo filio Philippo, regi Francorum illustri. Inter cetera sollicitudinum studia que humeris regie circumspectionis incumbunt, illud convenit esse precipuum ut prelatos et ecclesias regni tui, ac bona et jura ipsorum, laudabilibus progenitorum tuorum inherendo vestigiis, favoris regii ope confoveas, et sedule protectionis auxilio prosequaris, a gravaminibus, injuriis et jacturis eorum sollicite abstinendo, ut et prelati, talibus fulti presidiis, utilius et liberius pastoralis officii partes exerceant, et ecclesie hujusmodi suffragiis communiter spiritualibus et temporalibus, Domino favente, proficiant incrementis. Circa id quoque regalis sublimitas se debet exhibere sollicitam et per effectum operis studiosam ut in ejus Curia, que innumera suscipit decidenda negotia causasque multiplices terminandas, justitie plenitudo resplendeat, observantia vigeat equitatis. Hec sunt enim que personarum sublimium gesta clarificant, que stabiliunt regna principibus, et preter humane laudis preconia celestis munera gratie promerentur. Sane, fili carissime, nuper ad nostrum pervenit auditum quod in Curia ipsa, quamvis, ut dicitur, viris decorata prudentibus, non absque juris injuria statutum seu consuetum, ut patrie verbis utamur, fore dignoscitur, quod in ea nulli prelatorum regni predicti per procuratorem, quantumlibet legitime constitutum, agere liceat, vel actionem eciam modicam quomodolibet intemptare; quamobrem iidem prelati, prout fidedignis aperitur affatibus, et attenta facti consideratio suggerit, multipliciter pregravantur, eo quod pro causis ecclesiarum suarum et suis in Curia pro tempore motis eadem, necessario compelluntur anno quolibet, causis ipsis durantibus per longi temporis spatium, moram in illa contrahere personalem, et ab ecclesiis abesse per consequens memoratis, non absque illarum detrimento permaximo et gravi etiam periculo animarum, quarum est eis cura et sollicitudo commissa; ut labores plurimos, tedia grandia, et expensas innumeras que occasione hujusmodi subire coguntur, sera silentii concludamus. Cum itaque statutum seu consuetum hujusmodi, utpote juri contrarium, dissonum equitati, et, ut dicitur, ab observantiis et consuetudinibus subditorum tuorum jurisdictionem exercentium alienum, a te non debeat aliquatenus tolerari, presertim cum Deo displiceat et claris titulis deroget regie dignitatis, excellentiam tuam rogamus et hortamur attente, ac pro tui honoris augmento requirimus ex affectu, quatenus ob divinam et apostolice sedis reverentiam prelatis, ecclesiis, et animabus eisdem commissis regia pietate compaciens, statutum seu consuetum ipsum, cum ex eo, prout asseritur, profectibus regiis nil accrescat, et prelatis ecclesiisque predictis multipliciter sit damnosum, sublato difficultatis obstaculo, revocare vel saltem temperare procures, ulterius minime resumendum; de benignitate regia permittendo ut iidem prelati quos una cum ipsorum ecclesiis tibi propensius commendamus, per eorum procuratores idoneos in suis et ecclesiarum suarum causis seu litibus, prout de jure fuerit, admittantur. Sic efficaciter in hujusmodi negotio processurus, sic devote apostolicis obtemperaturus precibus in hac parte, ut, pretactis dispendiis per tue benignitatis clementiam fine dato, apud illum per quem regalibus titulis decoratus agnosceris crescas cumulo meritorum, nosque regie devotionis promptitudinem, quam in hoc invenire cupimus efficacem, dignis in Domino laudibus attollamus. — Dat. Rome, apud Sanctam Mariam Majorem, idibus aprilis, anno secundo.

CIII

Janvier 1290. — Journal du parlement adressé par ses procureurs au duc d'Aquitaine.

Or. Record Office, Chancery miscellaneous Portfolios, VIII, n° 1284 (Inédit.)[1]

Anno Domini MCCLXXXIX in parlamento hyemali fuerunt dies regis Anglie, ducis Aquitanie, ad quindenam Epiphanie Domini. — Ad eumdem diem comparuerunt dominus Mauricius de Credonio et magister Raymundus de Ferreria, decanus ecclesie Sancti Severini Burdegalensis, quibus rex Anglie dederat potestatem constituendi pro ipso procuratores ad agendum et defendendum, prout continetur in ipsis regis litteris que sunt tradite Curie et earum litterarum copia sub sigillo domini regis Francie in forma que sequitur[2]:

Et auctoritate litterarum predictarum regis Anglie dictus

---

1. Cette pièce sera publiée dans l'un des prochains cahiers de la *Bibl. de l'Ecole des chartes* (mars 1888).
2. Suit un vidimus de Ph. le Bel, Paris, janvier 1290, que nous ne reproduisons pas ici.

decanus constituit procuratores pro ipso rege magistrum Petrum de Aureliaco et Raymundum Ligerii, domicellum, quemlibet eorum in solidum, qui similiter erant constituti procuratores a senescallo ducatus Aquitanie, prout continetur in litteris ejusdem senescalli quas dictus Raymundus, dicto die, se presentando, tradidit Curie; quarum tenor talis est [1] :

Ad eamdem diem comparuerunt pro communia Burdegalensi Vitalis Pansa, gubernator Burdegale, et magister Bernardus de Monteclaro, clericus, procuratores dicte communie, cujus tenor talis est [2] :

Et cum gentes regis Anglie instarent quod dicti procuratores proponerent que vellent pro dicta communia, dixerunt quod, post appellationem, multa per regem Anglie et gentes suas fuerant contra communiam et cives Burdegalenses attemptata que erant adeo gravia quod omnino impediebant prosequtionem cause appellacionis, sicut arrestum vinorum et aliarum rerum mercatorum factum in Anglia [3], cursus monete nove et exactio juramenti facta per senescallum Vasconie: que pecierunt emendari antequam procederent in causa principali. — Ex adverso fuit propositum quod nulla attemptata impediebant processum cause principalis de consuetudine Curie ; et Curia injunxit eis quod facerent petitio-

---

1. Suit une procuration délivrée par John d'Haveringes, sénéchal de Gascogne, 1er janvier 1290.

2. Suit une procuration de la commune de Bordeaux, 28 décembre 1289.

3. Voyez, en effet, une lettre adressée de Bordeaux par John de Haveringes à Edward 1er, le 15 décembre 1289 (Rec. Off., Royal letters, n° 2634) : « Noveritis quod per fidedignorum testimonium constitit nobis Petrum Franconis de Bogio non esse civem Burdegalensem, nec interfuisse appellationi per quosdam cives Burdegale interposite ad Curiam Francie, et juramentum ad sancta Dei evangelia quod nunquam dedit nec dabit consilium vel auxilium alicui... prosequenti... appellationem predictam. Unde dominacionem vestram attente rogamus ut dicto Petro vel suis pueris suas marchandisias pro ipso ducentibus ullum gravamen vel impedimentum prestari faciatis. »

nem in causa principali, et inquireretur et procederetur simul super attemptatis summarie, et in causa principali plene. Et fuit eis injunctum per Curiam plusquam decies antequam vellent proponere petitionem in causa principali. Quam finaliter cum summa difficultate proposuerunt, dicentes quod consuetudo erat in Vasconia ab antiquo observata quod quicumque senescallus per regem Anglie de novo in Vasconia missus seu creatus debebat prestare juramentum communitati civitatis Burdegale, antequam aliquid explectaret in Vasconia ut senescallus ; et quod dominus Johannes de Haveringues, factus senescallus Vasconie per dictum regem, multa explecta fecerat in Vasconia, antequam hujusmodi juramentum fecisset, et requisitus per procuratores dicte communitatis quod hujusmodi explecta revocaret vel jus redderet, utrum revocare deberet, utrum jus super hoc faciendum, dixit quod daret diem ad faciendum quod deberet ; et tunc procurator dixit quod, si ipse daret diem, quod interim debebat cessare a suo officio senescalli exercendo, et super hoc peciit sibi jus fieri ; et quia senescallus super hoc jus facere denegavit, dictus procurator pro dicta communia ad Curiam Francie et deffectum juris appellaverat. Quare petebat, etc. (sic) — Gentes vero regis Anglie, habita deliberatione, proposuerunt simul exceptiones tam contra procuratorium quam contra citatorium et factum principale, quia periculosum videbatur advocatis si subsisterent excipiendo super procuratorio, ne, si admitteretur procuratorium, diceretur quod, quia opposita fuerat exceptio peremptoria in qua, si optinuisset pars regis Anglie, communia ex toto succumberet, et sic eadem ratione diceretur quod pars regis debebat ex toto succumbere. — Curia tamen innuit contrarium quia primo audivit exceptiones contra procuratorium et responsiones partis adverse, et per arrestum pronunciavit dictum procuratorium esse sufficiens, non obstantibus rationibus et exceptionibus regis Anglie. Et sine dubio tam advocati Curie et eciam aliqui magni viri qui fuerant de consilio Francie quam alii jurisperiti dixerunt quod propter rationes juris et consuetudines Curie allegatas procuratorium admittendum non erat; quarum alique consistebant in facto. — Postmodum gentes regis Anglie impugnaverunt citatorium ex eo quod in eo nulla fiebat mentio de deffectu juris, sed solum mandabat rex Francie regi Anglie vel locum suum tenenti in Vasconia quod compareret Parisius ad dies suos parlamenti processurus, ut justum esset, in causa appellationis interposite, ut dicebatur, per communiam Burdegale a gerente se pro senescallo in Vasconia in Curiam Francie, quia nec alias valet citatio, nec eciam admittitur in Curia appellacio nisi fiat mentio de defectu juris vel pravo judicio. Et cum pars adversa vellet respondere, dicens quod non debebat procedi in principali qrousque de viribus citationis esset discussum et super ea pronunciatum, procurator dicti regis et senescalli, de consilio advocatorum, destitit ab hujusmodi impugnatione, volens quod procederetur in causa ac si citatio foret legitima; et hoc ideo quia ipsa pars adversa diceret se proposuisse de defectu juris in impetranda citatione, et hoc expressum fuisse in littera aperta concessa de garda, et imponeret hoc errori scribentis, et excusaret se ex hoc quod citationis littera erat clausa; quare Curia pronunciaret procedendum vel saltem concederet de novo citationem, et sic causa principalis diucius prorogaretur, ad quod ipsa pars adversa, quantum poterat, nitebatur. — Postmodum fuit placitatum hincinde in causa principali, et dictum per Curiam quod utraque pars scriberet factum suum; et post paucos dies fuit ruptum parlamentum ratione itionis quam rex Francie fecit apud Baionam ad habendum colloquium cum rege Castelle. Dixit tamen Curia quod, non obstante ruptione parlamenti, in factis placitatis articuli traderentur et concordarentur et auditores darentur et requeste audirentur. Et procurator communie impetravit a decano Sancti Martini Turonensis, tenente sigillum, ignorantibus gentibus regis Anglie, plures litteras magnas falsitates et injusticias continentes; quod cum fuisset relatum eisdem gentibus, conquesti fuerunt de hoc dicto decano qui fecit portari sibi dictas litteras, et easdem, cognito defectu suo, rupit, et jurari fecit procuratori communie quod plures litteras non haberet; et precepit partibus quod comparerent coram episcopo Parisiensi et Reginaldo Barboti qui remanserunt ad concordandum articulos et ad dandum auditores, asserens quod nullas litteras alicui partium concederet nisi quas dicti episcopus et Reginaldus dicerent concedendas. — Tunc ad instanciam procuratoris senescalli fuit mandatum Philippo portario quod citaret procuratorem communie ad crastinum apud Templum Parisius, coram dictis episcopo et Reginaldo. Dictus vero procurator et alii qui erant pro dicta communia hoc per suos exploratores presentientes, antequam citarentur, recesserunt de Parisius et sequti fuerunt decanum Sancti Martini predictum qui, contra suam promissionem, quasdam litteras concessit eisdem. Et gentes regis Anglie ullam expeditionem habuerunt tunc in hoc negocio vel in aliquo alio; immo, sequte fuerunt regem Francie apud Engolismam, Aquas et Baionum, et etiam in regressu usque ad Magdunum, ubi impetrate fuerunt responsiones que sequntur et littera directa senescallo Petragoricensi quod eas servaret et compleret [1].

CIV

Parlement de la Pentecôte 1290. — Liste de membres de la cour.

Min. Arch. nat. X¹ᵒ 2, fᵒ 85 rᵒ. — Ed. Olim, II, 300, nᵒ VI.

Cum dominus de Monteacuto in Burgundia, de quodam judicio in curia comitis Flandrensis per suos francos homines contra ipsum dominum facto, tanquam de pravo et falso, ad nostram Curiam appellasset, et dictum comitem, super dicta appellacione, fecisset adjornari, partibus in Curia pre-

1. Le reste du rouleau est en blanc.

sentibus, dictus comes. . . . .
. . . . Huic judicio presentes fuerunt dominus rex, archiepiscopus Rothomagensis; Parisiensis, Aurelianensis, Morinensis episcopi; electus Silvanectensis; dux Burgundie, comes Pontivi, abbas Moysiacensis, plures archidiaconi et alii clerici pariter et dignitates habentes, et plures alii clerici, barones, milites, ballivi, et alii de consilio regis usque ad sexaginta et plus.

CV

Parlement de 1290. — Ce sont les jugemens du pallement fez an l'an de grace M et CC et IIII^{xx} et X^1.

Bibliothèque de l'Arsenal, ms. n° 394, f° 62 v°. (Inédit.)

§ 1. Premeir que li roys feret enquerre des patronaiges de Normandie par qui que il voudroit des viles voisines, sans pretes et sans chevaleirs, en tel maniere que le rois et la partie diret contre les temoins, et les semondret le sergant, et au convent XII sans soon.

§ 2. Item que, se l'en fet demaunde [de] sesine et de proprieté, que l'en poura deleseir la proprieté, et aler avant en la sesine.

§ 3. Item que se aucun alege avoir proprieté par lone usaige, l'en le doit honir sur le lone usaige et que il le prove.

§ 4. Item que, se acun est trové à la cort le roy ou devant^2, et il n'i avoit asté ajorné, hou avet fet ajorner autre, que il respondra, ne n'en au... nul sa cort.

---

1. Nous devons l'indication et la transcription de cette très curieuse pièce à M. Léopold Delisle. Elle se trouve sur un feuillet d'un ms. de théologie. C'est une série de notes prises par un praticien normand au parlement de la Pentecôte 1290 sur la jurisprudence de la Cour pendant cette session. Comp. les arrêts du parlement de la Pentecôte 1290 dans les *Olim*, II, 297 et suiv.

2. Le mot *devant* est douteux.

§ 5. Item que la cort ne doit donner consail à nul de ses sogeiz dou reaume pour le resort qui li puet venir par apel et de defaut de droit.

§ 6. Item que nul bailly ne prevouz ne evesque ne arcevesque ne teine nul de ses genz por frere du Temple ne de l'Opital ne d'autre religion se il n'i est rendu et se il ne porte l'apit et les dras[1].

§ 7. Item se pluiseirs articles ou demandes sunt proposées contre aucun et il respont aucunes et se test des autres, celles de quoi il se test sunt tenues pour confessories.

§ 8. Item la hou le roy a regale les evesques ne peuent amortir fey ne arrire fey, ne mestre en main de vilain.

§ 9. Item que se la mere a ses anfans an garde que elle est lur tutaresse que elle ne renonce pas à Velleyan se elle demande pour heus, mes se elle n'es bein porillie et l'en li paie rien, elle donra bonne seureté que il sera saf aus enfans.

§ 10. Ceus à qui le roi amortit et baille à ferme ne peist aqueire des sougez.

§ 11. Nul prior, se il n'est conventual, ne peut demener cause en jugement sans le consentement de l'abbé et convent.

§ 12. Item que se ucun est quite de tailes et de toutes autres exactions par lestres et par franchise donnée de segneur, il n'est pas por ce quite de la novele chevalerie son segneur, ne de son enné fiz, ne de sa file marieir, ne de cri, ne de haro, ne de desobaicance defaite, se il n'en fet mencion epresiement es lestres; et memement en Normandie.

§ 13. Item sentence de arbitre ne puet nul condenpner à mort droite ne civille; mes la painne puet estre commise.

§ 14. Quant le roy prent en sa main por debat des parties, il ne dessesit nullui.

§ 15. Ceus qui sunt en l'especial garde le roy ne prenent recreance por nului que par la main le roy.

§ 16. Les prelaz qui hont leur beins desour de chapitre

---

1. Cf. *Olim*, II, 300, n° V.

ne davent pas requere chapitre que il mete leur scel en leur procuracion quant il pledent par procurateur.

§ 17. Se enqueste est feste et, hou tens que les temoins jurerent, partie ne dit encontre ja ce soit que elle face protestacion d'i dire, elle n'i peuet pes venir, car en ne fet pas publication d'enqueste ne copies à parties for au gent le roy d'Engleterre[1] de ce que l'en commet au senescal de Perregort, hou autre, [à] enquere en Gagoinne et à prononceir.

§ 18. Ceus à qui le roy commet aucune enqueste à fere, hou autre chose, ne le peuent commestre à autre se il n'i a contenu en la commission « par vos hou par autre », se ce n'est en terre hou l'en huse de droit escrit.

§ 19. Item quod consuetudo talis est in regno Francie quod, si aliquis apellaverit a curia domini sui ad Curiam regis, quod racione illius cause exemtus est a curia domini his ab omnibus aliis causis; et hoc fuit confirmatum per arestum per regem in camera pallamenti anno Domini M° CC° octogesimo X°.

§ 20. Se acun demande partie d'eretaige par reson de sussesion hou d'eschate, celli à qui il demande ne doit pas avoir jor de veue, ens doit tantout respondre.

§ 21. Temoins qui sunt tres sur coutumes ne peuent estre reprovez des parties, mes le juge de son office en peut bein aucuns houter à requeste de partie, se il dit il est son frere hou autre bonne reson.

§ 22. Se coutumes sunt proposees contraires à la fin d'avoir la cort hou non, l'an doit enquere des coutumes avant que l'en face droit de rendre la cort hou non.

§ 23. Se aucun est venu au pallement par ajornement, n'en ne peut fere areter ses beins ne ses chevaus.

1. V. ci-dessus, p. 136 § 15.

CVI

3 octobre 1290. — Prorogation du parlement de Toulouse.

Arch. du domaine de Montpellier, sénéchaussée de Carcassonne, 8º continuation, nº 7, perdu. — *Ed.* dom Vaissete, *Histoire générale de Languedoc* (éd. Privat), X, pr. c. 256.

Philippus, Dei gratia Francorum rex, senescallo Tolose seu locum ejus tenenti, salutem. — Cum parlamentum nostrum Tolose quod in tribus septimanis post festum instans Omnium Sanctorum teneri debeat apud Tolosam, usque ad mensem post festivitatem Purificationis Virginis gloriose proxime venientem ex certa clausa, juxta ordinationem in nostra Curia super hoc factam, duxerimus prorogandum, mandamus vobis quatinus prorogationem hujusmodi faciatis in vestris assisiis publicari, necnon et senescallo Carcassonne et aliis qui in dicto parlamento habent facere, ex parte nostra significare curetis quod predicta faciant similiter publicari. — Actum sub secreto nostro apud Livracum, die martis ante festum beati Dionysii sociorumque ejus, anno Domini MCCLXXXX.

CVII

Vers 1290 [1]. — Philippe le Bel permet aux gens d'église de plaider par procureur et accorde aux prélats que leurs causes ordinaires ne seront portées qu'au Parlement.

Ed. Additions de Joly aux *Offices de France* de Girard, II, 18; *Ordonnances du Louvre*, I, 318.

Philippus, Dei gratia Francorum rex, universis presentes

---

1. Cette ordonnance, dont nous ne connaissons pas d'expédition ni de minute, n'est pas datée, mais la date de 1290, que Joly lui assigne, est probable. (Cf. ci-dessus, nº CII.)

litteras inspecturis, salutem. Notum facimus quod prelatorum regni nostri supplicationibus annuentes, eisdem, ac etiam suis collegis et personis ecclesiasticis, duximus concedendum, ut in causis, tam agendo quam defendendo, per procuratorem admittantur; dum tamen in principio cause eorum presentiam requirentis presentes existant. In arduis vero causis personaliter litigabunt, sicut existit consuet...

. . . .

Item, quod cause ordinarie prelatorum in parlamentis tantummodo agitentur, nec in aliis curiis nostris litigare cogantur inviti. Nec ab eorum curiis secularibus ad senescallos aut baillivos nostros, nec nisi ad nos tantummodo liceat appellare. In violentiis siquidem et in casibus quibus dilatio nobis et parti periculosa existeret, senescalli intromittere se poterunt ac baillivi. . . . .

CVIII

Extraits d'un journal des arrêts de la cour (sans date), adressé au duc d'Aquitaine.

Or. Record Office, Chancery miscellaneous Portfolios, VIII, n° 1255. — Ed. Ch. V. Langlois, *De monumentis ad priorem Curiae regis judiciariae historiam pertinentibus*, p. 98.

..... Item fuit dictum quod, licet dies causarum essent prorogati ad aliud pallamentum, auditoribus est mandatum quod perficerent que non sunt facta et darentur secunde productiones.

. . . .

Die mercurii sequenti venerunt magistri Parisius et post comestionem et sompnum intraverunt et audiverunt causas.

CIX

Parlement de la Chandeleur 1291. — Articles et libelle; style de la cour.

Min. Arch. nat. X¹ª 2, f° 90 r°. — Ed. *Olim*, II, 321, n° XXXIII;
Actes du Parlement de Paris, I, p. 269, n° 2750.

In isto pallamento fuit ordinatum quod, quando fient articuli, advocati in principio articulorum suorum inserant totum tenorem libelli sui, et postea faciant articulos de libello dependentes; et caveant sibi ne faciant articulos impertinentes.

CX

13 mars 1291. — Ordre du roi aux gens tenant le parlement à Toulouse de lancer éventuellement des convocations au prochain parlement de Paris dans toutes les causes qu'ils n'auraient pas le temps de juger pendant leur présente session.

Bibl. nat., Armoires de Baluze, vol. 374, p. 319. — Ed. *Histoire générale de Languedoc* (éd. Privat), X, pr. c. 257.

Philippus, Dei gratia Francorum rex, dilectis et fidelibus suis gentibus parlamenti Tolosani, salutem et dilectionem. Mandamus vobis quatinus causas appellationum quas ad nostram Curiam interposuisse dicuntur vicecomes de Narbona, Johannes de Stabulo, Guillermus Maynardi, Jacobus Fabri, Aymericus Blanquerii, Guillermus Arnaudi de Trollaribus, Raymundus Johannes Drudonis, Petrus Amancii, Ymbertus Rubei, Arnaudus Oliverii, Petrus Maurini et procurator capituli Narbonensis, sede vacante, a quibusdam sententiis diffinitivis tanquam ab iniquis, latis pro nobis, ut dicitur, per senescallum Carcassone contra ipsos, super quadam condempnatione, ratione et occasione cujusdam suspendii de tribus servientibus secularis Curie archiepiscopi Narbonensis, vocatis evocandis, audiatis et fine debito terminetis. Et nisi in presenti parlamento Tholose dicte cause ad plenum fuerint expedite, ad aliud proximo sequens parlamentum Tholose easdem ponatis terminandas, si parlamentum aliud Tholose contigerit assignari. Quod nisi assignatum extiterit, causas easdem nisi, ut premissum est, per vos fuerint expedite, in statu quo eas relinquetis, ponetis ad diem senescallie Carcassone futuri proximi parlamenti Parisius terminandas seu expediendas ibidem, prout ratio suadebit, significantes vel significari facientes senescallo predicto et personis predictis et aliis quorum interest ut ad dictam diem compareant in hujusmodi causa processuri, prout fuerit rationis. Et si que post appellationem hujusmodi contra personas memoratas occasione causarum appellationum predictarum fuerint attemptata, ea ad statum pristinum faciatis revocari. — Actum Parisius, die martis post Brandones, anno Domini M° CC° nonagesimo.

CXI

Parlement de la Toussaint 1291. — Ordonnance sur l'organisation des parlements et sur la profession d'avocat.

Arch. nat. JJ. XXXIII, n° 59, f° 44 v° (perdu); JJ. XXXIV, f° 44 v°. — Ed. Ordonnances du Louvre, I, 320.

Pro celeri et utili parlamentorum nostrorum Parisius expeditione, sic duximus ordinandum, videlicet :

§ 1. Per totum parlamentum pro requestis audiendis qualibet die sedeant tres persone de consilio nostro, non baillivi. Et ad hoc deputamus ad presens magistros Joannem Dentis, Guillelmum de Karitate et Stephanum de Pedagio, militem ; et ad istud officium deputamus notarium magistrum Richerium.

§ 2. Item, pro causis et requestis senescalliarum et earum partium que jure scripto reguntur audiendis et expediendis, sedeant diebus veneris, sabbati et dominica, et aliis diebus quibus viderint expedire, qualibet septimana, quatuor vel quinque persone de consilio. Et ad istud officium deputamus ad presens cantorem Bajocensem, magistros Joannem de Feritate, Egidium Camelini, et magistrum Gauffridum de Villa Bruni; et ad hoc deputamus in notarium decanum de Verberie.

§ 3. Item, pro audiendis et decidendis inquestis, sedeant quatuor persone de consilio, non baillivi, videlicet qualibet septimana diebus lune et martis, decanus Turonensis, archidiaconus Xantonensis, castellanus Nigelle, et Robertus de Resignies, miles. Diebus vero mercurii et jovis in eisdem inquestis sedeant decanus Senonensis, archidiaconus Aurelianensis, Anselmus, dominus de Helecourt, et Matheus de Tria, milites. — Quod si omnes predicti forsitan propter impedimentum aliquotiens in predictis interesse non possent, secundum quod de ipsis supra ordinavimus, duo vel tres ex eis secundum ordinationem predictam sufficient pro expediendis inquestis.

§ 4. Item precipimus quod omnes inspectores inquestarum diligenter inspiciant in domibus suis inquestas sibi traditas a Curia, et eas fideliter et diligenter referant, et ad cameram Placitorum non veniant, nisi mandetur eis, et amplius et curiosius vacent in videndis inquestis.

§ 5. Item, quando tractabitur de judicio faciendo super causa alicujus capituli vel collegii, si sit aliquis de consilio presens qui sit de eodem capitulo vel collegio, irrequisitus recedat nec remaneat in consilio, quamdiu tractabitur de dicto judicio faciendo.

§ 5 *bis*. Item, si sit de consilio presens aliquis consanguineus, germanus vel propinquior aut affinis alterutrius partis litigantium in gradu supradicto, vel pensionarius aut vestes ejus recipiens, vel tenens feodum ad vitam seu redditum ab alterutra parte litigante de dono suo, irrequisitus recedat statim cum tractabitur de eorum judicio faciendo, advertens sub pena perjurii ne ipse circa hoc aliquam fraudem committat pro remanendo in judiciis talium faciendis, contra tenorem et intentionem ordinationis predicte.

§ 6. Item senescalli et baillivi, prepositi, vicecomites, et eorum clerici in arrestis et judiciis faciendis non remaneant, sed irrequisiti recedant, nisi sint de consilio. — Qui etiam si de consilio fuerint et deferatur querela de ipsis, audita responsione illius de quo defertur querimonia, ipse statim, cum tractabitur de arresto super hoc faciendo, irrequisitus recedat; et quanquam sit de consilio, non intersit in ejusmodi arresto faciendo.

§ 7. Senescalli et baillivi recipiant vadia sua per dietas, quibus ipsi erunt in bailliviis suis, eundo et redeundo ad Compotos et ad parlamenta; et ibidem remaneant quamdiu dies baillivie sue durabunt, vel quatenus per magistros Curie retinebuntur.

. . . .

§ 11. Advocati insuper juramenta prestent et innovent quolibet anno, secundum formam traditam in constitutione edita a preclare memorie domino Philippo, progenitore nostro. — Caveant etiam sub pena perjurii, ne in causis quarum patrocinium assumpserunt, harengis seu prefationibus, aut verbis rixosis seu contumeliosis utantur, sed factum proponant plane et simpliciter, et rationes suas, verba sua Curie dirigendo. Dilationem frustatoriam non petant, debitam et petitam non denegent; falsum factum, vel quid aliud falsum, scienter non proponant. — Caveant etiam ne circa processus Curie et consuetudines mendaces reperiantur; alias penam perjurii merito poterunt formidare. — Et circa receptionem salarii fraudem non committant, occasione alicujus negotii magni et ardui, majus et pinguius salarium pro aliis causis prius recipiendo, vel pensionem petendo, vel recipiendo pro illo magno negotio, ut taxatio salarii evitetur; vel alio quoquomodo fraudem in hujusmodi non committant. — Advertant etiam clientuli quod advocatos suos promptos habeant, quia in aliquo auditorio dilatio non dabitur pretextu absentie patroni, sed quotiens a Curia vocabuntur litigantes, in causa procedant; propter quod precipimus quod advocati sint presentes in Palatio quamdiu magistri erunt in camera, ut parati sint intrare quoties vocabuntur. — Caveant etiam clientuli et advocati ne fugiant seu dilationem querant pro absentia alicujus de consilio, nisi ipsius absentis presentia sit adeo necessaria, quod in illa causa secure procedi non possit, ipso absente.

Actum Parisius, in parlamento quod incepit in tribus ebdomadis post festum Omnium Sanctorum, anno Domini M° CC° nonagesimo primo.

CXII

14 décembre 1291. — *Suppression des parlements tenus à Toulouse.*

Bibl. de Toulouse, mss., série II, n° 34, t. 2, p. 375. — Ed. *Histoire générale de Languedoc* (éd. Privat), X, pr. c. 272.

Anno domini MCCXCI, die veneris ante festum beati Thome apostoli, ad assisias Carcassone assignatas, sedentibus pro tribunali in consistorio burgi Carcassone domini regis Adam de Merolis, milite domini regis, vicario Minerbesii, tenente locum domini senescalli Carcassone, et domino Petro Radimundo, judice majore ejusdem domini senescalli, idem dominus judex major dixit et publicavit in publica assisia quod quicumque haberet causas coram dominis magistris tenentibus parlamentum Tholose pro domino rege eant pro ipsis prosequendis Parisius, et sit in octavis instantis festi Epiphanie Domini ; et pro inquestis terminandis eant Parisius die lune post Brandones. Acta fuerunt hec in presentia et testimonio magistrorum G. Galardi, judicis Minerbesii, G. de Villanova, judicis Fenoledesii, Arnaudi Helie, Stephani Guifredi Rodoni, et mei, Petri de Parisius, notarii publici, qui hec scripsi.

CXIII

Parlement de la Toussaint 1295. — Le comte de Flandre réclame le jugement par ses pairs; la cour du roi affirme sa compétence.

Min. Arch. nat. X¹ᵃ 2, f° 111 v°. — Ed. Olim, II, 396, n° XXIII.

..... Nobis ipsi comiti [Flandrensi] jus super hoc facere offerentibus, eodem comite proponente non ad nos, set ad pares suos pertinere reddere jus super istis; altercato diucius coram nobis an ad nos, per nostrum consilium, vel per pares, pertineret decernere quis, cujus esset jurisdictio, deberet judicare, pronunciatum fuit, per Curie nostre judicium, pertinere ad nos — per nostrum consilium — decernere cujus sit jurisdictio in premissis.....

CXIV

Parlement de la Toussaint 1296. — Ordonnance relative à l'interdiction des duels judiciaires.

Min. Arch. nat. X¹ᵃ 2, f° 114 v°. — Ed. Ordonnances du Louvre, I, 328; Olim, II, 405, n° XV.

Dominus rex, pro communi utilitate et necessitate regni sui, statuit quod, durante guerra sua,..... inter aliquos gagia duelli nullatenus admittantur, set quilibet, in curiis regis et subditorum suorum, jus suum via ordinaria prosequatur.

CXV

Date incertaine [1]. — *Ordonnance parlementaire.*

Arch. nat. JJ. XXXIII. n° 73 (en déficit); JJ. XXXIV, f° 49 v°; Bibl. nat., Coll. Dupuy, 532, f° 205 r°. — *Ed.* Gibert, *Mém. Acad. Inscript.*, XXX, 627; *Ordonnances du Louvre*, XII, 353.

C'est l'ordenance du Parlement dou royaume et de l'Eschaquier et des Jours de Troies et des autres choses qui sont accessoires à ces trois articles.

§ 1. Il est ordené que en tens de guerre li roys fera un parlement en l'an, et commencera aus octaves de Touz Sainz.

§ 2. Il tenra deux parlemens en l'an en tens de pes, desquiex li uns sera aus vuictieves de Touz Sainz et li autres aus trois semainnes de Paques.

§ 3. Il tenra deux Eschaquiers en l'an en Normendie,

---

1. Cette ordonnance est datée de 1302 par Bréquigny, l'éditeur du tome XII des *Ordonnances du Louvre*, sous prétexte que les premiers paragraphes suggèrent l'idée qu'elle a été rédigée en exécution de l'art. 62 de l'ordonnance du 23 mars 1302 (1303 n. s.) que l'on trouvera plus bas, sous le numéro CXXI, p. 174.
Bréquigny observe d'ailleurs, mais sans admettre l'argument qu'on peut tirer de cette observation contre son système, que l'art. 9 de la présente ordonnance mentionne la demande faite par G. de Crespy d'être déchargé du scel, demande qui, d'après Du Cange et Tessereau (*Histoire de la Chancellerie*, I, 9), fut faite à la fin de l'année 1296. — M. Boutaric, dans son livre *La France sous Philippe le Bel*, cite constamment notre ordonnance en l'attribuant à l'année 1296, sans donner de preuves à l'appui de son attribution. Il aura probablement été convaincu par l'argument produit pour la première fois, mais rejeté par Bréquigny.
Comme la date de la démission de G. de Crespy n'est pas certaine, celle de l'ordonnance reste douteuse, à notre avis. Toutefois la date de 1296 a pour elle une tradition très ancienne (Du Cange, Gibert) qui crée une forte présomption en sa faveur; quant à la date de 1302, elle n'est pas soutenable.

desquiex li uns comancera aus vuictieves de la Saint Michiel et li autres aus vuictieves de Paques.

§ 4. Tous les ans, le jour de la Saint Michiel et l'andemain de Paques, tuit li president et li resident dou Parlement se assembleront à Paris; et d'ilec li un iront à l'Eschaquier et li autre entendront à veoir les anquestes et à acorder les jugemens desdites enquestes, duques au commencement du Parlement; et ordeneront entre aus la maniere dou veoir et dou jugier, selon la quantité des persones et la qualité des enquestes. Et en la fin de chacun parlement, li president ordeneront que, ou tens moien de deux parlemens, l'an rubriche et examine des enquestes ce que l'en porra rubricher et examiner.

§ 5. Li Jourz de Troies, vers la fin de chacun parlement, seront assené ordeneement, en tele maniere que, de la fin de chacun parlement, cil qui devront aler au Jourz de Troies et qui i seront député par commun acort des presidens, puissent avoir suffisant tens.

§ 6. Li premiers termes des Jours de Troies sera assenez à l'andemain des Brandons, et li seconz l'andemain de l'Assumption Nostre Dame, se il n'estoient changié pour evident cause.

---

§ 7. Item, il est ordené que en tens de parlement seront en la Chambre des Plez li souverain ou president, certain baron et certain prelat; c'est assavoir des barons li dux de Bourgoigne, le conestable, le conte de Saint Pol; item des prelaz l'arcevesque de Narbonne, l'eveque de Paris, l'eveque de Taroenne et li prelat des contes quant il i porront entendre. — Et seront tenu à estre au parlement continuement au moins uns des prelaz et uns des barons; et departiront leur tens si que se il n'i puent tuit estre, au moins an i ait deux presenz touz jourz au parlement: c'est assavoir un prelat et un baron; et li un deporteront les autres, si comme il ordeneront entre eus mesmes.

§ 8. Item, il est ordené que il soient resident au parlement continuement, especialment en la Chambre des Plez, li chevalier et li lay qui s'ensuivent : c'est assavoir messires Jehans de Meleun, M^ro Pierres de Sargines, M^ro Gui de Neri, li chastelains de Neelle, M^ro Jehan de Choisel, M^ro Estienne de Chanlite, M^ro Gautier de Roche, M^ro Raoul de Brulli, M^ro Geuffroy de Vendosme, M^ro Antiaumes de Vuartines, M^ro Aubert de Hangest, M^ro Gaubert de Luilli, M^ro Gui de Chevriers, M^ro Simon de Marchois, M^ro Ansiau de Chevreuse, M^ro Robert de Resegnies. — Item, Renaut Barbou le père, Jehan de Montigni, Bernart dou Mes.

§ 9. Il est ordené que il soient resident au parlement continuement, especialment en la Chambre des Plez, li clercs qui s'ensuivent, c'est assavoir : l'arcediacre d'Orliens, l'arcediacre de Dreus, l'arcediacre de Braban, l'arcediacre de Bruges, li tresorier d'Angers, li chantres de Baieus, M^o Robert de Pontoise, Mr Gui de la Charité, maistre Estienne de Lymours, mestre Jehan le Duc, li doiens de Tours, mestre Robert Foison, li chantre d'Orliens, M^o P. de Belleperche, li chantres de Paris, li officiaus de Senz, mestre G. de Maumont. — Cum M^o Guillaume de Crespi eut prié le roi que il le descharjat du fes du seel pour les tres granz besoignes du reaume qui chacun jour se mouteploient, lesqueles li estoient mout greveuses à porter, si comme il disoit, il est accordé qu'il sera dechargeez du seel, mes il demorra devers le roy quant il le porra ; et sera des residenz ou pallement, et sera au contes quant il porra entendre. — Et M^o Robert de Pontoise sera devers le roy quant il plaira au roy.

§ 10. Item, il est ordené que lidiz Renaut Barbou, se il est presens, ou en s'absence li diz Jehans de Montigni, parleront et rendront les arrez ; et se endui estoient absent, li president ordeneroient qui feroit l'office de ces en leur absence.

§ 11. Item, il est ordené que li autre qui sont dou conseil, clerc ou lay, ne seront au jugemenz de la Chambre, se ne sont ou prelat ou baron qui soient dou conseil, ou se ne sont cil dou conseil qui sont establi d'aler avec le roy, ou se ne sont cil qui seront establi par les presidenz à oïr la langue qui se gouverne par droit escrit, ou se ne sont cil dou conseil qui orront les requestes par l'ordenance des presidenz, ou se n'estoient li abbe de Citeaus, de Saint Germain, de Compiegne et de Moustier la Celle, ou li tresoriers de Saint Martin de Tours, ou li prevoz de Lille, ou li prevoz de Normendie; car tuit cist porront, quant il leur plaira, estre en la Chambre des Plez, et au pledier, et quant l'on aura conseil sus les arrez, et à rendre les arrez; et leur conseil en sera requis comme des autres.

---

§ 12. Item, il est ordené que nus seneschal, ne nus baillif, ne juges de seneschal ne demeure es arrès, se il n'i sont appellé especiaument par les presidens.

§ 13. Item, il est ordené que li souverain ou li president du parlement, c'est assavoir li prelat ou li baron qui seront present, ordeneront des residenz au parlement quiex offices il auront, les uns retenanz en la Chambre, et les autres envoyant au droit escrit, les autres aux requestes communes, aussi com il est desouz escrit de autres clers et lays qui sont dou conseil li roys; et lidit president s'aideront es besoignes qui avendront au reaume quant il verront que bon sera.

§ 14. En la Chambre aura notaires en souffisant nombre, selonc ce que li president verront qu'il sera mestiers, ne ne penront rien ne leur mesnie, et deliverront hastivement les lettres par leur serment, et demourront en la pourveance dou roy, et jurront qu'il tenront et garderont le segré de la Chambre.

§ 15. Se cil de la Chambre ne sont tuit d'un accort aus jugemens, li souverain ou li presidenz, c'est à dire li barons et li prelaz qui seront presenz tenront la plus grant partie, selonc ce qu'il leur semblera, ou la meilleur, selon la condition des personnes et la qualité de la besoigne.

§ 16. Item, li parlement sera ordenez par les jours des baillies et des seneschaucies, ne ne entremelera an les causes d'une baillie en l'autre ; et sera si loing une journée de l'autre que une baillie n'enpesche l'autre, se au moins non que l'en porra ; et, les causes de chacune baillie oïes, chacun baillif et chacun seneschal s'en retournera en sa baillie au plus tost que il porra, se n'est pour faire son compte, douquel il se delivrera plus tost que il porra.

§ 17. Li chanceliers ce qui sera ordené en la Chambre sera tenuz à seeler, et n'i pourra riens changier ne muer ; et auront un saint tuit li president[1], duquel il seigneront ce que il deliverront, lequel tenra cil que li president ordonneront.

§ 18. Item, il assembleront bien matin et tenront leur consistoire dusques à miedi, senz faire particuliers consauz.

§ 19. Quiconques ne venra au jour de la baillie ou de la seneschaucie dont il est, il sera mis en defaut.

§ 20. Il est ordonné que si tost comme la cause sera oïe, que li arrez soit renduz se il puet estre en bonne maniere ; et se il ne puet estre, au moins l'andemain avant toutes choses.

§ 21. La meniere de entrer les parties et les avocaz en la Chambre sera ordenée par les presidenz ; et des avocaz comment il pledent briement, sustentieusement et honestement.

§ 22. Item, se cil qui sont des presidenz ou des residenz ou parlement ont causes ou parlement, il plederont aussi comme uns estranges ; et ne demourra nus des residenz es arrez en cause d'home de son linage dedens le tiers degré, ne hons en la cause son seigneur, ne clers en la cause de

---

1. Le plus ancien sceau connu des présidents de la Chambre des Plaids au Parlement de Paris est appendu à une lettre du 4 avril 1326. (Douët d'Arcq, *Collection de sceaux des Archives nationales*, n° 4392.)

s'esglise; et generaument pourverront li president que nus ne demeure es arrez qui soit souspeçonneus en la cause.

§ 23. Item, sus grief paine nus ne prandra riens, fors selon la coustume de l'ancian serment[1].

§ 24. Item, nus ne penra riens de ses gages ou de son salaire, le jour que il n'entendra aus besoignes.

§ 25. Item, chacun par son serment sera tenuz à venir au parlement chacun jour, se il n'a essoine; et se il a essoine, il s'escusera au premier jour que il venra.

§ 26. Item, de deux ans en deux ans au plus tart, en fera enquestes sus ceux qui tenront parlement.

---

§ 27. A oïr la lengue qui se gouverne par droit escrit, trois seront esleu par les presidens, c'est assavoir : deux clers tres bien lettré et un lay lettrez, especiaument pour les causes de sanc; et auront deux notaires et un saing par lequel il saigneront les choses que il deliverront. Et sera tenu li chanceliers à seeller senz muer et sanz changier; et sera bailliez li sainz à celuy à qui li president ordeneront. Li notaire ne recevront rien par leur serment, ne leur mesnie. Il auront un serjant et une chambre ou Palès, et deliverront ce qu'il pourront; et les quereles douteuses il raporteront au presidenz de la Chambre.

§ 28. A oïr les requestes seront deux clers et deux lais et deux notaires qui neant ne recevront par leur serment, et auront un suing, si comme il est dessus dit, et deliverront ce qu'il pourront par aux; et ce qu'il deliverront, li chanceliers sera tenuz à seeller si comme il est dessus dit; et ce qu'il ne pourront delivrer, il raporteront à ceus de la Chambre.

§ 29. La Chambre ordenera de anvoier ceus qui feront les enquestes; et se li president envoyent ou establissent aucun qui ne soit pas du conseil à faire enqueste, il jurra en la presence des parties que il la fera loiaument, et li

---

1. V. ci-dessus n° XCV; cf. n° CXIX.

notaire qu'il escriront loiaument; et tuit jurront que il tenront tout segré, ne ne recevront rien fors leur depens attemprez ou presenz petiz que l'en pourroit dependre le jour honestement; fors les ecrivains qui ne seront pas notaire le roi, qui pourront penre droiturier salaire de leur escripture au taxement des auditeurs.

§ 30. A examiner les enquestes deux clerc seront esleu, tres bien lettré, qui ensemble les rubricheront; et es granz enquestes examiner, sera li uns de ceus de la Chambre au moins, et seront vérifiées les rubriches au regart de ceux qui les jugeront. Et cil de la Chambre qui n'iront à l'Eschequier ne au Jourz de Troyes, ou tens que li autre entendront à ces deux choses, se assembleront à Paris avant le parlement, si comme il est dessus dit, pour concorder les jugemens des enquestes; et les jugemens qu'il acorderont, il recorderont devant les autres de la Chambre qui n'i auront mie esté present, et les acorderont avant qu'il soient publié aux parties; et se la chose estoit grant, il la verront et debatront, mes ele ne sera acordée fors que en plain parlement, en la presence de touz.

§ 31. Nule enqueste ne sera jugiée se l'an n'a premièrement conclu en la cause.

§ 32. Li jugement des enquestes seront publié aus parties es termes de chascune baillie et de chascune seneschaucie, si que chacune baillie et seneschausie s'en voist delivré de touz poinz.

§ 33. Quatre de ceux de la Chambre seront envoyé à l'Eschequier, desquiex uns sera prelaz et li autres barons; et li autres de ceux qui rendront l'arest (sic) et uns des autres dou conseil.

§ 34. Autant en envoiera l'en au Jourz de Troyes; et se li rois est presenz, cil i seront envoyé que li rois voudra; et se il n'est present, li president de la Chambre en ordeneront en chacun parlement qui sera devant l'Eschequier et devant les Jourz de Troyes.

. . . .

CXVI

Paris, février 1297. — Philippe le Bel accorde au comte de Bretagne qu'il ne pourra être ajourné devant la cour de France par simple ajournement, si ce n'est en cas d'appel pour défaute de droit et autres cas dépendant de la souveraineté.

Or. lat. Arch. du château de Nantes, L. cass. B. n° 18. — Ed. dom Morice, *Preuves de l'histoire de Bretagne*, I, c. 1121 [1].

Philippus, Dei gratia Francorum rex, universis presentes litteras inspecturis, salutem. Noveritis quod nos dilecto et fideli nostro Johanni, comiti Britannie, ejusque heredibus comitibus Britannie, in fidelitate ac devotione nostris in perpetuum permansuris, ejus gratis meritis quam plurimum exigentibus, concedimus quod ipsi, ad instantiam subditorum suorum, coram nobis seu gentibus nostris per simplicia adjornamenta non valeant adjornari, sed tantum in casu appellationis ob defectum juris ad Curiam nostram interposite et a pravo et falso judicio, vel etiam in aliis casibus qui ad superioritatem nostram regiam debent pertinere. Hec autem si dicto comiti heredibusque suis comitibus jure suo competant, sibi tenore presentium confirmamus ; sin autem hec ad eos non pertineant, nos, ipsos favore benivolo prosequi cupientes, eisdem premissa concedimus de gratia speciali. Quod ut robur obtineat perpetue firmitatis, presentibus litteris nostrum fecimus apponi sigillum, salvo tamen in omnibus jure quolibet alieno. — Actum Parisius, anno Domini MCCXCVI, mense februarii.

1. Il existe une traduction française de cette charte : Arch. Nat. JJ. LXXII, n° 147. — Ed. *Ordonnances du Louvre*, I, 329.

CXVII

Parlement de 1298. — Liste de membres de la cour.
Min. Arch. nat. X¹ª 2, f° 119 v°. — *Ed. Olim*, II, 423, n° XIII.

Senonensis, Narbonensis archiepiscopi. Morinensis, Tholosanus, Tornacensis, Constanciencis episcopi. Meldensis, Trecensis, Carcassonensis electi. Magister Hospitalis. Visitator Templi. Magister G. de Malomonte; magister Helyas, nepos ejus; J. de Foresta; M. de Mullento, magistri. Philippus Conversi. Archidiaconus Gandavi, J. Ducis, R. Nepotis, P. de Bellapertica, magistri. Drocensis, Domni Martini, Albemalle comites. Chambliaci, Wiriny, Milliaci domini. Odo de Novilla. Dominus R. de Brulliaco. Marescallus Mirapicensis, Dominus Symon de Meleduno. Magister Clemens de Saviaco. Decanus Gornaii. Magister G. de Nogareto. Magister N. de Cathalano. Dominus Bertrandus Jordani. Dominus Ansellus de Caprosia. Vicedominus Priviconii. Cambellanus Tancarville.

CXVIII

Parlement de la Toussaint 1300. — Style de la cour : articles.
Min. Arch. nat. X¹ª 3, f° 1.. v°. — *Ed. Olim*, II, 448, n° X.

Il est ordené par la court que, quand debaz sera entre parties de leurs articles acorder, se li advocaz d'une partie ne veut recevoir aucun article, en disant que il ne fu mie plaidez, se li articles est pertinenz à la cause, et li advocaz qui l'a fait veaut jurer que il l'a plaidié, il sera receuz.

Jovis post Reminiscere.

CXIX

Parlement de la Chandeleur 1303. — Conseillers du roi pensionnaires de certains plaideurs.

Min. Arch. nat. X¹ᵃ 3, f° 105 v°. — *Ed. Olim*, II, 461, n° III.

Notum facimus quod cum datum esset nobis intelligi quod Johannes de Montigniaco, consiliarius noster, erat munerum acceptor, et eciam benefacta habebat a bonis villis pluribus regni nostri, et erat pensionarius earumdem, nos scire volentes super hoc veritatem, per fidedignos a nobis deputatos inquiri fecimus super hoc veritatem; ex quorum relatione nobis constitit evidenter dictum Johannem super predictis mundum et inculpabilem existere ac penitus innocentem, propter quod eundem Johannem super hiis totaliter absolvimus et per nostram fecimus pronunciari Curiam sentencialiter absolutum[1].

Dominica ante festum beati Gregorii.

---

1. Cf. *Olim*, I, 407, n° XVII (Toussaint 1296). « Placuit domino regi, ut michi retulit dominus Petrus Flote, quod magister Clemens de Saviaco, clericus suus, possit accipere a domino Audenardo .XX. libras parisiensium annue pensionis ad vitam suam. » Ce Clement de Savi était un membre ordinaire des parlements; il y portait même la parole. V. Tanon, *Hist. des justices des anciennes églises de Paris*, p. 352 : « L'an de grace MCC IIII⁺⁺ et XV, le mardi de la voille S. Bartelemi l'apostre, fu dit et par droit en la cour le roi en la chambre aus mestres que le provost de Paris osteroit sa main de la voierie devant S. Victor.... Ce jugement rendi messire Clement de Savi. »

CXX

Paris, 19 mars 1303. — Philippe le Bel mande aux baillis de Tours et de Cotentin, à la requête du duc de Bretagne, de ne protéger contre la juridiction ducale les sujets dudit duc qui auront interjeté appel à la cour du roi que dans les procès où ils sont défendeurs.

Ed. dom Morice, *Preuves de l'hist. de Bretagne*, I, c. 1178, d'après les archives du château de Nantes, arm. A, cassette B, n° 18; *Ordonnances du Louvre*, I, 369; II, 500, d'après des vidimus du Trésor des chartes.

Philippus, Dei gratia Francorum rex, Turonensi et Constanciensi baillivis, salutem. Significavit nobis dilectus et fidelis noster J., dux Britannie, conquerendo, quod nonnulli sui subditi, dum ab ipsius curia ad nostram appellant, pendentibus hujusmodi appellationibus, ab ipsius jurisdictione, non solum ratione causarum in quibus deffendentes existunt, sed etiam agendo et causas movendo, coram nobis sive gentibus nostris, contra alios dicti ducis subditos eximunt se frequenter, et faciunt se per gentes nostras hujusmodi exemptione deffendi, sic ipsius forum per diversa declinando deffugia, et multimode prejudicium inferendo eidem. Quare mandamus vobis et vestrum cuilibet quatenus appellantes ipsos, prout de hiis vobis constiterit, in casibus illis duntaxat in quibus deffendentes existant legitime, pendentibus eorum appellationibus, hujusmodi exemptione gaudere sub protectione regia permittatis et faciatis. In aliis vero, videlicet in quibus extra appellationum ipsorum causas actores sunt, ipsos non intelligimus a jurisdictione dicti ducis fore, virtute dictarum appellationum, exemptos, quum ipse aut gentes sue in eosdem, sicut in alios subditos, justiciam valeant exercere, ut fuerit rationis. — Datum Parisius, die martis ante Annunciationem dominicam, anno Domini MCCCII.

CXXI

Fragments de la grande ordonnance du 23 mars 1303 pour la réformation du royaume.

Ed¹. *Ordonnances du Louvre,* I, 357; II, 453; Ch. Dumoulin, *OEuvres complètes,* II, 487.

. . . .

§ 6. Volumus ad hoc, ut prelati alieque ecclesiastice persone melius et libentius possint vacare divinis obsequiis, quibus sunt specialiter deputati, quod quandocumque eos contigerit venire ad Curiam nostram seu parlamentum, celeriter audiantur, et eorum negotia ordinate tractentur, secundum dies senescalliarum et baillivarum suarum, sine prorogatione, nisi, aliqua justa de causa, de speciali mandato nostro circa id negocium faceremus prorogationem fieri condecentem. — Et volumus quod in parlamento et extra per curiales nostros tractentur condecenter et honeste; et, ut celerius fieri possit, juxta qualitatem negocii et condicionem personarum eos volumus expediri. — Et hoc idem volumus et statuimus fieri et teneri de nostris baronibus et subjectis.

§ 7. Si vero contigerit quod aliquis prelatus vel baro, propter magna onera negociorum, non posset celeriter expediri, certa dies assignetur eidem, qua audietur et expedietur; et tunc audiatur et expediatur de die in diem celerius quam Curia poterit.

. . . .

1. Sur les mss. et les éd. de l'ord. de 1303, v. A. Giry, *Documents sur les relations de la royauté avec les villes......* p. 129. — Il existe aussi un grand nombre d'expéditions originales de cette ordonnance en français, par ex. Arch. nat. K. 37, n° 13²; Arch. de Tarn-et-Garonne, G. 542, n° 180; cf. Bibl. de Provins. ms. n° 29, f° 22 v°. July, dans ses additions aux *Trois livres des Offices de France* de Girard (p. 8), a imprimé, d'après Pithou, quelques fragments de la version française.

§ 12. Item, volumus, sancimus et etiam ordinamus quod judicata, arresta et sententie, que de nostra Curia seu nostro communi consilio processerint, teneantur et sine appellatione aliqua executioni mandentur. Et si aliquid ambiguitatis vel erroris continere viderentur, ex quibus merito suspicio induceretur, correctio, interpretatio, revocatio vel declaratio eorumdem ad nos vel nostrum commune consilium spectare noscantur, vel ad majorem partem consilii nostri per providam deliberationem specialis mandati nostri, et de nostra licentia speciali super omnia requisita serventur.

§ 13. Et volumus quod inqueste et probationes, postquam fuerint transmisse ad Curiam, judicentur infra biennium ad tardius, postquam, ut premittitur, fuerint ad Curiam reportate.

. . . .

§ 16. Item, nolumus quod senescallus aliquis vel baillivus de nostro sit consilio, quamdiu sue preerit prefecture. Et si antea receptus fuerit de nostro consilio, nolumus quod, suo durante officio, se de eo aliquatenus intromittat.

§ 17. Item, nolumus quod aliquis consiliarius noster de cetero recipiat vel habeat pensionem ab aliqua persona ecclesiastica vel seculari, nec ab aliqua etiam villa vel communitate. Et si aliqui habeant, volumus ut ex nunc dimittant easdem.

. . . .

§ 56. . . . . Quia multe magne cause in nostro parlamento inter notabiles personas et magnas aguntur, ordinamus et volumus quod duo prelati et due alie bone et sufficientes persone laice de nostro consilio, vel saltem unus prelatus et una persona laica, causa audiendi et deliberandi dictas causas, continue in nostris parlamentis existant.

§ 57. Item, volumus quod littere super factis criminalibus confecte ad nostrum magnum sigillum nullatenus recipiantur, donec correcte et signate fuerint per duos fideles homines nostri consilii, vel saltem per unum quem ad hoc duxerimus deputandum.

. . . .

§ 59. Ordinamus etiam quod si alique persone provinciarum que jure communi reguntur in parlamento nostro causas habeant, que jure scripto debeant terminari, sententia diffinitiva ipsarum secundum jus scriptum feratur.

. . . .

§ 62. Preterea propter commodum subjectorum nostrorum et expeditionem causarum, proponimus ordinare quod duo parlamenta Parisius et duo scacaria Rothomagi et dies Trecenses bis tenebuntur in anno; et quod parlamentum apud Tholosam tenebitur[1], si gentes terre predicte consentiant quod non appelletur a presidentibus in parlamento predicto.

CXXII

1er *juin* 1306. — *Ordonnance touchant la procédure des gages de bataille.*

Cette ordonnance se trouve dans un grand nombre de mss. relatifs aux règles de chevalerie, « théâtres d'honneur », etc. V. notamment Bibl. Bodléienne, Ashmolean manuscripts, n° 764, f° 44. Elle est aussi incorporée dans le *Stilus Curie Parlamenti* de Du Breuil. — *Ed.* Ch. Dumoulin, *OEuvres complètes*, II, 424 ; *Ordonnances du Louvre*, I, 435 ; *Cérémonies des gages de bataille selon les constitutions du bon roi Philippe de France...* publiées par G. A. Crapelet, in-8°, Paris, 1830, pp. 1-3.

Phelipe, par la grace de Dieu roi de France, à tous ceus qui ces presentes letres verront, salut. Savoir faisons que comme ça en arriere, pour nos guerres et autres justes causes, pour le commun prouffit de nostre roiaume, nous eussions defendu generalement à tous nos subgez toutes

---

1. Quelques mss. ajoutent : « sicut teneri solebat temporibus retroactis. » (Cf. ci-dessus, n° CXII.) — Philippe le Bel ne donna pas suite au projet de rétablir des parlements à Toulouse, quoi qu'en ait dit Guillaume Bardin. Voy. *Histoire générale de Languedoc* (éd. Privat), X, pp. 59, 440.

manieres de guerres et tous gaiges de bataille, plusieurs malfaiteurs se sont avanciez de faire homicides et autres griefs malefices et excès, pour ce que, quand il les ont faiz couvertement et en repost, il ne pevent estre convaincuz par tesmoins; et, pour que ce que nous en avons fait pour le commun prouffit et salut ne donne aux mauvais cause de mal faire, nous avons pourveu que la ou il aperra evidemment homicide ou autre malefice grief, excepté larrecin, de quoi peine de mort se deust ensuivre, avoir esté fait en traison ou en repost, si que celui qui l'auroit fait n'en peust estre convaincu par tesmoins ou par autre maniere suffisaument, nous voulons que, en defaut d'autre preuve, on puisse celui ou ceux qui, par indices ou presomptions semblables à voir, soient de tels faiz soupçonnez, appeler de gaige de bataille, et souffrerons quant à ce cas les gaiges de bataille. Et en tel cas tant seulement nous atrempons nostre deffense dessusdite, es lieux et es terres esquels gaiges de bataille avoient lieu et ont été accoustumez avant ceste defense. Et n'est mie nostre entencion que ceste defense soit rappelée, ne atrempée en nuls cas passez devant la date de ces letres, desquels condamnacion ou absolucion soient faites, ou enquestes faites afin que l'on les puisse jugier à absoudre ou à condamner. Ne n'est mie nostre entencion que ceste defense soit rappelée ne atrempée en nul cas ou il apparoistra evidemment que le fait fust advenu. — Donné à Paris, le mercredi apres la Trinité, l'an de grace mil trois cens six[1].

---

1. Voyez, à titre d'illustration de cette ordonnance, un arrêt du 26 avril 1309 au sujet du gage de bataille entre les comtes de Foix et d'Armagnac: *Histoire générale de Languedoc* (éd. Privat), X, pr. c. 493: « Gagium duelli per comitem Armeniaci, propter omnia facta per eum proposita contra comitem Fuxi, redditum.... Parisius coram nobis, nos amovimus ex causa et ad nichilum posuimus; et specialiter, quia per inquestas factas de mandato nostro super aliquibus ex dictis factis, veritas est reperta ad finem faciendi justiciam super hiis per judicium via juris, et sic, secundum ordinacionem per nos factam super duellis, non debet duellum recipi pro casibus plene probatis... »

CXXII bis

Instruction annexée à l'ordonnance du 1ᵉʳ juin 1306 sur les gages de bataille.

A l'ordonnance du 1ᵉʳ juin 1306 se trouve jointe dans la plupart des mss. une instruction détaillée sur la procédure du duel judiciaire, qui est un véritable code de cette procédure.

Ce code de la procédure des gages de bataille a été imprimé, en français, par Laurière, dans les *Ordonnances du Louvre*, I, 435-441, note A, et par G. A. Crapelet, *Cérémonies des gages de bataille selon les constitutions du bon roi Ph. de France...* publiées d'après le ms. de la Bibliothèque du roi, in-8°, Paris, 1830, pp. 4-35. Du Breuil en a inséré quelques fragments, rédigés en latin, dans le chapitre XVI de son *Stilus Curie parlamenti*. M. Boutaric en a donné une analyse, *la France sous Philippe le Bel*, p. 53 et suiv.

Comme cette pièce est très longue et que les copies du xvᵉ siècle que nous en connaissons ne nous permettent pas d'en établir un texte critique qui soit sensiblement supérieur à celui des *Ordonnances* ou à celui de Crapelet, nous nous contenterons présentement de renvoyer à l'édition de Laurière, dont voici les rubriques :

Les quatre choses appartenant à gaige de bataille, auparavant qu'il puisse être adjugé.

Comment le deffendeur se vient présenter devant le juge sans estre adjourné [1]*.*

S'ensuit le premier des trois cris et les cinq deffenses que le roy d'armes ou héraut doit faire à tous gaiges de bataille.

S'ensuivent les requestes et protestacions que les deux champions doivent faire à l'entrée du champ.

Comment les eschafaux et les lices du champ doivent estre, le siège de la croix et du To igitur, avec les pavillons des champions.

S'ensuivent les trois sermens que doivent faire ceux qui sont tenus combatre en champ par gaige de bataille.

Le dernier des trois cris que le roy d'armes ou héraut doit crier à haute voix au milieu des lices.

Par quantes manières le gaige de bataille est dit oultre.

Conclusion. — [*Ci finent les cérémonies, ordonnances et statuz de France qui appartiennent et sont requis à tous gaiges de bataille faiz par querelle.*]

---

1. Cette rubrique ne s'applique qu'au premier paragraphe qui suit. Les dix autres paragraphes de ce chapitre sont consacrés à l'introduction de la demande, à la procédure de la présentation, à l'armement des champions, etc.

CXXIII

Poitiers, 1er mai 1307. — Quod si inter barones senescallie Tolosane moveantur cause in quibus vadium duelli incidere debeat, senescallus, nullo habito processu, partes ad examen Curie Parisius remittat.

Copie : Arch. municip. de Toulouse, AA. 147, p. 124 ; Bibl. Nat. lat. 9993, f° 50. — *Ed. Ordonnances du Louvre*, XII, 367 ; *Hist. gén. de Languedoc* (éd. Privat), X, pr. c. 464 ; A. Baudouin, *Lettres inédites de Philippe le Bel*, Paris, 1887, n° 181.

Philippus, Dei gratia Francorum rex, senescallo Tholosano, salutem. Cum non sit intentionis nostre, si inter barones senescallie vestre moventur seu moveri videantur cause in quibus debeat seu videatur duellum belli incidere, quod vos causas hujusmodi debeatis in assisiis vestris aut coram vobis qualicumque modo audire seu qualitercumque tractare, nos, subditorum nostrorum quietem et pacem totis desideriis affectantes, et in eorum tranquilitate letantes, mandamus vobis, et ex causa, quatinus, quandocumque tales cause movebuntur seu moveri incipient coram vobis, in eis nullatenus procedatis, nec aliquem coram vobis processum in causis hujusmodi, etiam ab initio, fieri permittatis, sed in hujusmodi casibus et similibus, nullo coram vobis habito super eis processu, partes ad examen Curie nostre Parisius remittatis. Datum Pictavis, die lune ante Ascensionem Domini, anno ejusdem MCCCVII.

CXXIV

« *C'est l'ordenance des parlemenz* ». — *Sans date, mais postérieur à 1307* [1].

Bibl. nat. lat. 10919, f° 156. — *Ed.* Publié d'une façon incomplète par Pasquier (*Recherches de la France*, II, ch. 3), reproduit en partie par les *Ordonnances du Louvre*, I, 547; XII, 353 note, et par M. Boutaric (*La France sous Philippe le Bel*, pp. 201, 204, 205).

C'est l'ordonance des parlemenz.

Il aura .II. parlemenz en l'an, des quex li uns commancera as octaves de Pasques et li autres as octaves de la Toussainz ; et ne durra chascun que .II. mois.

Il aura aus parlemens .II. prelaz, c'est assavoir l'arcevesque de Narbonne et l'avesque de Reynes, et deux lays, c'est assavoir le conte de Dreux et le conte de Bouloigne.

Il aura XI clers et XI lays souz eulx ; et seront li XI clers :

Messire Guillaume de Nogaret, qui porte le grant seel.
Le doian de Tours.
Mestre P. de Laon.
Mestre P. de Latilly.
Le chantre d'Orliens.
Mestre Andri Porcheron.
Mestre Jehan le Duc.
Mestre Robert de Foylloy.
Mestre Denise de Senz.
Mestre Philippe le Convers.
Mestre Gerart de Cortonne.

Li XI lays du parlement seront :
Le connestable.

---

1. Sans date ; postérieur à 1307, année où G. de Nogaret prit le grand scel. (V. *Hist. gén. de Languedoc* (éd. Privat), X, p. 57.)

Messire Guillaume de Plaisian.
Messire Etienne de Bienfaite.
Messire Pierre de Blanon.
Messire Jehan de Woissy.
Messire Guillaume de Marcilli.
Messire G. Courteheuse.
Monseigneur Hugue de la Celle.
Monseigneur Ph. de Blaveau.
Jehan de Montigni.
Pierre de Dyci.

Aus Enquestes seront :
L'avesque de Coustances.
L'avesque de Soissons.
Li chantre de Paris.
Mestre Courrart de Crespy.
Mestre Jaque de Saint-Abert.
Mestre P. de Moncy.
Mestre Goulard de Mey.
Mestre Pierre de Blarru.
Bernart du Mes.

Et est à entendre que il delivreront toutes les enquestes qui ne toucheront honneur de cors ou heritage; et de ce mesme prandront il bien leur conseil et leur avis ensemble; mes, ançois que il les delivrent, il en auront le conseil de ceux qui tendront le parlement.

Aus [Re]questes de la Langue d'oc seront :
Le prieur de Saint Martin des Champs.
Mestre Raoul Rousselet.
Mestre Ph. de Mornoi.
Messire G. Flote.

Aux Requestes de la Langue françoise seront :
Mestre Raoul de Mullent.

Messire P. de Saint-Avez.
Mestre G. du Buisson.
Mestre Lambert de Voissy.
G. de Vui.
Le chastelain de Neelle.

A la chambre des Comptes et aus Comptes de l'Eschequier est ordrenez :
Aus Eschequiers iront :
L'arcevesque de Narbonne.
L'avesque de Miauz.
Mestre Pierre de Latilli.
Mestre Philippe le Convers.
Le conte de Saint Pol.
Messire Mahy de Brie.
Le seigneur de Chambli.
Monseigneur Estienne de Bienfait.
P. de Dici.
Renaut Barbou.

Aux Jourz de Troyes, qui sont à la quinzinne de la Saint Jehan, seront :
L'avesque de Nevers.
L'avesque de Soyssons.
Le chantre d'Orliens.
Mestre Denise de Sens.
Messire G. de Nogaret.
Messire Hugue de la Celle.
Bernart du Mes.
P. de Dicy.

Et est nostre entente que cil qui portera nostre grant seel ordenne de envoier et baillier aus requestes de la Langue d'oc et de la Langue françoise des notaires tant cum il verra que il sera à faire pour les besognes despescher.

Et voulons encores que li simples clercs qui seront à nostre parlement, qui soloient prendre .v. sols par jour, à la fort monnoie, preignent .x. s. par jour, tant que la monnoie qui à present a cours soit ramenée au point de l'ancienne monnoie. Et li simples lais qui prenoient .x. sols, en aient .xv., tant que ceste monnoie ait fait son cours.

CXXV

3 octobre 1308. — « *Ordinatio parlamenti incepti* ».

Min. Arch. nat. JJ. XLII, f° 127. — *Ed. Actes du Parlement de Paris*, II, 48, c. 2.

Mandatum baillivo Viromandensi quod faciat publicare prorogationem parlamenti.

Ph. *etc.*, baillivo Viromandensi, salutem. Cum nos instans parlamentum octabarum Omnium Sanctorum ex causa prorogaverimus usque ad octabas instantis festi dominice Nativitatis, et diem tue baillivie dicti parlamenti sic prorogati fecerimus assignari ad diem crastinam octabarum Nativitatis Domini predicte, mandamus tibi quatinus in tuis assisiis et per bonas villas tue baillivie et ejus ressorti, prorogacionem et assignacionem predictas sollempniter ex parte nostra facias publicari, et ita tempestive quod illi quorum interest predictas prorogacionem et assignacionem tempore debito scire possint, sciturus pro certo quod si, propter defectum dicte publicacionis, aliqua pars dampnum incurrerit, nos ad ipsius in hujusmodi dedampnificacionem contra te faciemus efficaciter habere recursum. Et quicquid super hoc feceris, ad dictam diem Curie nostre per tuas patentes litteras rescribas.

Datum Parisius, die jovis post festum beati Michaelis, anno Domini MCCCVIII.

Scriptum fuit sub ista [forma] omnibus baillivis et senescallis :

[Primo, baillivia Viromandensis: a die jovis in crastino Circoncisionis Domini.

Senescallia Petragoricensis. » Xanctonensis... Ducatus Acquitanie.....	Ad eamdem diem jovis.
Baillivia Ambianensis......	Ad diem jovis post Epiphaniam Domini.
Baillivia Silvanectensis..... » Gisorcii.....	Ad diem mercurii post octabas Epiphanie Domini.
Prepositura Parisiensis .... Baillivia Senonensis....... Comitatus Campanie.......	Ad diem dominicam post octabas Epiphanie.
Baillivia Turonensis........ Senescallia Pictavensis..... Baillivia Aurelianensis.....	Ad diem sabbati in festo Conversionis sancti Pauli.
Baillivia.. { Bituricensis .. Matisconensis. Arvernie.....	Ad diem jovis post festum Conversionis sancti Pauli.
Normannia................	Ad diem mercurii post Candelosam.
Senescallie { Bellicadri..... Carcassonensis. Ruthenensis... Tholosana	Ad diem lune post octabas Candelose usque ad vigiliam medie quadragesime.

et tunc finiet istud parlamentum; et per totum istud parlamentum expedientur inqueste.

CXXVI

1310. — « *Ceo est l'ordenence du Pallement faite en l'an MCCCX* »[1].

Copie : British Museum, Julius E. 1, f° 276[2]. (Inédit.)

§ 1. Primerement q'il soit publié en cest pallement present et en totes cours de baillifs et de seneschaux par ij foiz en chascune assise, e deux assises devaunt le prochein pallement, que tut cil qui auront cause en pallement soient presentz dedenz le primer jour ou le second à plus lunge de lor baillie ou de lor seneschaussée, avaunt que le sege du pallement soit levez, ou autrement, sanz nul esperaunce de grace et sanz demander defaute, il ne soient plus resceuz, ainçoyz serront tenuz pur purs defaillans, e serra li defautz puis la en avaunt bailliez à leur partie tote foitz q'il serra requis.

§ 2. Et que tuit les baillifs e seneschaux eient certefié par lor lettres pendantz e overtes par devers mestre Perres de Burges envoiez dedans la procheine feste de mi-aust ceo qu'il en auront fait, souz peine de lx livres de bon parisis de chescun bailli ou seneschal qi en serra defaillantz et qi n'aura fait suffisaument les choses desusdites.

§ 3. Item que tuit cil qui se presentent facent especial pre-

---

[1]. Cette ordonnance a été reproduite avec quelques modifications le 18 novembre 1318, à Bourges, par Philippe V (v. Bibl. Nat. lat. 9015, n° 35; *Ordonnances du Louvre*, I, 674). L'édition originale de 1310 n'avait pas encore été signalée.

[2]. Le ms. Julius E. 1 contient une traduction anglo-normande de l'exemplaire de l'ordonnance de 1310 qui avait été expédié à Edward II, et dont l'original, aujourd'hui perdu, est ainsi coté dans un inventaire des archives de la couronne d'Angleterre dressé en 1329 : « Ordinacio parliamenti Parisius per consilium Francie facta, anno Domini MCCCX. » (Rec. Off., Treasury of receipt, A. 5/8, p. 177). — Tous les grands vassaux et tous les baillis reçurent des exemplaires de cette ordonnance (n° CXXVI *bis*).

sentacion en chescune baillie ou seneschaussée, e laquele il auront à faire. Et se il ont à faire en deverses baillies ou seneschaussées ou en une seule, qe en chescune presentacion il facent escrire touz ceaux contre qi il se presenteront, ou autrement de tut le pallement il ne seront resceuz encontre, mes qe encontre ceux contre qi il serront presentez; et qe chescunes qi se presenteront porte le noun de la partie apres ceo q'il se presentera pour estre presentz (*sic*), deligentz de soi deliverer apres celi qi ira devaunt de li, si comme apres s'ensuyt.

§ 4. Item qe totes maneres des parties solonc ceo q'eles serront presentez serront deliveretz par l'ordre des presentacions, sanz nul avantage de doner audience à altre persone, mes qe solonk l'ordre q'il serront presentez. E se gardent les parties qe eles soient trovez à l'uis de la Chambre presentez e garniez de lor consail quant eles serront appellez. Car les parties presentez serront tantost deliverez sanz delay; et se l'une est presente e l'autre absente, la presente enportera des lors tel profit comme se il ne feust point presentez. E e totes les deux parties sount defaillantz, revieignent en l'autre pallement, sanz esperance d'estre oyi au pallement present, se la court ne vooit q'il l'eussent en fraude d'aucune chose fait qi touchast le roi. E ainsi se delivrera chascune baillie ou seneschaussée avaunt qe l'en comance l'autre.

§ 5. Item qe la partie qi ne serroit oie e deliverée par le defaute de son advocat qi devroit plaider sa cause, et serroit certain qe ceo serroit par le defaut, serroit apres oie, mes l'advocat en paieroit x livres d'amendez touz ses, avaunt q'il feust oiz en altre cause. E est à entendre des advocatz residentz en parlement, qar nule partie ne serroit escusé pur atendre advocat estrange ne de son paiis.

§ 6. Item qe nule cause prendra delai contre quele persone qe ceo soit, per ou baron, q'ele ne se delivre solonc l'ordre desusdit pur grace que li roys face, se ceo n'est à alcun qi soit absens pur le commun profist, dount de grace sa cause serroit mise à l'autre pallement. E en cas de droit demené des pairies e des baronies, des queles li roi mettroit par devaunt li à sa reverance, et qe la cause feust attendue à sa venue, ou autrement homme la delivreroit sanz nul attente.

§ 7. Item que nule baillie ne seneschaussée serra comencé tant qe tut li arest de l'autre serront prununcié e conseillé, si ceo n'estoit en cas ou la court par ascune grant cause veudroit attendre le roi, en quel cas la court diroit as parties q'il s'en porroient raler en lor pais jusques à tant qe li rois feust revenuz, si lor plaisoit.

§ 8. Item qe bones persones e apertes de deliverer soient à requestes de la langue d'oc et de la françoise. Et qe en ohescun siege des requestes eit iiij notaires, un de sanc e iij altres qi par leur serremenz soient tenuz d'estre as requestes tant come les maistres des requestes serront, sanz faillir e sanz aler en la Chambre; et qe par lour serrementz il ne purront faire altres lettres tant come il eient lettres de requeste, et qe les lettres q'il ferront il reporteront escrites au matyn à lor meistres des requestes, les queles il corrigeront s'il voient qe eles facent à coreger, et les signeront d'un signeyt qe l'un d'eux portera, connu de chanceller, et les envoiaront à chanceller totes corigés e signez pur sealer; e s'il y a ascun defaut, si en serront blamez cels qi les auront signés e panssés; e n'aura à chescun siege des requestes qe .i. signet tel com ly roys ordenera; e ne purront connestre ne prendre conissance de causes ne de quereles, especialment du principal des causes, qi doivent estre demenetz en pallement, ou devant les baillis ou les seneschaus; mes se partie opposoit contre requeste à la fin qe la lettre de justice ne soit doné, il purront bien conoestre e oier les parties à la fin se il donront lettre de justice ou noun.

§ 9. Item qe nul auditour ou commissaire envoié ou douné de la court de France en enquestes ne purront prendre pur lour depenses de chescune jornée, cest assaver cil qi irra à iiij chivals ou à meyns, qe xl. s. par le jour; cil qi irra à v. chivals, l.. s. par [jour]. Et cil qi en avera plus, de quelcunque autorité q'il soit, s'il n'est ducs ou cuns ou prelatz, ne purra prendre que lx s. Et si li roys savoit qe ascuns en levast ou paiast plus, aroit le punissement q'il ferroit de ceuls qi plus en receyveroient, ou l'averoit il de ceux qi le paieroient, pur chescun foiz qe il seroit payé, lx livres d'amende.

§ 10. Item qe le jour que li rois vendra à Paris pour oier les causes q'il i aura reservés pur oier devant lui, le pallement de tutes autres quereles rompra, e serront publiés lesqueles causes il aura reservés en pleine court, pur ceo qe nuls n'y demore s'il n'y a ad faire. E si tost come les causes reservez à li serront deliverez, le pallement faudra tut à pleyn et rompra, noun contrastaunt requestes qe ascuns grant home eit à faire à li. Et serra adunk publié le novel pallement e escrit à baillif e à seneschal.

§ 11. Item li roys enjoint à touz ceus du pallement, soient de la chambre des enquestes ou des requestes, sur leurs seremontz, qe de nule cause qi en pallement soit il ne reçoivent enformations ne paroles privees en leurs maisons ne ayllours, quel qe persone lor en voloie parler ou enformer par lettre ou par message, ne en autre manere, fors solement ou pallement, les parties presentes pledantz e mustrantz lor droit.

CXXVI bis

Juillet 1310. — Le bailli d'Amiens accuse réception à Pierre de Bourges, clerc du roi, d'une récente ordonnance « seur l'expedition des causes dou parlement ».

Or. British Museum, Additionnal chartera, n° 11316. — Ed. Ch. V. Langlois, *De monumentis*, etc., p. 102-3.

A honnorable homme et discreit maistre Pierre de Bourges, clerc nostre signeur le roy, li vostres, Hues de Sillais, baillis d'Amiens, salut, et lui aparilliet à vos plaisirs et commandemens. Sire, je reçus à Amiens le juesdi devant feste Saint Pierre entrant aoust les lettres nostre signeur le roy, ensamble les ordenances faites ou dernier parlement seur l'expedicion des causes dou parlement; et mandoit nos sires li rois que seur la painne contenue en ladite ordenance je feisse publier icelle si comme dedens est contenu, et vous rescreisse ce que fait en aroie. Pourquoi je certefie à vostre discrecion que ladite ordenence j'ai fait de pieça publier par toute la dite baillie une fois en chascune assize; et icelle ordenance me bailla li baillis de Vermandois; et pour ce qu'il est contenu en l'ordenance que dedans ceste prochainne mi aoust chascuns baillis ou seneschaus l'aist fait publier une fois ou deux en sa baillie ou seneschaucie, en assizes, seur painne de .LX. l., vous certefie je que je l'ai fait publier une fois en chascune assize et la ferai encores publier as premieres assises que je tenrai. Seur ce, sire, veuillez me mander de ce et d'autres choses vostre volenté. Diex soit garde de vous. Donné à Amiens, ledit jour, l'an M. CCC. et dis.

CXXVII

Vers 10. — Requêtes des représentants d'Edward II à Philippe le Bel au sujet des appellations d'Aquitaine, avec les réponses du roi de France.

British Museum, Julius E. 1, f° 309, v°. — Ed. Champollion Figeac, *Lettres de rois, reines*, etc., II, 39.

SIGNIFICAVERUNT regie majestati gentes regis Anglie et ducis Aquitanie, quod, licet de antiqua consuetudine ab officialibus et subditis dicti ducis in dicto ducatu, passim in omni casu ad ejus senescallos, seu locum tenentem ducis ipsius in ducatu predicto, consueverint appellari, et per ipsos senescallos seu locum tenentem cognosci de appellationibus supradictis: appellaciones tamen appellancium ad vos seu Curiam vestram Francie, omisso predicto medio, contra dictam consuetudinem, in dicti ducis prejudicium, per vos seu ipsam Curiam noviter admittuntur.

Dominus rex non concessit istam; tamen mittetur, si velint, ad inquirendum qualiter sit usitatum.

Item, significaverunt quod, cum a senescallis, seu locum tenente dicti ducis in dicto ducatu, tam in causis predictarum appellacionum quam aliis de quibus principaliter cognoscunt, ad vos sive dictam Curiam vestram Francie, solum in duobus casibus, videlicet defectu juris et iniquo seu pravo judicio, consuetum fuerit appellari et appellationes admitti per vos seu Curiam supradictam; tamen ipsa Curia vestra Francie appellationes emissas indifferenter, eciam in quibuscumque aliis casibus, a predictis de novo recipit in prejudicium dicti ducis.

Placet regi quod sciatur qualiter sit usitatum; et si volunt quod sciatur, respondetur eis sicut est in quodam parvo rotulo, in hunc modum :

« Il est otreié de grace especial audyt roi d'Engleterre, quant aus apeaus, que en la terre qui se governe par droit escrit, om gardera le droit escryt[1]; e en la terre qui se governe par costume, l'en n'apelera que de defaut de droit e de faus jugement ou de tel grief excès qui soit hors de tote justice : c'est à entendre appeler de faus jugement, tote foiz que jugement se fra, e de defaute de droit, totez foiz que li juges suficiaument requis ou sommez faudra de fere jugement, en cas ou il afiert jugement à fere par la costume de la terre; e durera ceste grace ıı ans; sauf ceo que, si acunz du payz se veut doloir que ceste grace soit en son prejudice, pour cause suffisanz qu'il alegera, la court le roi de France en fra droit. »

Item, significaverunt quod, cum eadem vestra majestas regia inclite recordacionis domino Edwardo, regi Anglie, dum novissime venit ad partes Vasconie, in perpetuum concesserit quod, quandocumque a duce Aquitanie, seu ejus senescallo in dicto ducatu, ad Curiam Francie contingeret appellari, Curia Francie, antequam in hujusmodi appellacione procederetur, per suas litteras dictos appellantes remitteret ad ipsius ducis examen[2], ita videlicet quod prefatus

---

1. Cf. ci-dessus, p. 135 § 6.
2. Voyez ci-dessus, nº XCVIII.

dux vel ejus senescallus infra tres menses a recepcione dictarum litterarum, emendarent et corrigerent id super quo fuerat appellatum; alioquin ex tunc dictus dux seu ejus senescallus denuo citarentur, et procederetur in appellacionibus supradictis : tamen gentes vestre predicta non servant, concessionem hujusmodi infringendo.

Non potest fieri sine injuria. Tamen fiet eis littera, si velint, secundum visionem sub hac forma factam in alio rotulo in gallico :

« Il est otreié au roi d'Engleterre que, si aucuns appellaunts enpetre adjornement en la cause d'apel au parlement venaunt, peut r'aler à la gent le roi d'Engleterre; e s'il veut, le jour pendent, [peut] renuncier à son apel, e fere acord à la court du roi d'Engleterre e à partie, ou prendre droit et jugement, s'il li plest. E ne le porra [le] roi de Fraunce suir d'amende, pur ceo fere. Sauf totez voyez que si la besoygne n'avoit pris fin par renunciacion, acort ou jugement dedeinz le jour assigné en parlement, si li apelauntz veut, la querele revendroit au parlement pur fere droit come devaunt, entre touz ceuz q'il porroit tocher. E durera ceste grace jusques à x anz. »

CXXVIII

Vers 1310. — Requêtes d'Edward II à Philippe le Bel au sujet des appellations d'Aquitaine, avec les réponses du roi de France.

British Museum, Julius E. 1, f° 291, r°. — *Ed.* Champollion Figeac, *Lettres de rois, reines,* etc., II, 48.

A son tres cher seignour le roi de Fraunce prye sez humble fyz Edward, roi d'Engleterre e duc de Guyayne, que la grace qi fu fete à son pere le roy d'Engleterre à sa vye[1], c'est à savoir que, si ledyt son pere ou son lutenaunt en

---

1. Voyez p. 131.

duché escheoyent ou estoyent convencutz en causes de apeaus fetz en la cour de Fraunce, ne encorussent peyne ne cheissent en forfeture, e que sauf li fust tot droit contre les appeaus qui cherroyent, et de renvoyer les appeaus à la court du dyt duc pour emender le jugement et pour fere droit, si defaute y estoit, dedeinz troys moys, [soit grauntée] de plener poer royau audyt Edward son fyz e à ses heirs descendaunz de li e de dame Isabelle, sa chere compaigne, fylle dudyt nostre seigneur le roi de Fraunce, qui seront duc de Guiayne, e que li tens III mois soit doublez à VI mois.

R. A cest premier article ne sera nule response taunt que l'en voye plenere obeissaunce en la duché de Guyaine.

. . . .

ITEM. Q'il soit graunté au duc de Guiayne à touz jours q'il ne soit apelé au roi de France ne à sa court de nul jugge, official ou ministre du duc de Guiayne, for de celi qui tendra generaument son lu eu meyme duché.

R. Ce ne peot estre fet saunz peché et saunz fere tort aus sogetz des justyes desqueus l'an a costume de auncienneté apeler saunz moyen en la court de France; mes des autres desqueus l'en ad costume de auncienté apeler au lutenaunt, le roi le fra.

ITEM. Que ens causes civiles ne soit apelé avaunt la definitive sentence, si ceo ne est ou cas ouquel le droit civils seoffrent que l'en apele autrement, ne que de diffinitive sentence soit apelé ou cas ou apel est defenduz par droit escryt. Et si l'en apele autrement, que tieus apeaus ne soyent receuz par le roi de Fraunce ne par sa court; ne à tieus apeaus ne soit l'en tenuz à obeir, ou depourtant (sic) soit la terre, ou tieus apeaus se front, governée par droit escryt ou par costume, ensi que la fourme et le tens d'apeler ne se chaungent.

R. Ceo ne peot estre fet en terre qui se coverne par costume saunz peché et saunz tort fere aus sogetz, des juges desqueus l'en a costume de auncieneté apeler saunz moyen en la court de Fraunce. Le roi ne le fra pas de jugges des queus ad acostumé de auncienté apeler sanz moyen à la court de France; mes des autres desqueus l'en ad acostumé d'apeler au lutenaunt, le roi le fra. Aus somys, le roi ne le fra pas en la terre qui se governe par costume, kar il ne le porrait fere sanz peché; mes en la terre qui se governe par droit escryt, il le fra.

ITEM. Que ens causes de crime, si comme est homicide, larrecin, robberie e autres crimes dont peyne de vie ou de membre doit [ensuivre], l'en ne pusse appeler, kar ainsi est veez par les ministres et justiciers du roi de Fraunce; e pour ceo que par tieus apeaus mout d'omicides et d'autres malfets sunt demorez saunz punyssement, ceo ne peot estre fet saunz peché et saunz tort fere auz souzgets en pays qui par costume se governe, se n'estoit en cas ou custume fust tele; ne en païs qui se governe par droit escryt, sinon ou cas ou droit defendroit tieus apeaus; meesmement de home d'estat e de bone renomée, e de ribauds, larrons, murtriers e autres de mal renomée, desqueus ne seroit pas presumpcion que par hayne, ne pur ce leur les justicinst(?), est onkore perilleus; car que l'en pusse apeler d'un petyt heritage e non de la persone d'um home, semble que ceo seroit grand inconvenient.

R. Le roi ne le fra pas en pays qui se governe par costume si n'estoit en pays ou costume fut tiele, ne en pais qui se governe par droit escryt, sinon en cas ens queus droitz escrytz defendroit tieus apeaus estre receuz, mesmement de persones d'estat ou de bone renomée; mes d'autres viles persones e de male renomée, si come desus est escryt, il le suffrira, si ne voit que ont mesfeist de tiele suffraunce; laquele chose si il poit savoir, il le repeleroit quant à touz.

ITEM. Que l'en ne pusse apeler de defaute de droit, si n'est en article de difinitive sentence ou autre peremptoire ou grandement prejudicial; e que lors pour eschiver la subornacion e la fausseté des temoignez, que ens ces cas mesmement seulent estre fetes. E pour refrener la malice des apelauntz, soit pourveuz remedie covenables. E semble que sur ceo porroit l'en tiel remedie mettre : c'est assavoir, que celi qui demaundra droit doint sa demande en escryt à celi qui tendra le lu du duc de Guieyne. E cil mesmes lutenaunt doint ausi sa response en escryt, e sur ceo doint et soit tenuz à doner sa letre overte; e si il la devoit doner, que sur ceo soit fet instrument public par acun tabellion du pays ou ces choses se frount. E en cel instrument soyent expressé en la meillore manere que fere se porra, le jour, le lu et l'oure, pour ouster tote fraude. E que la court de Fraunce ne graunte à nul somonce par defaute de droit, se il nel apert par letre au lutenaunt du duc ou par instrument public, qui conteigne la demaunde de la partye et la response du lutenaunt, e cum il la deyve doner la letre que la response que le lutenant avera fete par defaute de droit. Et que la court de Fraunce teigne dever soi cele letre ou cel instrument par reson duquel grauntera somonse sur defaute de droit, pour ceo que la partie ne pusse [changier] en la verité du feit.

R. Cest article ne se peot fere en pays ou l'en use de costume : ens cas ou le jugge est tenuz de rendre droit en la provision desus escryte, porroit estre mout perilluse se li jugges de qui l'en apeleroit ne voloit guarder bone foi; e en la terre qui se governe par droit escryt, l'en apele pas de defaute de droit, einz vient l'en au sovereyn par simples quereles, et le soverein mande à son feal que il face droit, ou il le fra en defaute de lui. Le roiz ne fra pas ceste requeste, car il ne porroit sanz tort fere et sanz peché en pays qui se governe par costume. E la provision desus escryte seroit mout perilluse aus sugetz, car li jugges se coroussent volunters quant om apele de eus. E bien doit suffire, car aussi porroit il prover, e seroit receu à ceo, q'il eyent offert à fere droit, comme lur aversaire porront prover que en lur eyt defailhi de droit fere. E en terre qui se coverne par droit escrit, ne vient l'en pas au sovereyn par apel de defaute de droit, mes par voye de simple querelle, e li sovereinz escryt à son soget q'il face droit, ou icil sovereinz le feroit en la defaute du soget.

Item. Que les apelans ne soyent exempts forz en la cause en quei il apelerount.

R. En la terre qi se governe par costume, ne peot estre fet sanz fere tort aus sogetz et saunz peché. Ceste requeste, li roi, en la terre qui se governe par costume, ne fra pas ceo, car il ne porroit sanz tort fere aus sogets e sans peché. En la terre qui se governe par droit escryt, il le fra solon ceo que droit escrytz veut.

Item. Que les apelans ne eyent adherentz quant à excepcion ne quant autre chose qui pust empescher la juridiction du duc de Guieyne.

R. Li roiz l'otroye, for en cas ou la nature de la cause enporte acraunce à lu; ou si li aderant n'estoit tiel que par la moleste que l'en lur froit, li apelaunt porroyent estre enpeché de purseure lur apel, ausi comme pere enfaunt, sauve de l'apelaunt et de sa propre persone meyme, e persones semblables, desqueus fust grant presumcion qu'il fussent grevé par reson de l'apel.

Item. Que li duc de Guieyne ou son lutenaunt duquel l'en apelera ens causes ens queus il ne fra partye, ne soit tenu de pourseure lesdytes causes en la court de Fraunce, forz quant [bi]en li semblera; mes les parties les poursuent, si il quident bien fere.

R. Il ne se peot fere en terre qui se governe par costume sauns fere tort aus sogetz, si il ne voloyent que la sentence lur feist autiel prejudice comme si il avoient y esté. Li roiz ne le fra, ne le peot fere, sanz fere tort et sanz peché, en terre qui se governe par costume, s'il ne voloyent que la sentence lur feist autiel prejudice comme s'il y estoient apelé et fussent present. E en la terre qui se governe par droit escryt, l'en lur gardera droit escryt.

Item. Que des causes des appeaus du duché de Guieyne, soyt la terre ou li apel se front governée par droit escryt ou par costume, conoysse l'en e juggo au comun [auditoire] de la court de Fraunce et non aillurs, e par les greignurs du conseill. E ens causes qui principaument tocheront le duc de Guieyne, par les pers de Fraunce.

R. Li roiz otroye que ens cas qui tocheront le duc, soyent fet li justicement par le grant et comun conseill, e de partie à partie, si come il est acostumé; mes que la court doyve estre garnie de pers, ce ne se doit fere, for ens cas ou il deyvent estre apelé.

Item. Que li lutenaunt du duc de Guieyne de qui l'en apelera à la court de Fraunce, pusse assigner jour à l'apelaunt au procheyn ensuant parlament, e estre ce que la court de Fraunce ordeyne que certein tens soit establit, dedeinz lequel li apelauntz pourchace e face mettre à execucion la somonce en la cause de l'apel, quant li lutenaunt du duc ne li avera asigné jour au parlement; autrement sera tenuz pour non apellant.

R. Li roiz l'otroye, mes que li justies de qui il sera apelé doint jour au parlement au jour du duché e q'il y eit espace suffizaunt, et en doint sa letre, et que li non venaunt aient tel damage cum il averoyent, se il estoyent semons par la court. Li termes dedeinz lequel li apelantz doit enpetrer son ajournement est mys par la costume de la court, c'est assavoir dedeinz le prochein parlement, si il y ad assez de tens.

Item. Que chacun pusse à son apel, q'il avera fet à la court de Fraunce, renuncier sauz licence e hors de ladite court.

R. Il est fesable de grace, pourquoi li apelauntz le face de son bon gré.

Il plest au roi à fere de grace à son fiz, si li appelauntz le face de son bon gré.

Item. Que aus apelaunts ou autres sogetz du duché de Guieine, li roiz de Fraunce ou sa court ne doint licence de porter armes en duché ou de eus ou lur lus garnir ou defendre encontre les justiciers ou ministres dudyt duc. E qui le contraire fra, n'eyt amende par la court de Fraunce; kar par tiele licence sont avenus mout de maus en duché de Guieyne.

R. Li roy l'otroye en taunt come li ministres du roi d'Engleterre soyent plenerement obeissaunt ens apeaus, autrement non; et que li apelaunt e lour biens soyent exempts si come il deveront par la costume, et que la partie adverse ne porte armes, si ceo ne soit en cas par quei il fust avys au roi q'il dust doner le congé, mesmement sur certeyn nombre.

ITEM. Que l'en doyt foi aus registres du duc de Guieyne sur les proces et jutiementz qui y seront registrés, e aussi au lettres qui seront prises d'iceus registres e seront scalées du seal de ladyte court, lesqueles seront monstrées en la court de Fraunce par une de les parties ens causes des apeaus; e que li lutenaunt du duc soyt tenus de fere bailler ticles letres dudyt seal à la partie qui les demandera, pur ce que les apeaus ne pussent chaunger ens proces et jutimentz, cum il ont fet au tens passé; e que les causes des apeaus pussent plus legerement estre terminées.

R. Il plest au roi, mes que de checune jornée la partie eit son proces souz le seau del juge, ou si le registre se escrivoit de assentement des parties, ou si la partie ne voloit prover defaute de la court, o si ele ne voloit prover contraire verité ou autre chose que escripture ne content; mes si partie voloit prover, si come est desus dyt, par tesmoynes outre les choses escrytes, ne fussent receus for persones dignes de foy e en nombre suffizaunt.

ITEM. Que nule cause soit oye ne receue en la court de Fraunce contre le duc de Guyeine ou ses sogetz par simple querele, mes taunt soulement par verai resort de apeau; car de ceo est la fraunchise des pers de France.

R. Il plest au roi, for ens cas es queus il y poent venir par la soveroineté li roi, en païs ou l'en use de costume e en païs ou l'en use de droit escrit, en cas de ladyte sovereyneté ou que droit escryt veot.

ITEM. Que les jutiementz et arestz de la court de Fraunce qui tocheront ledyt duc ou ses sogetz, lor soyent doné en escryt overtement en la manere q'il soyent pronunciés e mys en registres de ladyte cour.

R. Il est reson, et lur sera fet.

Item. Que les auditours des tesmoynes e autres executors doyvent aus parties qui les requerent, en escryt overt souz leur seals, lur proces sur totes les choses q'il front en ceo qui touche ledyt duc ou ses sugetz.

R. Il est fesable, sauf les deposicions des temoyns qui ne seront publiés. Il lur sera fet, sauf les deposicions des temoyns qui ne seront publiés.

Item. Que ledyt duc ou son lutenaunt ou ses souzmys ne soit tenuz de obeir aus seneschaus ou aus ministres du roi de Fraunce, si n'est par especial mandement de celi roi; lequel mandement il soyent tenus à monstrer.

R. Li roiz otroye ensi : c'est à savoir que l'en defendra aus seneschaus q'il ne le facent; non mye q'il doyvent congé aus ministres du roi d'Engleterre q'il desobeissent, car il devent touzjours obeir, e est contre la costume des autres pers qui obeissent aus baillis et aus seneschaus, pour fere recreaunces, pour mettre debatz en la mayn le roi, e ens cas de garde, e en defendaunt les apeaus, e en asignaunt jour au parlement. E ceste defense sera gardée, si le seneschal ou le lutenaunt ne le fesoyent pour perill aparissaunt ou pour cas de garde especial, la ou covient que il soyent gardé par les seneschaus e par les baillis, car autrement la garde vaudroit poi ou nient.

Item. Que quant les gents dudyt duc proposeront devaunt les seneschaus, auditours ou executours du roi de Fraunce, contre iteus mandementz cause resonable, ou ceus qui la proposeront tendront pour resonable, que il se ofrent de aler avaunt en la besoyne, e mettront jour au prochein parlement aus parties à qui la besoyne touche à oyr e recevoir droit sur ladyte besoyne; car autre que la court de Fraunce n'i peot jugger ledyt duc.

R. Il n'est pas fesable si cum il le requerent; e ne sera pas fet, si come il le requerent.

. . . .

Item. Que l'en ne face seyzynes ne sequestres en dyt duché par autorité du roi de Fraunce, si n'est par jugement de sa court, e que nuls seneschaus ne ministres du roi de Fraunce ne assaille ne envaïsse la terre de ladyte duché par armes ou autrement, sanz maundement dudyt roi especial, lequel mandement il soit tenuz de mostrer audyt duc ou à son lutenaunt.

R. Il n'est pas fesable ; totefoiz les gens du roi de Fraunce ne devent envayr ne envayront sa terre à armes, taunt come il seront obeissaunt, ne adoncques sanz comaundement du roi especial, si ce n'estoit par hastif ou aparissaunt perill.

. . . .

Item. Que enquestes que l'en fera ens cas qui deveront estre fetes, qui tocheront ledyt duc ou ses souzmis, soit publiés, si come ore ad acostumé fere des atestacions, e des tesmoynes en cas ordinaires.

R. Cest cas est contre la costume general de la Fraunce en terre qui se governe par costume, si n'est en cas de propriété ; pur quei il ne se peot fere pour le mauveis eussample qui s'enssueroit.

. . . .

Item. Que ledyt duc de Guieine pusse pleder en demaundaunt e defendant par procureur, e avoir procureur clerc en la court de Fraunce ou par devaunt auditors e executours qui seront assigné par ladite court, non contrestaunt costume ou estatuz qui soyent au contraire.

R. Il est fesable e plest au roi q'il pusse avoir clerc procureur ; mes il seroit mauveis eussample q'il pust pleder à toujours mes par procureur ; car ausi vodroyent avoir li grantz homz ; mes l'en li fra grace totefoiz que mester sera, saunz difficulté. E si avenoit que li roi feist la grace en acun tens, si comaundroit il encore en defendaunt e ensement en demandant, si il estoit avis au roi que la cause fust tiele parquoi il dust venir en sa propre persone.

. . . .

Cestes responses si-desus escrytes ad li roiz ordenées par son conseill, ausqueles il n'entent riens à chaunger ; e est s'entente que se pleinere obeissaunce ne se fesoit en la duché de Guyeyne, que eles fussent tenues pour nules ; e que l'obeissance soit tieus que ele dure.

CXXIX

Poissi, 26 avril 1313. — Noms des membres de la cour établis pour juger les enquêtes.

Min. Arch. nat. X¹ª, Criminel, 1, f° 2 v°. — Ed. *Actes du Parlement de Paris*, II, 109, c. 2.

Ce sunt les nons des persones qui sont establi de par le roy nostre seigneur à veoir et jugier les enquestes à Paris hors du parlement. Fait à Poissi, l'andemain de la Saint Marc l'an M CCC et XIII :

Monseigneur Guillaume de Plaisien ; monseigneur Pierre de Blanon ; monseigneur Guillaume Courtcheuse ; monseiseigneur Alphonse de Rouvray ; monseigneur Girart de Valery ; Mouton de Blainville ; monseigneur Regnaut de Sainte Beuve ; monseigneur Jehan d'Arreblay ; Pierre de Dici ; Bernart du Mez ; Pierre le Feron ; Guillaume de Hangest ; Loys de Villepreux. Et seront du conseil des enquestes quant parlement serra.

Et seront les dessus diz mesire Gerart de Valeri et mesire Jehan d'Arreblay, mesire Alphonse de Rouvray, Mouton de Blainville et Bernard du Mez, du parlement. Trestouz les dessus nommez seront tous jours aux enquestes juger, ou au moins les VI ou les V et les IIII d'iceus, et vaurra leur jugement autant comme se il y estoient tuit.

CXXX

Parlement de la Saint Martin 1313. — Philippe le Bel, à la requête d'Isabelle, sa fille, reine d'Angleterre, permet aux sujets du duc d'Aquitaine de se désister librement des appellations qu'ils auraient interjetées devant sa cour.

Or. Record Office, Diplomatic Documents, box XLVI, n° 1213. (Inédit.)

Memorandum sit quod in parlamento quod incepit Parisius in octabas beati Martini anno Domini MCCCXIII, et dies ducatus Aquitanie incepit in festo beati Gregorii, fuit dominus de Credonio, ducatus Aquitanie senescallus, dominus Guillelmus de Casis et Austencius Jordani, et eciam supervenit domina nostra regina Anglie que gratias obtinuit que sequuntur : primo, quod appellans possit renunciare et super hoc habuimus litteram, tenorem, qui sequitur, continentem :

Ph., *etc.*, noverint, *etc.*, nos ex causa concessisse carissimo filio Edwardo, regi Anglie, duci Aquitanie, fideli nostro, quod appellantes quicumque ad Curiam nostram ab audienciis senescallorum vel eorum officialium a quibus est consuetum ad nostram Curiam appellari in dicto ducatu, ab hujusmodi suis appellationibus, quecumque causa super eis in dicta Curia nostra pendeant, resilire ac eis renunciare valeant spontanei, non coacti, nec ad hoc inducti fraudulenter et maliciose per gentes ducis predicti, dum tamen, post hujusmodi appellationes, talia non fuerint per officiales dicti ducis attemptata, vel cause appellationis fuerint tales que non redundent directe in nostri prejudicium vel contemptum ; presentibus usque ad quadrennium continuum et non ultra in suo robore duraturis. In cujus rei testimonium, *etc.* Datum Pontisare, XX° die aprilis anno Domini MCCCXIII.

CXXXI

Extrait d'un journal du parlement de la Saint Martin 1313. — Registres et expéditions; valeur relative.

Or. Record Office, Diplomatic documents, box XLVI, n° 1213.
(Inédit [1].)

..... Et cum [dicta regis Francie littera] pervenisset ad notitiam nostram [2] satis clamavimus et supplicavimus ; sed pro rationibus nichil voluerunt immutare, hoc excepto quod in eorum registris post verba arresti predicti posuerunt verba que sequuntur : « Et procurator ducis Aquitanie fuit protestatus de jure suo et procurator regis Francie de jure dicti regis ». In arresto nichil muttaverunt nec addere voluerunt, et dixerunt quod non erat necesse, quia major fides adhibetur registris quam arrestis.

CXXXII

29 juillet 1314. — Philippe le Bel défend les gages de bataille, à l'occasion de la guerre de Flandre.

Ed. Ordonnances du Louvre, I, 528.

Philippus, *etc.*, universis justiciariis regni nostri, *etc.* Cum nos olim tempore guerrarum nostrarum Vasconie et Flandrie,..... per edictum nostrum publice et solemniter promulgatum, districtius inhibuimus..... quecumque vadia duellorum.....; et nunc comes Flandrie et alie gentes et populus Flandrie contra formam pacis temere veniendo,

---

1. Le journal du parlement de la Saint-Martin 1313 dont les n^{os} CXX et CXXI sont tirés, sera publié *in extenso* dans l'un des prochains cahiers de la *Bibliothèque de l'École des chartes*.

2. Ce sont les procureurs du duc d'Aquitaine qui parlent.

contra nos apertam guerram faciant,..... duellorum vadia quecumque, quandiu nobis placuerit, precipiamus in suspenso teneri ; vobis et vestrum cuilibet, prout ad ipsum pertinuerit, mandamus quatenus..... dictum preceptum nostrum servari districtius faciatis,.... ne quis, cujuscumque status et conditionis existat,..... duellorum vadia admittere presumat; et jam admissa vadia in suspenso faciatis, dicta guerra durante, tenere, contra facientes districtius punientes..... Actum Parisius, die vicesima nona Julii, anno Domini MCCCXIIII.

CXXXIII

Vincennes, décembre 1314. — Arrêt de règlement relatif au style de la cour du roi : commissions et productions.

Min. Arch. nat. X¹ª 3, fº 141 rº. — Ed. *Olim*, II, 613, nº II.

Anno Domini Mº CCCº XIVº, die lune ante festum Nativitatis Domini, apud Vicenas, ubi dominus rex ad dictam diem ex causa suum mandavit teneri parlamentum, dicto parlamento ibidem in ipsius domini regis presencia existente, propter quorumdam advocatorum contrarietatem, in dicto parlamento Curia declaravit et declarando pronunciavit quod, quando duo sunt in anno parlamenta, commissio super articulis parcium primo facta concedi debet sub prima productione, et in secundo parlamento renovari debet sub secunda productione ; et pars que negligens fuerit in prima productione eam perdit, sed secundam habebit.

Si vero in quacumque productionum intervenerit excusacio legittima, per quam dicta productio non fuerit prosecuta, vel propter impedimentum commissariorum vel obitum alterius partis vel difficultatem testium habendorum, de quibus habendis pars producens eos fuerit diligens, vel aliud impedimentum legittimum, de quo constet, de hoc habebitur ratio in renovanda commissione, ita quod cursus temporis, propter dictum impedimentum, non prejudicet parti diligenti, sed, quantum ad ipsam partem diligentem, commissio sua renovabitur sub eadem productione.

Quando vero unicum est parlamentum in anno, in commissione que fit vel renovatur super articulis parcium, non debet fieri mencio de prima vel secunda productione, quia in illo anno facere debent partes omnes suas productiones; commissarii tamen debent eis dare, pro dictis productionibus, plures dilaciones, et, cum intervallis competentibus, sufficientes secundum condicionem cause et difficultatem testium producendorum, quia pars que illo anno negligens inventa fuerit, cadit omnino a suis productionibus et a commissione sua, quantum ad suam utilitatem, salvo sibi de dicendo contra testes partis adverse, secundum quod consuetum est, vel secundum quod de hoc inter partes fuerit concordatum.

CXXXIV

Mémorial de Pierre de Bourges.

Or. Arch. nat. X¹ª 3, fᵒˢ 13 et suiv.

Memoriale

Apud magistros visores de veteri

Inquesta comitis Astariaci contra episcopum Auxitanensem, pacificatum est, ut dicit magister Clemens; et timet, ut dicit, de collusione Thofardus, et reddidit eam partibus.

Inquesta inter thesaurarium Sancti Ililarii et ejus capitulum; certa sunt facienda interrogatoria partibus, [ut dicit] magister Clemens. Bocellus reportavit.

Magister P. Thofardus habet inquestas plures inter regem et Sanctum Dyonisium super justicia plurium villarum, que sunt expedite in preterito novissime parlamento; quere ab eo.

Inqueste inter regem et Hispanum, canonicum Tholose.

Misi Tholose judicandam, ut continetur in rotulo parlamenti anni CCC. Magister P. de Monci habebat.

Magister P. Bocelli, ut dicit, mihi reddidit in pri...[1] parlamenti anni CCC inquestam super injuriis burgensibus de Gandavo illatis per quondam comitem Flandrie.

Item aliam super captione Lumbardorum quis primo cepit eos.

Inquesta quam habebat magister Ph. Conversus inter regem et consules ville Castri Sarraceni super collatione hospitalis dicte ville. Remissa fuit episcopo Carcassonne ad terminandum.

Idem magister Ph. tradidit N. de Roseto inquestam factam inter regem, racione Campanie, et sanctum Petrum Cathalanensem.

In inventario primo

Inquesta episcopi Bajocencis que est in principio inventarii. Tradidi eam ad videndum sed non scripsi cui tradidi. — Ita arrestavi sicut scriptum inveni a predecessore meo, prout recolere possum.

Inquesta super quibusdam excessibus factis per monachum de Aurelianis — Detur ad videndum nova et alia vetus.

Inquesta inter regem et comitem Marchie super saisina justicie die mercati in Longuo jumello — Detur ad videndum.

Inquesta pro rege et duce Burgundie et burgensibus de S. P. monasterio. — Detur ad videndum.

Inquesta inter abbatem Sancti Dyonisii et episcopum Belvacensem. Detur ad videndum, si placet partibus.

Inquesta facta contra homines de Maza. — Detur ad videndum.

Acta inqueste contra Jo. de Sillac, etc. — Detur ad videndum.

Informatio facta utrum loca de Calistro et de Port sunt de regno. — Detur ad videndum.

---

1. La fin du mot est douteuse.

Inquesta contra abbatem Sancti Johannis Angeliaci super monachatione ejusdem.

Finencia facta per senescallum Bellicadri super acquestis Vallis viridis.

Inquesta inter episcopum Lodoicensem et regem.

Informacio super garda et ressorto abbatie de Blangi.

Aprisia super saisina justicie Sancti Aquilini Petragoricensis.

Quinque inqueste sunt ligate.

Testes domini regis contra mercatores Lombardos super convencionibus portus Aquarum Mortuarum.

In inventario secundo

Inquesta inter regem et Sanctum Germanum de Pratis super justicia de Sauvoisel. — Loquendum est cum ballivo Senonensi, quia inquirendum est de consuetudine.

Inquesta contra illos qui blada et lanas extrasserunt de senescalliis Carcassone et Bellicadri contra deffensionem regis.

Inquesta contra scambiatores nundinas Campanie frequantentes.

Processus contra Bertrandum de Pestilhac et securitas quod coram nobis juri stabit.

Inquesta super confinibus baillivie Bituricensis et Petragoricensis.

Inquesta inter regem et dominum Montis Morenciaci super justicia cujusdam loci, in qua se oppomit abbas Sancti Dyonisii. — Tradidi ballivo Silvanectensi ut faciat jus partibus.

Testes inter regem et abbatem Magne Vallis super facto de Palacio, et quidam saccus magnus de eadem materia.

Aprisia de surprisiis prioris Villar. monachorum in foresta Resti.

Quatuor inqueste judicate et simul ligate.

In Camera sunt que sequuntur

Inqueste et processus magistri Roberti Foyson in duobus saccis.

Inqueste et processus magistri Johannis Tautre in duobus saccis.

Inqueste et processus magistri Ph. Suardi.

Inqueste et processus Curie traditi a magistro P. Toffardi quando ivit in Navarram octo sunt anni.

Item in uno sacco quedam inqueste, vise et ad plenum non expedite in parlamento Omnium Sanctorum anno nonagesimo octavo.

Item in alio sacco sunt omnes inqueste, commissiones et articuli earum commisse decano quondam Silvanectensi.

Super asserem in ingressu Camere

Inquesta Tornacensis super villa d'Orque. Inquesta alia inter easdem partes super quam primo debet audiri episcopus Tornacensis.

Inquesta pro comite Attrabatensi contra G. de Nemore; nec est perfecta.

Inquesta Sancti Dyonisii et prepositi Insulensis super pedagio de Conflans; audientur partes antequam videatur. — De consensu partium tradidi eam magistro Roberto de Folleyo et magistro (Adam d'Andeli) Symone de Rabuisson judicandam et Curie referendam die sabbati post sanctum Mathiam in Camera anno CCC secundo.

Inquesta domini de Yconio reservata usque ad diem baillivie Matisconensis, et tunc discuciendum, presentibus partibus, si publicacio testium et copia sit facienda.

Inquesta inter Adam Halot et Robertum de Burgo Biron. — Tradidi eam cantori Parisiensi.

Inquesta que est reficienda inter Guillelmum de Pinu et gentes episcopi Briocensis.

Inquesta contra archiepiscopum Remensem pro prioratu Petrefontis.

Inquesta pro heredibus Johannis Columbi et quibusdam aliis contra dominum Jordanum de Insula et ejus filiam, sed debent audiri primo.

Articuli super diligencia comitis Marchie et depositiones duorum testium.

Inqueste inter Sanctum Victorem Parisiensem et Petrum de Mota. — Debent partes audiri.

Inquesta contra priorem Sancti Porciani; expectetur dominus P. Flote antequam judicetur.

Inquesta inter Pontigniacum et comitem Nivernensem qui debet vocari. Magister Allou vidit eam.

Inquesta pro capitulo Parisiensi contra valetos equorum domini regis duplicata, et similem habet magister P. Thofardus.

Inquesta inter Johannem d'Erre et Gaufridum Valeti dormiet propter reprobaciones testium. Magister L. de Voissy habet eam.

Inqueste simul ligate inter capitulum Dauratensem et comitem Marchie et quosdam alios. Dormit propter reprobaciones.

Inquesta facta per commissarios senescalli Bellicadri contra Ja. Arnaudi de Luca et Fredericum, ejus filium, super peticionibus, ut dicitur, datis Nivelli Elizei de Luca.

Inquesta Johannis de Londres cum ejus sentencia que differtur usque ad diem senescallie Bellicadri.

Inquesta contra nobiles castellanie de Gontaldo, reficienda licet ibi scriptum est — Rousseletus fecit eam.

Quidam rotulus pro hominibus bannorum capituli Sancti Remigii Remensis, in quo scriptum est quod addatur inquesta quam fecit magister Ph. de Villapetrosa.

In uno sacco longuo processus contra plures nobiles de terra Sarvadesii comitatus Fuxi, cujus originale habet magister Pasquerius ad videndum; et sunt ibi multe condempnaciones facte pro rege. — Subtus asserem ad terram.

Quatuor pissides simul ligate de pluribus materiis. — Super asserem.

Inquesta pro abbate Sancti Maxencii super feodo Annable. — Super asserem.

In duobus cophinis littere abbatie de Tyronio.

Instrumenta et prothocolli producti pro episcopo Uticensi reprobata.

Informacio pro abbatia de Tyronio contra episcopum Carnotensem.

Item super eundem asserem ex parte graduum sunt inqueste que secuntur.

Inquesta pro fratribus et sororibus Jacobi Insulensis.

Inqueste Caturcenses in duobus saccis simul ligate.

Libri episcopi Mimatensis.

Inqueste super usibus et consuetudinibus ville Petragoricensis. — Dormit quousque veniat originalis inquesta.

Inquesta inter Sanctum Petrum ad Montes Cathalaunensem et capitulum Cathalaunense super qua debet audiri Odardus de Villanova. — Roya habet.

Acta inter abbatem Compendii et fratres sancte Trinitatis.

Processus inter comitem Nivernensem et dominam de Sell. — Bocellus reportavit.

Inquesta de Basancin magister J. de Foresta tradidit mihi, nec est perfecta. — Mellentus habet pro reprobationibus extrahendis.

Inquesta super justicia de Garges. — Bocellus reportavit, nec est judicata.

Inquesta de Ardenbort super qua facta est ordinacio.

Inquesta super justicia et viaria Sancti Martini de Campis que dormit.

Inquesta pro Bertrando de Pestilhac contra consules Montis Caprarii. — Reficienda est.

Inquesta en (*sic*) expediat jure scripto regi Montan. Alvernie. — Bocellus vidit.

Inquesta Sancti Quintini inter capitulum et villam.

Inquesta domini Sancti Venantii.

Inquesta inter capitulum Sancti Gerini Cameracensis et dominam de Mangicourt.

Inquesta contra episcopum Aurelianensem pro priore de Puisseto.

Inquesta Johannis de Lovain non est completa. — Magisgister J. de Foresta fecit eam.

Inquesta inter episcopum Sagiensem et servientes de Falaise; et dormit quousque inquisitum fuerit iterato.

Inquesta inter comitem Bolonie et monachos Sancti Ulmari in Bosco, que judicata est, et extraxi eam de sacco parlamenti ut videantur articuli.

Processus Johannis Davoines contra Johannem Corbuel.

Informacio super saisina justicie de Vitriaco in terra capituli Parisiensis.

Processus quod ballivus Bituricensis tradidit in una pisside super feodo Sancte Severe.

Inquesta inter regem et episcopum Aniciensem.

Inquesta inter dominos de Tyllaya et de Beaumes que reficienda est.

Informacio super advoatis regis et justicia in terra et claustro capituli Senonensis.

Informacio pro comitissa Vindocie contra comitem Convenarum.

Inquesta inter comitem Nivernensem et regem super quadam domo sita Parisius.

Inquesta inter priorem Sancti Pauli in Bosco et episcopum Suessionensem super domo Vallis Garsilie.

Inquesta super denunciatione facta contra Thomam Gile, de qua ipse fuit quantum ad Curiam absolutus.

Inquesta primitus facta contra Robertum Maugier.

Procuratorium communie de Hamo que renunciavit omnibus actionibus quas tunc habebat contra dominum ejusdem ville, salva tamen eorum carta.

Item, inquesta super injuriis illatis, ut dicitur, abbati de Maurimonte que reficienda est, tradita ballivo Vitriaci cum commissione ut iterato faciat eam.

Item inquesta super statu et condicionibus Renerii le Blavier, servientis in ballivia Viromandensi.

Inquesta facta pro Simone Coquere de Meleduno super quibusdam dampnis, anullata et reficienda prout in ea scriptum est.

Parvula aprisia super domo Giraudi Pontis super qua Sanceya et Templum dicunt se censum habere.

Inquesta pro magistro Joberto contra Jaquetum Juven. de Senonis.

Inquesta pro Johanne de Sorel contra relictam Petri Grassi. Non debet judicari quia per arbitros fuit facta.

Inquesta contra Johannem de Parisius facta; non debet judicari quia secreto fuit facta.

Inquesta inter dominum P. de Brocia et Odonem de Burgo regine super equo perdito; pacificatum est.

Magister Radulphus Rousseleti novissime mihi misit ea que sequuntur in uno sacco.

§ Processum inter abbatem et conventum Dauratenses et dominum de Maignac et ejus filios, in quo scriptum est extra quod partes pacificaverunt, salvo jure domini regis.

§ Processum super reprobacionibus testium inter consules et clericos de Nobiliaco, et ibi scriptum est extra quod partes renunciaverunt reprobacionibus et volunt quod principalis inquesta videatur.

§ Processus super reprobacionibus testium inter comitem Marchie et capitulum Dauratense et dominum de Maignac, et scriptum est ibi quod partes renunciaverunt reprobacionibus et volunt quod principalis inquesta videatur.

§ Processus inchoatus coram Rousseletum et dominum J. de Varennis inter regem et episcopum Lemovicensem super alta, media et bassa justicia de Nobiliaco, qui fuerunt revocati per secundam commissionem, et sic non processerunt ad testium receptionem.

Iste quatuor suprascripte sunt in magno panerio secundo.

Item, in eodem sunt : inquesta originalis super consuetudine Ville Podii Sancti Fronciaci.

Item inquesta perficienda inter monasterium Virziliacense et comitem Nivernensem.

In armario Camere a parte garderobe sunt inqueste que sequntur.

Inquesta Vivariensis super combustione domorum Henrici, canonici Vivariensis.

Inquesta contra R. de Nigella super quibusdam injuriis que probate sunt pro castellano Nigello et domina de Falvi. — Bocellus reportavit.

Inquesta ballivi Matisconensis contra homines ville de Ansa.

Inquesta inter regem et Tassardum de Ribodimonte.

Inquesta Henrici de Hugleville pro serjenteria de Pavelli.

Informacio inter procuratorem Petragoricensem et J. de Septemfontibus, condempnatum regi in LX libr. Tradita fuit de consensu partium tanquam perfecta, et voluerunt partes quod judicetur.

Inquesta inter comitissam Vindocinensem et comitem Foresii.

Inquesta abbatis et conventus Clari Maresii facta super forefacturis Flandrensibus.

Inquesta inter dominam de Cauvi et dominam de Cautein.

Informacio pro rege contra Radulphum de Nigella super saisina regis a la Hertle.

Inquesta facta per magistrum Mauricium, procuratorem regis, et Theobaldum de Silvanectis contra abbatem sancti Germani Antissiodorensis.

Inquesta facta super dampnis que dicit se habere episcopus Ebroicensis in boscis suis de Pounete.

Inquesta inter dominum Matheum de Roya et majorem et juratos de Roya.

Aprisia de francis servientibus episcopi Parisiensis facta per magistrum H., rectorem et ballivum episcopi.

Inquesta inter regem et magistrum J. Barat super boscis de Coisselles.

Inquesta inter monachos de Ygni et villam de Fimes.

Quedam littere in quadam pisside ville Royensis.

Inquesta de Espinoil pro Sancta Genovefa.

Processus inquisitionis Bituris contra J. de Brocia.

Inquesta pro domino J. de Vicinis super primis appellationibus.

Inquesta pro priore de Essonna super justicia falsorum monetariorum.

Inquesta inter comitem Domni Martini et priorem Sancti Nicolai Silvanectensis super ressorto ville de Loyssiaco cum pertinenciis ejusdem.

Inquesta super defensionibus Bertrandi Salmerii. Item, inquesta contra P. Malet. Simul ligate.

Due informaciones facte per magistrum L. de Voissiaco super portu Biterrensi.

Inquesta Sancte Genovefe super justicia de Soisiaco.

Inquesta inter episcopum Autissiodorensem et prepositum mercatorum Parisiensium.

Inquesta inter comitem et cives Autissiodorenses.

In magno panerio sunt que secuntur.

Processus per episcopum Suessionensem facti in senescalliis Bellicadri et Carcassonensi. — Qui missi fuerunt eidem et ipse reportavit eos.

Processus per eumdem facti tangentes reges Majoricarum et Aragonie et mercatores Cathalanenses.

Processus contra Guillelmum Andree et quosdam alios. — Visi per Bossellum. — De hoc loquendum cum magistris parcium de Tholosa.

Inquesta super valore alte justicie ville Sancti Christofori et ville Sancti Amancii — De hoc loquendum cum senescallo et procuratore Petragoricensi, si sit utile domino regi; super hoc financiam recipere.

Inquesta inter Vitalem de Lopiaco et Bernardum de Roveignano. — Ad consilium si debeat videri, et habeo raciones parcium.

Inquesta super valore medietatis cujusdam jurisdictionis communis inter regem et capitulum Petragoricense. — Non determinabitur quousque Curia sciat ad quam finem facta fuit et de cujus mandato.

Due inqueste simul ligate inter comitem Marchie et monachos de Savigni, quas mihi reddidit Latilli, quia vacare non poterat, et non sunt expedite.

Informacio pro archiepiscopo Narbonensi facta super excessibus Berangarii Blanchi. — Vult audiri dictus archiepiscopus antequam judicetur.

Aprisia super vita et moribus quorumdam de senescallia Bellicadri. Michi reddita per Bocellum. Dicit senescallus se non cognoscere illos et credit quod sint mortui.

Inquesta pro Katherina de Bruges super recuperatione bonorum. — Commissum est abbati Sancti Andree et decano Insulensi quod iterato inquirant, vocatis procuratore regis et domino Johanne Loart.

Aprisia pro magistro Guillelmo de Chenin contra magistrum Petrum de Rippa. — Reportata fuit, et loquendum est cum domino rege.

Inquesta de pecunia quorumdam scolarium capta apud Cortevreus. — Loquendum est cum G. de Hangest, tunc preposito Parisiensi, quid fecit de hoc.

Due parve inqueste tangentes Guillelmum Gaudini. Commissum est magistro Johanni Antonii et domino J. Vitalis de altera earum reficienda.

Inquesta pro hominibus de Belloregardo. Dyvio reportavit. — Mandatum est senescallo Petragoricensi quod plenius inquirat.

Inquesta Gaufridi de Villenes. — Thofardus reportavit et videtur defectiva.

Inquesta super manu mortua Ragi. de Clamaci, que non judicabitur. Sed de novo partes audientur.

Inquesta inter comitem Nivernensem et Johannem de Aillento. Non est perfecta. — Dyvio fecit.

Inquesta per episcopum Suessionensem et cantorem Parisiensem facta inter dominum Karolum et appellantes contra eum racione subsidii in uno sacco. — Reddidi eam magistro J. Kainel de mandato domini G. de Nogareto, mercurii sancta anno CCC°VII°.

In uno sacco acta inter archiepiscopum et vicecomitem Narbonensem, ab eisdem partibus Curie tradita. Reddidi partibus; in Camera.

In parvo panerio sunt ista.

Quedam acta statim post conclusionem tradita in inquesta Sancti Caprasii; et quedam raciones juris a dictis partibus tradite.

Quedam acta pro Bernardo de Pestilhaco.

Quedam acta dominorum de Cos.

Quaternus et judicatum quos tradidit episcopus Laudunensis.

Transcriptum litterarum et privilegiorum traditorum in inquesta Sancti Remigii Remensis que judicata est.

Pariagium inter senescallum Bellicadri et priorem de Espairaco.

Appellacio senescalli Bellicadri a cantore Aurelianensi et Bernardo de Meso. — Reddidi procuratori regis.

In pisside littera prioris sancti Saturnini continens confessionem magistri P. de Biterris que fuit per Curiam revocata ad testimonium domini Altissiodorensis episcopi.

Curacio et emancipacio Perroti Cuerderoy.

Ordinacio parlamenti tempore Penestrini[1] cum littera domini regis super nova ordinacione facienda anno preterito missa.

Quidam rotuli simul ligati parum valentes. Quedam procuratoria in estate Curie tradita.

1. Penestrinus episcopus (?) = Pierre de La Chapelle Taillefer, évêque de Palestrina (1307-1812).

Toffardus reddidit mihi inquestas que sequntur.

Sunt in armario Camere a parte fenestre.

Inquesta pro domino J. de Gallon super chacia quam petit.
— pro capitulo Parisiensi contra valletos equorum domini regis.
— super appreciacione terre de Travanchon.
— inter comitissam Rouciaci et abbatem Vallisclare.
— Inquesta inter regem Anglie et executores comitis Pictavensis.
— super dampnis illorum de Gandavo.
— inter dominum J. de Gresli et comitem Petragoricensem.
— inter dominum de Yssigiaco et Raginaldum de Ponz.

Anno Domini M°CCC° primo, die martis ante Nativitatem Domini, ego, P. de Bituris, recepi a magistro Guillelmo de Poteria, clerico quondam magistri G. de Ultramare, istas XVIII inquestas, prout sequitur rubricatas, quas habuerat dictus magister G. defunctus :

Inqueste veteres de Caleto pro facto Gerardi Lupi, simul ligate.

Inquesta inter Theobaldum de Alneto et dominam de Nangis.

Apprisia super dampnis que habuisse asserit major de Compendio super pasnagio foreste de Cuisia.

Inquesta inter Reginaldum de Attrebato et majorem et juratos ville de Brayo. Compromissum est, ut dicit G.

Inquesta inter regem et abbatem et conventum Sancti Geremari Flaviacensis tradita ad reficiendum. — Monci habet.

Inquesta super inobedienciis quas ballivus comitis Atrebatensis fecisse dicitur gentibus regis.

Inquesta inter dominum Johannem de Cabillonne et dominum Belliloci. — Judicata est pro domino J., ut credit Guillelmus.

Inquesta pro domino de Rochefort contra senescallum Pictavensem.

Apprisia pro Petro de Reines, quondam preposito Laudunensi.

Acta procuratoris regis Anglie et Alnaldi Barrani de Tholosa contra Reymundum Unaudi et Marquesiam de Rupeforti, et sentencia et remissio facte in uno sacco insimul ligate.

Inquesta inter clericos et consules ville Nobiliacensis super imposicione tallie.

Apprisia super dampnis pedagiarii de Compendio.

Articuli pro rege super surprisiis contra ipsum factis in senescallia Ruthenensi in parvulo rotulo.

Apprisia super dampnis Nicolai Evrardi in venta sua juxta vinerium de Bella-Oscerma.

Inqueste inter decanum et capitulum Landunenses et comitem regist...

Inqueste inter regem et archiepiscopum et capitulum Bituricenses. Simul ligate.

Inqueste inter abbatem de sancti Eligii fonte et archidiaconum Noviomensem et abbatem sancti Berthini. In scrinio ligneo.

Informacio facta super dampnis Mathei de Insula super garda heredis Johannis, filii Hainonis. Bituris.

Item Martis ante Candelosam tradidit mihi idem G. alias XIIII inquestas que sequuntur, videlicet:

Inquesta inter regem et abbatem Compendii super chemino de Mainefosse usque ad gordum de Hodencourt.

— super platea Sancti Petri Puelli Bituris ante predictam ecclesiam.

Condempnaciones prepositorum regis in Arvernia per dominos G. de Cantulupi et Baldoinum de Moliens.

Supplicationes et raciones clericorum Nobiliaci contra consules ejusdem ville.

Inquesta pro Stephano de Seve.

Inquesta inter abbatem Sancti Dyonisii et uxores Evrardi Carpenterii et Thome Lamiraut.

Inquesta super gravaminibus factis capitulo Petragoricensi per J. de Parisius.

Aprisia inter regem et capitulum Sancti Aniani pro cervo.

Inquesta super gravaminibus et dampnis ducisse Burgundie a domino G. de Ripperia, ballivo Matisconensi, factis.

Inquesta pro abbate Moissiacensi super Campo Arnaldo et Monte Escoto.

Item, inquesta inter quondam comitem Flandrie et XXXIX de Gandavo contra communiam ejusdem ville.

Item, testimonium Florencii de Roya pro rege et abbate sancti Eligii Noviomensis. — Alibi est.

Raciones procuratoris regis Anglie contra inquestam B¹ de Calapiano.

Inquesta inter custodem et villam Sancti Quintini.

Item, inquesta super dampnis a Petro de Rennes petitis.

Die jovis post Letare Jerusalem, magister Clemens reddidit in Curia processum inchoatum per ipsum inter comitem Claromontensem et monachos de Jardo. Et ego Bituris tradidi eum in tribus peciis cantori Aurelianensi et magistro Andree Porcheron, datis auditoribus ad perficiendum dictum processum.

Ego P. recepi a magistro Clemente de Saviaco, anno Domini Mº CCCº primo, die veneris ante Ascensionem Domini, inquestam inter dominum regem et episcopum Mimatensem, videlicet pro parte regis decem et novem rotulos in quibus sunt plura instrumenta.

Item septuaginta duo volumina seu cartularia de diversis locis senescallie Bellicadri et Nemausi.

§ Item pro parte episcopi Mimatensis XXXV volumina.

Item quadraginta octo copias diversorum pro parte episcopi sub sigillo Castelleti.

Item inquestam inter abbatem Sancti Petri Cathalaunensis et quosdam Lombardos.

Item, articulos majoris et juratorum Corbiensium contra abbatem et conventum Corbye, et econtra; pacificatum est, ut dicit magister Clemens.

Item processus inter Ger. Chabot, militem, et abbatem de la Chaume, set pacificatum est, ut dicit magister C.

Item informacionem super robina Nemausi.

Item informacionem abbatis et conventus Bone Vallis contra prepositum regis Bone Vallis, set non est completa, prout scriptum est super inquesta.

Item, acta domini Petri de Sancto Dyonisio super facto de Badinco, sed pacificatum est, ut dicit magister C.

Item, inquestam inter dominum Poncium et vicecomitissam Podii.

Item inquestam inter abbatem et conventum Sancte Genovefe et priorem de Borrez contra Girardum le Boteiller. Pacificatum est, ut dicit magister C.

Item inquestam inter prepositum Petrefontis et quosdam conquerentes de ipso.

Item inquestam inter thesaurarium sancti Ylarii ex una parte et decanum et capitulum ejusdem ecclesie ex altera, sed interrogatoria sunt facienda, ut dicit magister C. — Missa est senescallo pro faciendis interrogatoriis.

Item testes domini regis super feodo de Sancta Severa.

Item inquestam inter comitem Astariaci et episcopum Auxitanensem. Non reddidit magister quia pacificatum est et reddidit eam partibus, ut dicit.

= Istas inquestas habeo in uno sacco in Camera Curie, excepta inquesta episcopi Mimatensis quam habet magister Radulphus Rosseleti.

CXXXV

1343. — *Comparaison des dépenses et de la composition du Parlement en 1343 et sous Philippe le Bel.*

Bibl. de Rouen, fonds Leber, VIII, f° 57, copie. — Ed. *Bibliothèque de l'Ecole des chartes*, 1887, p. 391 (p. p. H. Moranvillé).

En parlement a III présidens dont les deux prennent chacun, chacun an, V° l. p... et le tiers prent II° XL l. p.; et au temps du roy Philippe le Bel n'en y avoit que .II., qui prenoient par an chacun IIII° l. p.

Item, il y a XL clercs prenans gages de V. s. p. par jour et X l. t. pour mantiaux par an...; et n'y souloit avoir ou temps du roy Philippe le Bel que X clercs.

Item, il y a, outre les présidens, XIX laiz prenans gaiges de X s. p. par jour... et pour les mantiaux de XVII chevaliers qui sont contenus et compris ou nombre desdis laiz, chacun X. l. p. par an...; et n'y souloit avoir que VIII laiz ou temps du roy Philippe le Bel.

Somme des gages des clercs, des laiz du Parlement et de leurs mantiaux VI^m IX° XXXV l. p.; et ilz ne souloient monter au temps du roy Philippe le Bel, II^m VI° LXIX l. p.

Item, il y a en la chambre des enquestes XLVIII clers prenans gages de V s. p. et X l. p. pour mantiaux par an...; et n'y souloit avoir que seize clercs ou temps du roy Philippe le Bel.

Item, a en ladite chambre des enquestes XLIII laiz prenans gages de X. s. p. par jour chacun..... et pour les mantiaux de X chevaliers qui sont du nombre desdiz XLIII laiz X l. p. pour mantiaux à chacun... Et en la dite chambre des enquestes ne souloit avoir ou temps du roy Philippe le Bel que VI laiz.

Somme IX^m VI° XXXV l. p., et il ne souloit monter ou temps du roy Philippe le Bel que II^m XXXII l. VIII s. p.

Item il a es requestes du Palais à Paris XI clers....; et il n'y souloit avoir ou temps du roy Philippe le Bel que III clercs.

Item, esdites requestes du Palais a VIII laiz..... et au temps du roy Philippe le Bel il n'en y avoit que un seul.

Somme II^m IIII^c LX l. p., et il ne souloient monter que III^c IIII^{xx} VI l. VIII s. p.

Somme toute des gages et mantiaux desdites chambres de Parlement, des enquestes, des requestes, tant de clercs comme de laiz pour les IX mois et pour un an aux requestes pour l'année fenissant en aoust 1343 : XXIII^m VII^c L. l. t. par an; qui ne souloient monter au temps du roy Philippe le Bel por les parties cy dessus que V^m VIII^{xx} XVII l. XVI .s. p. qui valent VI^m IIII^c LXXII l. V. s. t. Ainsi montent plus les gages de maintenant que il se souloient monter au temps du roy Philippe le Bel XVII^m II^c LXXVII l. XV s. t. par an.

CXXXVI

Comparaison du Parlement sous Philippe le Bel et du Parlement sous Philippe VI.

Bibl. nat. fonds français, n° 2833, f° 298 v°. — *Ed.* partielle : *Bibliothèque de l'Ecole des chartes*, 1887, p. 391 et suiv., notes.

Le chancellier souloit prendre à court VII s. VI d. par jour et livraison à court et à Paris en parlement XX. s. par jour avec les droiz de la chancellerie..... Et ung des notaires souloit rendre les lettres à l'audience sans autres gaiges.

Les notaires prennent VI s. p. de gaiges par jour hors de court et à court les gaiges acoustumez et sont plus grant nombre assez qu'il ne souloient.

Monseigneur Jehan d'Acre prenoit LX s. p. par jour.

Les gens layz du parlement souloient prendre X s. par. de gaiges par jour, et cil qui rendoit les arrestz V^c l. t. l'an.

Voirs est que Regnault Barbou le Viel prenoit VI° l. par...

Les clercs suivans la court souloient prendre à court les gaiges de la court et en parlement XII s. par jour, et encores font.

Les autres clers du parlement et ceulx des requestes prennent V. s. p. de gaiges par jour si comme ilz souloient anciennement, mais ilz sont plus assez qu'ilz se souloient.

. . . .

Item, XI huissiers, chascun II. s., et n'y en souloit avoir que trois, c'est assavoir ung qui tout l'an y demouroit, pour les sieges garder, et avec lui durant le parlement l'en envoioit deux huissiers de sale à qui l'en doubloit leurs gaiges durant seulement le parlement et avoient .II. s. lors illec ; et, parlement failly, retournoient en l'ostel le roy.

OMISSA

VI *bis*

1114. — *Lettres d'Yves de Chartres, relatives à la compétence de la cour du roi vis-à-vis des clercs, à propos d'une affaire de l'église de Beauvais.*

Ed. Historiens des Gaules et de la France, XV, 168.

(*a*)

Ivo, humilis Carnotensis ecclesie minister, Belvacensis ecclesie congregationi, divinam in tribulationibus consolationem. — Sciat fraternitas vestra quod in tribulationibus vestris contribulor, et passionibus vestris compatior. Sed quia res vestra in augusto posita est, prout oporteret certum vobis consilium dare non possumus, quia in hoc negotio vestro, nisi Deus misericorditer consulat, oportet ut aut legem offendatis aut regem. Si enim concanonicum vestrum criminaliter impetitum alibi quam in ecclesia examinari conceditis, legem offenditis; si audientiam regalis Curie respuitis, regem offenditis. In qua disceptatione, cum ipsi et ratione et auctoritate sciatis quid sit verius, quid honestius, tamen pro temporum opportunitate sequi vos oportebit quod infirmitati vestre erit tolerabilius. Si autem sciremus vos esse paratos ut cum gaudio tolerare possetis ruinas domorum, exterminationes corporum, rapinas bonorum vestrorum, possemus vos exhortari ut sequeremini consilium Susanne, que magis elegit in manus hominum incidere, quam Dei legem derelinquere. Sed quia in donis spiritualibus consilium et fortitudo non conjuncta sunt, consilium aliud, nisi quod patientia vestra tolerare possit, dare non audemus; quia qualis sit vestra fortitudo ignoramus. — De Curia autem in causis clericorum vitanda de accusatione vel testimonio clericorum adversus laicos et laicorum adversus clericos, quid decreta, quid canones, quid et mundane leges clament, et apud vos habetur, et nos ex parte scripsissemus vobis, nisi quia gerulus literarum vestrarum sexta feria post meridiem ad nos venit, et ad reditum festinavit. — Ad presens aliud auxilium fraternitati vestre ferre non possumus, nisi quod angelum magni consilii interpellabimus, ut consilia vestra et actus dirigat, et ad bonum exitum perducat. — Valete.

(*b*)

Ludovico, Dei gratia serenissimo et dulcissimo regi Francorum, domino suo, Ivo, humilis ecclesie Carnotensis minister, in eo regnare cujus regnum est sine fine..... Supplico excellentie vestre, flexis genibus cordis, ut in hoc appareat me obtinere gratiam in oculis regie majestatis quatinus, pro Dei amore et nostro, ita et clerum et populum Belvacensem pro temeritate interfecti hominis tractare studeatis, ut et innocentia non gravetur, et temeritas incauta, per surreptionem diabolicam concitata, non superbientium ultione feriatur, sed penitentium virga corrigatur... Quod si in hoc non acquiescit consilio meo et precibus meis vestra sublimitas, hoc saltem a majestate vestra impetrare satagit humilitas mea, ut consilium vestrum communicetis ecclesiasticis et honestis personis, que, absque malevolentia et amore ultionis, velint et valeant sanum dare vobis consilium.... Si qua vero adversus decanum vel clerum vobis est controversia, moneo et consulo ut unamquamque personam juxta ordinem suum examinari faciatis, et sub judicibus ecclesiasticis causam cujusque terminetis. Ita enim regia majestas in nullo minuetur, et cuique persone suum jus conservabitur..... Valete.

XIX *ter.*

Paris, mars 1220-21. — *Procès-verbal dressé par divers personnages de la cour royale pour rendre compte de la conduite de l'évêque de Paris dans un procès qu'il avait contre le roi. L'évêque conteste la compétence de la Cour.*

Or. Arch. Nat., J. 153, n° 2.— *Ed.* Teulet, *Layettes du Trésor des Chartes*, I, p. 514, n° 1439.

Nos Guillelmus, divina miseratione Remensis archiepiscopus; Ludovicus, domini regis Francie primogenitus; Guerinus, Dei miseratione Silvanectensis episcopus; B. de Roia, Francie camerarius; Matheus de Montemorenciaco, Francie constabularius; comes Petrus Britannie; comes Robertus Drocensis; comes Galterus Blesensis; comes Johannes Bellimontis; comes Grandis Prati; comes Namurcensis; Guillelmus de Rupe, senescallus Andegavensis; Ingerannus de Coci; Stephanus de Sacro Cesare; Johannes de Nigella; Guillelmus de Barris; Aubertus de Hangesto; Ursus Camerarius; Philippus de Nanteul; Guillelmus de Torncello, marescallus; Bochardus de Malliaco; Odo de Ham, et frater Hemardus, notum facimus tam presentibus quam futuris quod, cum contentio esset inter Philippum, dominum regem nostrum Francie, ex una parte, et Guillelmum, episcopum Parisiensem, ex altera, super quibusdam juribus que dominus rex habet in clauso Brunelli, sito infra muros et ambitum murorum Parisius, et super hiis esset dies assignata episcopo apud Nogentum Eremberti, et dominus rex querelas suas proposuisset contra episcopum de injuriis quas episcopus faciebat domino regi in clauso predicto, episcopus petiit sibi diem dari de visione clausi illius et diem placiti ad respondendum super illis querelis. — Et data est dies episcopo de visione clausi prefati ad octabas Purificationis beate Marie proximo preteritas; et episcopus habuit visionem illius clausi. Et data est dies placiti episcopo ad crastinum dominice Brandonum ad respondendum super querelis propositis ex parte domini regis contra episcopum, apud Nogentum. Die vero predicta placiti Parisius assignata, ad crastinum videlicet dominice Brandonum, requisitum fuit ab episcopo ex parte domini regis ut responderet domino regi super querelis propositis apud Nogentum, de quibus dies erat ei assignata ad respondendum in crastino dominice Brandonum Parisius. Episcopus recordatus est quandam partem querelarum de quibus erat ei dies assignata, sed dum ipsas querelas recordaretur, dominus rex et consilium ejus respondit quod hoc dictum fuerat apud Nogentum et alia. Et, post multa verba ex utraque parte prolata, dominus rex obtulit episcopo recordationem Curie sue ad audiendum. Super quibus querelis apud Nogentum fuit episcopo dies assignata ad crastinum dominice Brandonum apud Parisius. Et post oblacionem recordationis, obtulit dominus rex episcopo judicium Curie sue utrum episcopus deberet super hoc audire recordationem Curie domini regis. Episcopus respondit quod placitum illud pertinebat ad christianitatem, et quod inde amplius non responderet. Dominus autem rex inhibuit episcopo ne jus Curie sue asportaret, et super hoc, sine plus dicere, episcopus a Curia domini regis recessit. Nos autem super premissis veritati testimonium perhibentes, de visu et auditu, presentes litteras sigillis nostris fecimus sigillari. — Actum Parisius, anno Domini M°CC°XX°, mense martio.

XXVI bis

1er juillet 1255. — *Liste de membres de la cour.*

Copie : Bibl. Nat. Chartes de dom Housseau, n° 3055. — Ed. *Actes du Parlement de Paris*, I, p. 309, c. 1.

..... Rex Ludovicus, presentibus pluribus episcopis, comitibus, baronibus, militibus, decanis, archidiaconis, ballivis et pluribus aliis bonis viris, Parisius, in camera ipsius regis, per judicium Curie sue reddidit ecclesie Villelupensi albenagium in omni terra ipsius monasterii..... et preterea, extra cameram suam, in auditorio omnium qui erant in aula ipsius, predictum albenagium predicto monasterio adjudicari et pronunciari per magistros Curie ipsius domini regis, quorum nomina sunt inferius scripta, videlicet episcopo Silvanectensi, episcopo Cameracensi, Guidone de Neafla, decano beati Martini Turonensis, archidiacono de Nicorsie, magistro Johanne de Salo, magistro Johanne de Montluçon notario domini regis, Philippo de Nemosio, Petro de Fonteniis, Gervasio de Scranis, Petro de Harencort, militibus. Hi omnes predicti erant magistri Curie domini regis, et consiliarii ejusdem. — Judicatum fuit predictum albenagium et pronunciatum ecclesie Villelupensi apud Parisius in aula domini regis, prima die Julii, anno domini MCCLV.

L bis

14 *février* 1269. — *Liste de membres de la cour.*

Bibl. Nat. lat. 4763, f° 1. — *Ed. Actes du Parlement de Paris*, I, p. 309, c. 1.

Actum Parisius in Curia illustrissimi regis Francorum Ludovici, anno Domini M°CC°LXVIII°, die sancti Valentini martiris, id est XVI kalendas Martii; judicatum fuit et approbatum... quod abbas de Prato..., Belvacensis diocesis...., sit in custodia et protectione illustrissimi regis Francorum Ludovici, astantibus et presentibus magistris et judicibus Curie, videlicet domino episcopo Ebroicensi, domino Simone de Nigella, milite, magistro Henrico de Vergelley, decano Sancti Aniani, magistro Colardo de Yveri, magistro Johanne de Drochis, magistro Petro de Courbolio, Henrico de Camprepus (?), et domino Juliano de Perronna, milite.

LXXX bis

Parlement de la Toussaint 1281. — Liste de membres de la cour.

Cartulaire noir de Corbie, f° 44 bis. — Ed. *Actes du Parlement de Paris*, I, p. 309, c. 2.

Actum anno domini M°CC° octogesimo primo, in parlamento Omnium Sanctorum, die lune post Epiphaniam, astantibus in camera palatii quorum nomina supposita sunt, videlicet domino Matheo, abbate Sancti Dyonisii, domino Symone Nigellensi, Reginaldo Barbot ballivo Rothomagensi, qui reddidit dictum arrestum, magistro Guillelmo de Novavilla archidiacono Blesensi, magistro Galtero de Chambliaco.

CX bis

1291. — Extrait d'une ordonnance sur l'hôtel royal : gages de quelques officiers des parlements.

Arch. Nat. JJ. LVII, f° 16, v°.

Nicolas de Chartres
Robert de la Marche } Seront à Paris pour les registres et pour les parlements et auront chascuns VI sols par jour et leur restor de chevaus.

. . . .

Maistre Jehan Bequet
Maistre Robert de Senlis } Sont du conseil aus parlemens, et ne prenront rien à court.

. . . .

Portiers au parlement Phelipe et Symonnet de Mante,

chascuns II sols par jour, et quand li rois y sera ou il seront à court, si comme li autre portiers ; et feront serment que il ne penront nul don se ce n'est par les grans maistres aus quiex il penront congié.

Guillaume d'Issi leur aidera, chaufe cire, III den., une provende d'aveine ; XVIII den. quant il sera au parlement ; XI sols pour rol e par an, forge et restor.

APPENDICE

TABLEAU DES PARLEMENTS TENUS JUSQU'EN 1314[1].

1255.	Parlement	de la Chandeleur, Paris. (X^{1a} 1, f° 85 r°.)
1256.	—	de la Chandeleur, Paris. (X^{1a} 1, f° 2 r°.)
1257.	—	de la Pentecôte, Paris. (X^{1a} 1, f° 1 r°.)
	—	de la Nativité de la Vierge, Melun. (X^{1a} 1, f° 2 v°.). — Cf. ci-dessus, n° XXVIII.
	—	de la Saint-Martin d'hiver, Paris. (X^{1a} 1, f° 3 v°.)
1258.	—	de la Chandeleur, Paris. (X^{1a} 1, f° 92 r°.)
	—	de la Pentecôte, Paris. (X^{1a} 1, f° 5 r°.)
	—	de l'octave de la Nativité de la Vierge, Paris. (X^{1a} 1, f° 7 v°.)
	—	de la Saint-Martin, Paris. (X^{1a} 1, f° 8 r°.)
1259.	—	de l'octave de la Chandeleur, Paris. (X^{1a} 1, f° 9 v°.)
	—	de la Pentecôte, Paris. (X^{1a} 1, f° 13 r°.)
	—	de l'octave de la Nativité de la Vierge, Paris. (X^{1a} 1, f° 14 v°.)
	—	de la Toussaint, Paris. (X^{1a} 1, f° 98 r°.)
	—	de la Saint-Martin, Paris. (X^{1a} 1, f° 16 r°.)

1. Nous avons fait entrer dans ce tableau tous les parlements dont les documents contemporains signalent la tenue. Tous les parlements mentionnés par les *Olim* sont cités d'après les *Olim*; pour ceux que les rédacteurs des *Olim* ont omis, nous avons indiqué nos sources entre parenthèses.

	—	de la Chandeleur, Paris. (X¹ª 1, fº 18 rº.)
1260.	—	de l'octave de la Chandeleur, Paris. (X¹ª 1, fº 99 vº.)
	—	de l'Ascension, Paris. (X¹ª 1, fº 101 rº.)
	—	de l'octave de la Nativité de la Vierge, Paris. (X¹ª 1, fº 103 vº.)
	—	de la Saint-Martin, Paris. (X¹ª 1, fº 106 vº.)
1261.	—	de la Chandeleur [1]. (X¹ª 1, fº 107 rº.)
	—	de la Pentecôte, Paris. (X¹ª 1, fº 113 rº.)
	—	de l'octave de la Nativité de la Vierge, Paris [2]. (X¹ª 1, fº 116 rº.)
	—	de la Saint-Martin, Paris. (X¹ª 1, fº 117 vº.)
1262.	—	de l'octave de la Chandeleur, Paris. (X¹ª 1, fº 120 rº.)
		« Non fuit pallamentum in Penthecosti, propter nupcias domini Philippi, filii domini regis, factas apud Claromontem ». (X¹ª 1, fº 27 vº.)
	—	de l'octave de l'Assomption, Paris. (X¹ª 1, fº 122 rº.)
	—	de l'octave de la Toussaint, Paris. (X¹ª 1, fº 123 rº.)
1263.	—	de la Chandeleur, Paris. (X¹ª 1, fº 125 rº.)
	—	de la Pentecôte, Paris. (X¹ª 1, fº 127 rº.)
	—	de la Saint-Martin, Paris. (X¹ª 1, fº 129 rº.)
1264.	—	de l'octave de la Chandeleur, Paris. (X¹ª 1, fº 137 rº.)
	—	de la Pentecôte, Paris. (X¹ª 1, fº 138 rº.)
	—	de l'octave de la Toussaint, Paris. (X¹ª 1, fº 139 vº.)

---

1. Arch. nat. X¹ª 1. fº 23 rº. « Hec fuit expedita Parisius, post dictum parlamentum [Octabarum Candelose], die martis ante Ramos Palmarum. »

2. Les arrêts sur enquête furent rendus au parlement de la Nativité de la Vierge; les arrêts proprement dits à l'octave de la Nativité.

1265. — de l'octave de la Chandeleur, Paris. (X¹ᵃ 1, f° 141 r°.)
— de la Pentecôte, Paris. (X¹ᵃ 1, f° 142 v°.)
— de l'octave de la Toussaint, Paris. (X¹ᵃ 1, f° 145 r°.)
— de la Saint-Martin. (Arch. Nat. JJ. XXXᵃ, f° 122 r°.)
1266. — de l'octave de Chandeleur, Paris. (X¹ᵃ 1, f° 148 v°.)
— de la Pentecôte, Paris. (X¹ᵃ 1, f° 150 v°.)
— de l'octave de la Toussaint, Paris. (X¹ᵃ 1, f° 151 v°.)
1267. — de l'octave de la Chandeleur, Paris. (X¹ᵃ 1, f° 153 v°.)
— de l'octave de la Pentecôte, Paris. (X¹ᵃ 1, f° 154 v°)
— de l'octave de la Toussaint, Paris. (X¹ᵃ 1, f° 156 v°.)
1268. — de l'octave de la Chandeleur, Paris. (X¹ᵃ 1, f° 159 r°.)
— de la Pentecôte, Paris. (X¹ᵃ 1, f° 162 r°.)
— de l'octave de la Toussaint, Paris. (X¹ᵃ 1, f° 164 r°.)
1269. — de l'octave de la Chandeleur, Paris. (X¹ᵃ 1, f° 166 r°.)
— de la Pentecôte. (X¹ᵃ 1, f° 168 v°.)
— de la Toussaint. (X¹ᵃ 1, f° 171 r°.)
1270. — de la Chandeleur. (X¹ᵃ 1, f° 174 v°.)
— de la Pentecôte. (X¹ᵃ 1, f° 175 v°.)
— de la Toussaint, Paris. (X¹ᵃ 1, f° 67 v°.)
— de la Saint-Martin. (X¹ᵃ 1, f° 178 r°.)
1271. — de la Chandeleur. (X¹ᵃ 1, f° 182 r°.)
— de la Pentecôte, Paris. (X¹ᵃ 1, f° 184 v°.)
— de l'octave de la Toussaint. (X¹ᵃ 1, f° 186 v°.)
1272. Pas de parlements à la Chandeleur ni à la Pentecôte. (Ci-dessus, n° LXIII).

	— Parlement	de l'Ascension (?) (*Ordonnances du Louvre*, I, 296, d'après un registre perdu de la Chambre des Comptes).
	—	de l'octave de la Toussaint, Paris. (X^{1a} 1, f° 188 v°.)
1273.	—	de la Pentecôte, Paris. (X^{1a} 1, f° 194 r°.)
	—	de l'Assomption. (*Ordonnances du Louvre*, XI, 350.)
	—	de la Toussaint. (*Actes du Parlement de Paris*, n° 1948 c.; *ib.*, p. 329.)
1274.	—	de l'Assomption. (*Ordonnances du Louvre*, I, 299, 313; *Actes du Parlement de Paris*, I, p. 330, col. 2.)
1275.	—	de la Chandeleur. (X^{1a} 2, f° 26 r°.)
	—	de la Pentecôte. (X^{1a} 2, f° 28 r°.)
	—	de la Toussaint. (X^{1a} 2, f° 29 v°.)
1276.	—	de la Pentecôte. (X^{1a} 2, f° 31 r°.)
1277.	—	de la Chandeleur. (X^{1a} 2, f° 32 r°.)
	—	de la Madeleine. (X^{1a} 2, f° 34 r°.)
1278.	—	de l'Epiphanie. (X^{1a} 2, f° 36 v°.)
	—	de la Chandeleur (?) (*Bibl. de l'Ecole des chartes*, XLVIII, 546.)
	—	de la Toussaint. (X^{1a} 2, f° 39 v°.)
	—	de la Saint-Martin [1].
1279.	Parlement	de la Pentecôte. (X^{1a} 2, f° 43 v°.)
	—	de la Toussaint. (X^{1a} 2, f° 46 r°.)
1280.	—	de la Pentecôte. (X^{1a} 2, f° 49 v°.)
	—	de la Toussaint. (Arch. Nat. JJ. XXXIV, f° 38 v°.)
1281.	—	de la Pentecôte. (X^{1a} 2, f° 54 r°.)
	—	de la Toussaint (?) (*Bibl. de l'Ecole des chartes*, XLVIII, 555.)

---

1. Ci-dessus, n° LXXIII. L'observation de M. Boutaric (*Actes du Parlement de Paris*, I, p. 204, note) n'est pas fondée.

1281.	—	de l'octave de la Saint-Martin. (X^{ia} 2, f° 58 r°.)
1282.	—	de la Pentecôte. (X^{ia} 2, f° 59 v°.)
1283.	—	de la Toussaint. (*Bibl. de l'Ecole des chartes*, XLVIII, 196, 555.)
	—	de la Saint-Martin. (X^{ia} 2, f° 61 r°.)
1283.	—	de la Pentecôte. (X^{ia} 2, f° 66 r°.)
	—	de la Toussaint. (X^{ia} 2, f° 67 r°.)
1284.	—	de la Pentecôte. (X^{ia} 2, f° 69 r°.)
	—	de la Toussaint. (*Actes du Parlement de Paris*, I, p. 397; *Bibl. de l'Ecole des chartes*, XLVIII, 560.)
1285.	—	de la Pentecôte. (X^{ia} 2, f° 70 v°.)
	—	de la Toussaint. (X^{ia} 2, f° 72 r°.)
1286.	—	de la Pentecôte. (Ci-dessus, n° XCIX.)
	—	de la Toussaint. (X^{ia} 2, f° 73 v°.)
1287.	—	de la Pentecôte. (X^{ia} 2, f° 75 r°.)
	—	de la Toussaint. (X^{ia} 2, f° 76 v°.)
1288.	—	de la Pentecôte. (X^{ia} 2, f° 79 r°.)
	—	de la Toussaint. (X^{ia} 2, f° 80 r°.)
	—	de la Saint-Martin. (*Olim*, II, 47.)
1289.	—	de la Toussaint. (Arch. Nat. K. 36, n° 16 *bis*.)
	—	de la Saint-Martin. (X^{ia} 2, f° 82 r°; ci-dessus, n° CIII.)
1290.	—	de la Pentecôte. (X^{ia} 2, f° 84 r°.)
1291.	—	de la quinzaine de la Chandeleur. (X^{ia} 2, f° 87 v°.)
	—	de la Toussaint. (X^{ia} 2, f° 90 v°.)
1292.	—	de la Toussaint. (X^{ia} 2, f° 94 v°.)
1293.	—	de la Toussaint. (X^{ia} 2, f° 98 v°.)
1294.	—	de la Toussaint. (X^{ia} 2, f° 103 r°.)
1295.	—	de la Toussaint. (X^{ia} 2, f° 106 r°.)
1296.	—	de la Toussaint. (X^{ia} 2, f° 112 r°.)
1297. Pas de parlement.		
1298. Parlement de la Toussaint. (X^{ia} 2, f° 117 r°.)		

1299. — de la Toussaint. (X¹ᵃ 3, f° 98 r°.)
1300. — de la Toussaint. (X¹ᵃ 3, f° 101 r°.)
1301. Vacations. (X¹ᵃ 4, f°⁸ 46-49.)
— Parlement de l'octave de la Toussaint. (X¹ᵃ 4, f° 49 v°.)
[Ce parlement siégea pendant la plus grande partie de l'année 1302.]
1303. Parlement de l'octave de la Chandeleur. (X¹ᵃ 3, f° 105 v°.)
[Il n'y eut que des vacations entre la Chandeleur 1303 et la Toussaint 1304, à cause de la guerre de Flandre.]
1304. Parlement de la Toussaint. (X¹ᵃ 4, f° 65 v°.)
1305. Pas de parlement.
1306. Parlement de l'octave de Pâques. (X¹ᵃ 4, f° 70 v°.)
— de l'octave de la Toussaint. (X¹ᵃ 4, f° 78 v°.)
1307. — de l'octave de la Toussaint. (X¹ᵃ 3, f° 112 v°.)
1308. — de l'octave de Noël. (Ci-dessus, n° CXXV.)
1309. — de la Saint-André. (X¹ᵃ 4, f° 157 r°.)
Vacations. (X¹ᵃ 4, f° 160.)
1310. Parlement d'hiver. Le plus ancien arrêt qu'on possède de ce parlement est du 29 janvier 1311 (n. s.). (X¹ᵃ 4, f° 161 r°.)
1312. — de l'octave des Brandons. (X¹ᵃ 4, f° 200 v°.)
— de la Saint-Martin d'hiver. (X¹ᵃ 3, f° 132 v°.)
1313. — de l'octave de la Saint-Martin. (X¹ᵃ 4, f° 244 v°; cf. ci-dessus n° CXXX.)
1314. — de l'octave de la Toussaint. (X¹ᵃ 3, f° 141 r°.)

INDEX DES NOMS

Cet index ne contient que les noms des membres ordinaires ou extraordinaires de la Cour du roi, et ceux des officiers de ladite Cour, des avocats, des procureurs, qui sont cités par les documents réunis dans ce Recueil. Nous avons négligé de propos délibéré d'y mentionner les noms des plaideurs, parce que, dans toutes les espèces qui sont relevées ici à cause de leur importance juridique, les noms des parties pourraient être remplacés sans inconvénient par l'*Aulus Agerius* et le *Numerius Negidius* imaginaires des jurisconsultes romains, ou par le *Primus* et le *Secundus* des paradigmes de la procédure moderne[1].

Accursii (Franciscus), procurator regis Anglie, 92.
Acre (*Jehan d'*), bouteiller de France, 118, 219.
Adam Camerarius, 21.
Adela, regina, 29.
Ado, 8.
Albemarle (Comes), 169.
Alençon (*Comte d'*), 32.
Allon (Magister), 206.
Amalricus, 8.
Ambianensis episcopus, 6, 7, 107, 118.
— ballivus, 62.
Andegavensis episcopus, 34.
— cantor Michael, 49.
— capicerius (V. Odo de Lorriaco).
Andeli (*Adam d'*), magister, 205.
Angers (*le trésorier d'*), 163.
Aniciensis episcopus (Guido Fulcodii), 49.
Ansellus dapifer, 11.
Antonii (magister Johannes), 212.
Arreblay (*monseig. Jehan d'*), 198.
Artois (*Robert d'*), 123.
Aureliaco (Petrus de), procurator regis Anglie, 146.
Aurelianensis archidiaconus, 157, 163.

[1] Les noms marqués d'un astérisque sont ceux des personnages sur le compte desquels on trouvera des détails biographiques en se reportant à la table de notre *Règne de Philippe le Hardi*, Paris, 1887. — Les noms marqués de deux astérisques sont ceux des personnages auxquels M. Léopold Delisle a consacré des notes spéciales dans son *Cartulaire normand*.

— cantor, = le chantre d'Orléans, 163, 178, 180.
— episcopus (Manassès), 83; 150.
— Johannes, comitis Niverneusis procurator, 25, 26.
Autissiodorensis episcopus, 21, 32, 33.

Bajocensis archidiaconus (Stephanus), 118.
— cantor, 157, 163.
— thesaurarius Ph., 45.
Balbo (Robertus), 35.
Baldricus, 7.
Baldricus comes stabuli, 5.
Balduinus cancellarius, 4, 6.
Balduinus, marchio, comes, 6, 7.
Barbou (Renaut), bailli de Rouen, l'un des présidents de la Cour du roi, 97, 102, 107, 108, 111, 114, 123, 149, le père 163, 180, 220, le Vieil 226.
Baro (Petrus), 35.
Barris (Comes de) G., 80, 223; Th., 118.
(*) *Bas (Gui le)* = Guido Bassi, miles, 102, 107, 118.
Belleperche (maitre P. de) = P. de Bellapertica, 163, 169.
Bellimontis (Comes). Ivo, 5; J. 32, 223, 11, 30, 118.
Bellimontis et sancte Suzanne vicecomes, 81.
(*) Bellojoco (J. de), Francie constabularius, 118.
Belna (dominus Matheus de) 62, 63.
Belvacensis electus Th., 118.
— episcopus Vaido, 6, 7; 30; Ph. 32, 33.
— thesaurarius, H., 35.
Bequet (maistre Jehan), 226.

Berneriue, sancte Marie Parisiensis decanus, 11.
Betain (Raoul), procureur, 44.
Bienfaite (messire Etienne de), 179, 180.
Bituricensis archidiaconus R., 30;
— archiepiscopus, 40, 118.
— ballivus, 62.
Bituris (P. de). Voyez *Bourges*.
Blainville (Mouton de), 198.
Blanon (messire P. de), 179, 198.
Blarru (mestre P. de), 179.
Blaveau (monseigneur Ph. de), 179.
Blesensis archidiaconus, 118. Cf. Novavilla [G. de])
— (Comes) Th. dapifer, 24; G. 223.
Blieburch (G. de), courrier des procureurs du roi d'Angleterre, 103, 124.
Bocellus (magister P.), 202, 203, 207, 210, 211, 212.
Boiaco (Guido de). = G. de Boy, canonicus Remensis, 118, 129.
Borbonio (Archembaudus de), 31.
Bouloigne (messire Jaques de), 102, 123, 129.
Bourges (Pierre de) = Bituris, greffier des parlements, 183, 186, 214, 215, 216.
Bourgogne (duc de) = dux Burgundie, 32, 107, 118, 150, 162.
Bova (Robertus de), 35.
Braban (archidiacre de), 163.
Brie (messire Mahy de), 180.
Britannie (comes P.), 32, 124, 223; 168, 171.
Brulli (messire Raoul de), 163, 169.
Bruni (G.), constabularius Francie, 62, 63.
Bruges (archidiacre de), 163.
Bryone (Egidius de), 118.
Buisson (G. du), 180.
Cadomensis ballivus, 62.

Cadurcus cancellarius, 16.
Caleti ballivus, 62.
(*) *Camelin* (*maitre Gilles*), 122, 129, 157.
Cameracensis episcopus, 225.
Camprepus (H. de) (?), 225.
(**) Capella (Gaufredus de), miles, consiliarius regis, qui arrestum pronunciavit, 40.
Caours (*Ph. de*), *évêque d'Évreux*, 87. V. Caturco (Ph. de).
Caprosia (A. de). Voyez *Chevreuse*.
Carcassonensis electus, 169.
— episcopus, 203.
Carnotensis episcopus, 32, 33.
Carnoto (magister Nicholaus de) 30.
Carnoto (G. de), presbyter, 63.
Casis (dominus G de), procurator regis Anglie, 199.
Castellione (Guido de), 23.
Castro (magister Petrus de, cancellarius Carnotensis), 63.
Cathalano (magister N. de), 169.
Cathalaunensis episcopus, W., 32.
Caturco (Ph. de, clericus regis, magister, thesaurarius Bajocensis), 44, 45.
Catus (Nicholaus), 30.
Caussebart (*Huon de*), *procureur du roi d'Angleterre*, 104.
Cebaterii (magister Stephanus), 112.
Celle (*monseigneur Hugues de la*), 179, 180.
Chambeli (*maitre G. de*), 87, 102, archidiacre de Coutances, 107; archidiaconus Meldensis, 114, 123, 129, 226.
Chamblinel (dominus), 169, 180.
Champaigne (*li mareschaus de*), 107.

Chanlite (*messire Etienne de*), 163.
Chartres (*maistre Estevenes de*), 107.
Chartres (*Nicolas de*), 107, 134, 226.
Cheneveriis (Ph. de, ballivus Stampensis), 40.
Chevreuse (*messire Ansiau de*), 163, 169.
Chevriers (*messire Gui de*), 163.
Choisel (*messire Jehan de*), 163.
Citeaus (*abbé de*), 164.
Coci (Ingerannus de), 34, 223.
Compiègne (*abbé de*), 164.
— (*Giles de*), *délégué aux plaids de la porte*, 130.
Conflans (Eustachius de), 118.
Constantiensis archidiaconus, G., 118.
— ballivus, 62.
— episcopus, 169, 179.
Convers (*Philippot le*), = Philippus Conversus, Philippus portarius, 129, 149, 178, 180, 203.
Corboilensis (Comes W.), 5.
Corrigiaria (Odo de), procurator monasterii Sancti Germani, 45.
Cortonne (*maistre Gerart de*), 178.
(*) *Couardon* (*messire G. de*), 107.
Courbolio (Magister Petrus de), 225.
Courteheuse (*messire G.*), 179, 198.
(*) *Credonio* (*Mauricius de*). = M. de Craon, officier du roi d'Angleterre, 145.
Crennes (Gervasius de), 143. Voyez Scranis.
Crespi (*maitre Courrart de*), 179.
— (*Me Guillaume de, chancelier*), 163.
Crespini (G., marescallus), 118.
Crociaco (Milo de), 85.
Curtiniaco (Petrus de), 26.

Dampetra (G. de), 34.
Dentis (Magister Johannes), 156. [*Dentis* est probablement une faute du scribe pour *Ducis*. Voyez *Duc* (*M° Jehan le*)].
Diesele (Hugo), *procureur*, 119.
Dinant (Jacobus de), 35.
Dolensis episcopus Th., 114, 118.
Domni Martini (Comes), 169.
Dreus (archidiacre de), 163.
Drocensis (Comes), 31, 32, 169, 223.
Drochis (Magister Johannes de), 225.
Drogo, 8.
Duc (maitre Jehan le) = Johannes Ducis, 123, 163, 169, 178.
Durandus, 11.
Dyci (*Mestre P. de*), 179, 180, 198.
Dyvio, 212, 213.

Ebroicensis episcopus, 10, 63, 87, 225.
Esnencort (Petrus de), 44.
Essars (G. d'), procureur, 120.

Folevi (Johannes de), *V.* Pontivi (Comes).
Feritate (Magister J. de), 157.
Feron (Pierre le), 198.
(*) Ferreria (Raymundus de), decanus Sancti Severini Burdegalensis, procurator regis Anglie, 111, 145.
Flainvilla (Magister de, canonicus Rothomagensis), 44.
Flandrie (Comes Guido), 118.
Floriacensis abbas, 31.
Flote (Guillaume, monseigneur), 179, 206.
Foilloy (maitre Robert de), 178, 203.
Foison (maitre Robert), 163, 205.

(**) *Fontaines (Pierre de)* = Petrus de Fontibus, de Fontanis, 37, 38, 43, 49, 52, 56, 62, 63, 225.
Foresta (Magister J. de), 169, 207, 208.
Fredericus, 8.
Frogarius Catalaunensis, 11.
Fulbertus, 8.

Galerannus (Theodoricus), 21.
Gallarda (G. de), 30.
Galterus camerarius, 30.
Gandavi (archidiaconus), 169.
Garlanda (W. de), 11; (Guillelmus et Guido de), 23.
Gernon (Johannes), procurator regis Anglie, 68.
Gienno (Herveus de), 23.
Girbertus archidiaconus, 11.
Gislebertus buticularius, 11, 15.
Gisorcii ballivus, 62.
Gobert le Drapier, avocat, 127.
Gomez (W. de), 5.
Gornaii (decanus), 169.
(*) *Grailli (Jean de), officier du roi d'Angleterre*, 124, 125, 133.
Graacey (Sire de), 124.
Grandis Prati (Comes), 223.
Grimaldus, scriptor senescalli Petragoricensis, 112.
Grosparmie (Magister R., thesaurarius S. Franbaldi Silvanectensis, qui deferebat sigillum regis), 49.
Guido buticularius, 21, 23, 24.
Guido camerarius, 11.
Guillelmus buticularius, 16.

Halos (Pierre), avocat, 51.
Ham (Odo de), 223.
Hangesto (Aubertus de), 34; 263; 223; (G. de), 198.

Harcourt (J., dominus de), 118.
— (maître Robert de), 123, 129.
Harencourt (P. de), miles, 225.
Helecourt (Anselmus, dominus de), 157.
Hemardus (frater), 223.
Herluinus magister, 11.
Hospitalis magister, 169.
Hugo cancellarius, 21, 22.
Hugo constabularius, 11, 25.

Ingenulfus buticularius, 5, 7.
Issi (Guillaume d'), chaufecire, 227.

Jordani dominus (Bertrandus), 169.
Jordani (Austencius), procurator regis Anglie, 199.
Jovigniaci (Comes W.), 32.
Juppilles (messire R. de), 107.

Kainel (Magister J.), 213.
Karitato (G. de) = Maitre G. de la Charité, 156, 163.

Lambert (maitre Gile), 229.
Laon (mestre P. de), 178.
Latilli (mestre P. de), 178, 180, 212.
Lexoviensis episcopus, 31, 32, 33.
Ligerii (Raymundus, domicellus), procurator, 146.
Lille (prévôt de), 164. Voyez Polhi.
Lingonensis episcopus, 21, 32, 118.
Liviis (Ph. de), 30.
Lorriaco (Odo de), capicerius Andegavensis, 40, 45, 49, 62, 63.
Lotharius Cremonensis, 30.
(*) Loudun (Fouquet de) = Foulques de Laon, 87.
Louel (Gilibertus), 35.

Luciani (abbas sancti, Belvacensis), 118.
Luilli (messire Gaubert de), 163.
Lymours (maistre Estienne de), 163.
Lynde (Johannes de la), procurator regis Anglie, 69.
Lyvies (Milo de), 35.

Macro (Theobaldus), 34-35.
Maillière (Jehan), délégué aux plaids de la porte, 130.
Male (serviens armorum), 111.
Maleti (Radulfus), miles, 79.
Malliaco (Bochardus de), 223.
Mantes (Ph. et Simonnet de), portiers des parlements, 226.
Marche (maitre Robert de la), greffier des parlements, 107, 133, 134, 226.
Marchois (messire Simon de), 163.
Marcilli (messire G. de), 179.
Marqueriis (G. de), 112.
Martin des Champs (prieur de Saint), 179.
Matheus camerarius, 16, 21, 22, 24.
Matheus constabularius, 16, 21, 22.
(*) Matheus, abbas Sancti Dyonisii = Mathieu de Vendôme, l'un des présidents de la Cour du roi, 63, 87, 102, 107, 114, 118, 119, 121, 123, 226.
(*) Maumont (messire Giraus de), 107, 163, 169.
— (Magister Helyas de), 169.
Meldensis episcopus, 30, 180.
— electus, 169.
Meleduno (Symon de), 169.
Melloto (Guillelmus de), 23; (Droco de), 34.
Melun (messire Jehan de), 163.

Mes (Bernard don, maitre), 163, 179, 180, 198.
Mesnilo (Petrus de), 44.
Meuduno (Amalricus de), 63.
Mey (maistre Goulard de), 179.
Milliaci (dominus), 169.
Milliaco (Magister G. de), 62.
Mirapicensis (Marescallus), 169.
Moncy (maitre P. de), 179, 203.
Monetarius (Johannes, ballivus Aurelianensis), 40.
Mont (Jehan du), 102.
Monteclaro (Bernardus de, procurator), 146.
Monteforti (Simon de), 30.
— (Stephanus de, decanus Sancti Aniani Aurelianensis), 40, 49, 62, 63, 225.
Montegermondi (Magister G. de), 63.
Monteleart (Th. de), magister balistariorum, 62, 63.
Montelucio (Johannes de) = *Jehan de Montluçon, greffier des parlements,* 63, 87, 225.
Montemorenciaco (Matheus de), Francie constabularius, 34, 223; (Burchardus de), 11.
Montigni (Jehan de), l'un de ceux qui « rendaient les arrêts », 163, 170, 179.
Morencieee (mestre Jehan de), 129.
Morinensis episcopus, 150, 169.
Mornoy (mestre Ph. de), 179.
Mortuomari (Hugo de), *officier du roi d'Angleterre,* 69.
Moustier la Celle (abbé de), 164.
(*) Moyssiacensis abbas, 112, 180.
Mullent (mestre Raoul de), 179.
Mullento (Magister M. de), 169, 207.

Namurcensis (Comes), 223.

Nanterii (Vicecomes), 5.
Nanteuil (Ph. de), 223.
Nantolio (Galcherius de), 34.
Narbonensis archiepiscopus, 118, 162, 169, 180.
Neafla (G. de), decanus beati Martini Turonensis, 49, 225.
Nemosio (Magister Johannes de), 63; (Ph. de), 225.
Nepotis (magister R.), 169.
Neri (messire Gui de), 163.
Nevers (l'evesque de), 180.
Nicossiensis (archidiaconus Radulfus), 43, 45, 225.
Nigella (Johannes de), 223.
— (Radulphus de), Francie cambellanus, 118.
Nigelle (Castellanus), 157, 163, 180.
— (dominus, Simon de Claromonte) = *li sires Simon de Neelle,* 49, 62, 63, 87, 90, 102, 107, 118, 123, 124, 225, 226.
Nogareto (Guillelmus de, magister), 169, *qui porte le grand scel* 178, 180, 213.
Normandie (prévôt de), 164.
Novavilla (G. de, archidiaconus Blesensis), 226.
Novilla (Odo de), 169.
Noviomensis episcopus Balduinus, 6, 7; Stephanus, 82, 83.

Odo, 8.
Oissencort (Bernard d'), procureur du roi d'Angleterre, 104.
Orillac (Magister Guillelmus de), 40.

Pansa (Vitalis), gubernator et procurator Burdegale, 146.
Parisiensis archidiaconus Bernardus, 21.

— cantor, 163, 179, 205.
— episcopus, 5, 21, 30, 40, 149, 150, 162.
Parisiis (Magister Thomas de), 62.
Pasquerius (Magister), 206.
Passelewe (Simon), procureur du roi d'Angleterre, 68, 69, 70.
Pedagio (Stephanus de), 156.
Penestrinus episcopus = *évêque de Palestrina*, 213.
(**) Perona (Julianus de), miles regis, (avocat du roi), 49, 51, 54, 59, 62, 63, 225.
Petrus Cambellanus, 62.
Petrus Orphanus, 11.
Philippus portarius. V. *Convers (Philippot le)*.
Pissiaco (Magister Golfridus de), 30.
— (Nivardus de), 11.
Plasian (G. de), 179, 198.
Pogneiis (Magister Simon de), 62.
Polhi ou *Poully* (Magister G. de, prepositus de Lile), 114, 118, 129.
Pexcy (Th. de, doiens de Baieus), 107, 108.
Pontibus (Johannes de), 68.
Ponticensis (Comes), 7.
Pontisara (Robertus de = R. de Pontoise), ballivus Cadomensis, 40, 44, 163.
Pontivi (Comes), 30, 32, 62, 102, 118, 122, 123, 124, 150.
Porcheron (Magister André), 178, 216.
Porta (Magister Johannes de), 63.
— (Stephanus de), 44.
Poterin (G. de), clericus magistri cujusdam, 214, 215.
Prenayo (G. de), 119.
Priviconii (Vicedominus), 169.

(**) *Puiseus (mestre Jehan de)*, 129.
(*) Quarrois (Dominus Johannes de), 62.

Radulphus (Comes Viromandensis), dapifer, 5, 7, 15, 16.
Radulphus, de familia regis, 7.
Rainaudus archidiaconus, 11.
Remensis archiepiscopus Gervasius, 6, 7; H., 26; G., 30, 229; A., 32; Th., 49 et suiv.; P., 118.
Resignies (Robertus de), miles, 157, 163.
Ribemont (Jehan de), avocat, 126.
Richerius (Magister), notarius, 156.
Roboreto (J. de), 34.
Roche (messire Gauthier de), 163.
Rocol (Guerinus de), 40.
Roia (Bartholomeus de), Francie camerarius, 35, 34, 44, 223.
Rotbertus advocatus, 8.
Rothomagensis archiepiscopus, 45, 62, 63, 155.
Rousseleti (Magister Radulphus), 179, 206, 209, 217.
Rouen (le baillif de). V. *Barbou*.
Rouvray (monseigneur A. du), 198.
Roya, 207.
Roya (Florencius de), 123.
Rueil (mestre G. de), *archidiacre de Chartres*, 107.
Rupe (G. de = G. des Roches), senescallus Andegavensis, 32, 229.

Sacro Cesare (Stephanus de), 229.
Saint Abert (mestre Jaque de), 179.
Saint Aves (messire P. de), 180.

16

Sainte Beuve (*Regnaut de*), 198.
Salnerii (J.), serviens regis, 62.
Salo (Magister J. de), 225.
Sancero (Stephanus de), 23.
Sancti Dyonisii (abbas Matheus). V. Matheus.
Sancti Germani abbas, 164.
Sancti Martini Turonensis (decanus), 45, 62, 63, 107, 108, 118, 124; tenens sigillum regium, 148; 157, 163, 178. V. Neafla.
— (thesaurarius), 62, 63, 164.
Sancti Pauli (Comes), 32, 34, 162, 180.
Sancto Laurencio (R. de), 45.
Sancto Martino (Magister Petrus de), 40.
Sandwich (Thomas de), sénéchal de Pontieu pour le roi d'Angleterre, 102.
Sargines (P. *de*), 130, 163.
Saviaco (Clemens de, magister), 169, 170, 202, 216, 217.
Scrannis (Gervasius de), 49, 62, 63, 225[1].
Senlis (monseigneur Robert de), 129, 226.
Senonensis archiepiscopus, M., 5; Hugo, 21; Henricus, 44, 169.
— ballivus, 62.
— decanus, 157.
Senonis (Magister G. de), 40.
Sens (mestre Denise de), 178, 180.
Sens (li officiaus de), 163.
Sigalonia (Petrus, archidiaconus de), 118.
Silvanectensis episcopus, G., 223, 44; 225; Fr. 5, 32; 34; 124.
— electus, 150.
Silvanectis (Th. de), 210.
Stephanus cancellarius, 11, 15.

Suessionensis (Comes), W., 7; J., 63.
— episcopus, 6, 7, 179, 180.
Suart (mestre Ph.), 129, 205.

Tancarville (Cambellanus de), 169.
Taruanensis episcopus = *évêque de Therouane*, 6, 7, 124, 162.
Tatesaveur (Stephanus, de Aurelianis), prepositus Parisiensis, 40; ballivus Senonensis, 44.
Tautre (Magister J.), 205.
Templi (Magister), 169.
— thesaurarius, Joh. de Turno, 92, 118.
Thofardus (Magister), 202, 205, 206, 212, 214.
Tholosanus episcopus, 169.
Tornacensis episcopus, 169.
Tornebu (G. de), miles, 118.
Tornello (G. de), marescallus, 223.
Trapes (maitre G. de), 107.
Trecensis electus, 169.
Trecis (Magister Johannes de), 62, 63.
Tria (Matheus de), miles, 157.
Trossovauche (Urricus), 24.
Turonensis archiepiscopus, 34.
— ballivus, 62.
Turota (Paganus de), 11.

Ultramare (Magister G. de), 211.
Ulyaco (Magister Johannes de) = *Jean d'Ully*, 44, 49, dicit pro rege, 59, 62, 63, 87.
Umbertus Guidonis, *jurisconsulte italien*, 92.
Ursus Camerarius, 35, 223.

Valeri (messire Girart de), 198.

---

1. Lisez *Serannis* partout où *Serannis* a été imprimé par erreur.

Varennis (J. de), 209.
Vendôme (messire Geoffroy de), 163.
Veraolio (Forrarius de), 119.
Verberie (Guerno de), prepositus Parisiensis, 40.
— (Decanus de), notarius, 157.
Vernolii (ballivus), 62.
(*) Verzeliaco (Magister H. de, = *Henri de Vezelay*), 67, *chanceliers le roi* 107, 225.
Vicinis (W. de), ballivus Rothomagensis, 44.
Vico Sancti Medardi (J. de), 8.
Villa Bruni (Magister G. de), 157.
Villapetrosa (Ph. de), 206.
Villariis (Th. de), 11. — (W. ballivus Caleti), 44.
Villepreux (Loys de), 198.
Viromandensis ballivus, 62.

Vitalis (J.), 212.
Voisin (mestre Laurent), 129.
Voissy (mestre Lambert de), 180, 206, 211.
Vuartines (messire A. de), 163.
Vuazcelinus, 7.
Vui (G. de), 180.

Willelmus pincerna, 15.
Wiriny (Dominus), 179.
(*) Wisemale (Frater Arnulphus de), 119.
Woissy (messire Jehan de), 179.

Yveri (Colardus de), 225.

Xanctonensis archidiaconus P., 108, 157.

TABLE ALPHABÉTIQUE DES MATIÈRES[1]

[On trouvera la définition des termes techniques dans le livre de M. Tardif, *La procédure civile et criminelle au XIII° et au XIV° siècle*, Paris, 1885.]

Ajournements (evocatio, adjornamentum) contestés, 17, 35, LXXI, 148 : au roi d'Angleterre, LIII, 137 §[20], 194 ; collectifs, faits dans les assises de bailliage, 100, CXXV ; au comte de Bretagne, CXVI. — Cf. 150 §[4].

Amendes infligées aux plaideurs en cas de défaut au jour fixé par assignation, LXXVIII ; aux avocats défaillants, 184 §[5] ; en cas de rémunération excessive des auditeurs, 186 ; aux appelants déboutés, 98 §[25] ; le roi d'Angleterre en était dispensé, 131 : cf. 190.

Amendement des demandes et des réponses avant la litiscontestation, 59, XLVII.

Appel. Voyez *Gages de bataille*.

Appellations du duché d'Aquitaine, LXXXVIII, XCVIII, XCIX, CI, CIII, CXXVII, CXXVIII, CXXX. — de Bretagne, CXVI, CXX. — de Champagne, LXXIV.

Appellations, théorie générale, 114 ; premiers exemples, VII, 35, 38, 39 ; la citation doit faire mention *de defectu juris vel pravo judicio*, 148.

Arbitre (sentence d'), 151 §[13] ; 209.

Arrêts de la Cour du roi sont sans appel, 117, 173 §[13] ; quand doivent être rendus, 97 §[15], 165 §[20] ; par qui, 163 §[10], 170 note ; arrêts et conseils, 112 ; expéditions des, 140 §[3], 195, CXXXI.

Articles (articuli), 114, 149, 151 §[7] ; CIX, CXVIII.

Atourné, 104. Voyez *Procureur*.

Assises instituées par Philippe Auguste pendant son absence, XVI.

---

1. Les chiffres romains renvoient aux pièces, les chiffres arabes aux pages. Nous renvoyons en chiffres romains aux documents qui traitent exclusivement d'un sujet donné.

Audiences décrites par des témoins oculaires, XI, XV, XXXII, XXXIII, LIX, LXXVI, LXXXVII, LXXXVIII, CIII.

Audiences (ordonnances sur l'ordre et la police des), 96, § 3, 4, 5, 6, 8, 97 § 13, 14, 98 § 19, 20, 24, 26; 128; 154; 165 § 16, 18, 21.

Auditeurs de la Cour, 86, 96 §7, LXXXI, 117, 142, 154, 196.

Auditoire du droit écrit, 97 § 17, 23; 156 §3; 166 § 27.

Aula regis, 5, 43, 225.

Avocats, ordonnances sur la profession d'avocat, LXIX, 158, §11.
— (Règlements divers relatifs aux), 96 §9; 97 § 10, 11; 165 §21; 184 § 5. — 169, 201. — Avocats du roi d'Angleterre, 104, 147, 148. — Plaidoiries pour l'archevêque de Reims, 51; pour le roi, 54, 59.

Baillis, membres, justiciables et officiers des parlements, 30, 77, 99, 100. Expulsés peu à peu de la cour du roi, et réduits à la condition de plaideurs ordinaires, 158 §6, 7; 164 § 14; 165 §16; 173 §16. Leurs cours locales, 94, 95 § 1, 99 § 27, 129.

Barons aux parlements, 162 §7; 172 § 6, 7; 173 §56. Voyez *Présidents*.

Camera regis, 205, 225, — pallamenti, 152. — Consilii, 119, 120. — ubi consueverunt cause parlamentorum agitari et finiri, 111. — palatii, 226.

Chambre des Plaids, cf. Camera. — 80, 96 § 3, 9; 129, 162; personnages autorisés à y siéger, 164 §11; 166. Est le *parlement* par opposition aux Enquêtes et aux Requêtes (v. ces mots).

Chancelier, 165 § 17; 166 §27; 185 §8; 219. Voyez *Scel*.

Chaufecire, 227.

Clercs des arrêts, 96.

Commissaires de la Cour, délégués pour juger certaines causes, 24, 112, 136 § 11, 152 §16; pour mener des enquêtes, *ad audiendum testes* (v. *Auditeurs*), 15, 109 (LXXIX), 201, 209, 212; gages et serments des, 166 §29; 185 § 9.

Compétence, XLV, LX, CXIII, 95 §1, 129, 154; conflits de — entre la Cour du roi et le for ecclésiastique, 31, 221, 224.

Comptes du Temple, 85, 158, 180.

Conseillers (règlements touchant les) 99 §13, 14, 98 § 24; 157 § 3, 3 *bis*; 165 § 18, 22; 166 §23, 26. — (Serment des), XCV. — Défenses aux — de recevoir des pensions et d'avoir des rapports privés avec les plaideurs, 128, 166§23, 167 §29, CXIX, 173 § 17, 186§11. — (Listes de), XVII, XX, XXIV, XXVII, XXXI, XXXVIII, XL, LXVI, 107, 114, LXXXVI, 123, 124, XCVII, CIV, 163, CXVII, CXXIV, CXXIX, XXVI *bis*, L *bis*, LXXX *bis*. — (Impartialité des), LXI. — (Disqualifiés pour siéger en certains cas), 157 § 5, 5 *bis*.

Consilium. Conseil d'hommes de loi qui assistaient certains plaideurs, comme l'archevêque de Reims, 51, 56, et les procureurs du roi d'Angleterre, 103, 125, 147.

Consilium. Délibération des membres de la Cour, 52, 63, 98 §^{19}, 112.

Consuetudo Curie (*stile de la Cour*), invoqué ou cité par les plaideurs, 58, 59, 64, 70, 72, 84, 146, 148, 194; cf. Mos, Usus.

Consuetudo Francie, 32, 59, 152, 197.

Contremands (contramandacio), 13, 20, 37, 46, 50, XXXIII, XXXIV, 60, LV, 79, 128.

Coutumes locales (enquêtes sur les), LVIII, 141 §^{11}, 152 §^{21}, 204.

Défaut, 20, 61, 66, 73, 76, 78, 109, 128, 158-9, 165 §^{19}, 183 §^{1}.

Defaute de droit, 48 §^{6}, 148, 151 §^{5}, 168, 191.

Délai (dilacio), 57 note, 184 §^{6}; (dans lequel les enquêtes doivent être jugées), 173 §^{13}.

Dépositions (manière d'écrire les — des témoins), 100.

Dies consilii = *jour de conseil*, 54, 66, 98 §^{23}.

Dies deliberandi, 76.

Dies ostensionis, visionis = *jour de vue*, 54, 60, 66, 67, 152 §^{20}, 223.

Droit écrit, invoqué par les avocats, 59, 96 §^{9}; pays de, 135, 152 §^{19}, 174 §^{59}, 188 et suiv. Voyez *Auditoire*.

Duel judiciaire. V. *Gages de bataille*.

Enquêtes (Ordonnances sur la procédure par), XXV, XXX, cf. 68-9 et 152 §^{17}. — Dispositions relatives à la section de la Cour chargée d'examiner, de rubriquer et de juger les, 98 §^{18}, 157 §^{3}, ^{4}, 162 §^{4}, 167 §^{29}, ^{30}, ^{31}, ^{32}, 173 §^{13}, 179, 218. — Listes de membres de la Chambre des, 157, 179, XXXVIII, CXXIX. — Voyez *Témoins*, *Publicacio testium*, *Reprobacio testium*, *Examinatio testium*.

Eschiquier de Normandie, 43, 161, 167, 174, 180.

Essonia, 61.

Examinatio testium, 74, 100 note.

Gages de bataille, en Vermandois, 38; ordonnances prohibitives des, XXX, CXIV, CXXXII; règlements relatifs à la procédure des, CXXII, CXXII bis, CXXIII. — Cf. 115-6.

Gages ou salaires des membres et des officiers des parlements, LXXXIX, XCVII, 181, CXXXV, CXXXVI, 226 (CX bis); cf. 166 §^{21}.

Huissiers, 96 §^{4}, 220.

Jours des baillies et des sénéchaussées (Plaideurs ajournés aux), 100; (Plaideurs doivent se présenter aux), 96 §^{2}, ^{3}, 183.

Jours de Troyes, 162, 167, 174, 180.

Libellus, 155.

Mos regie Curie, 29. Voyez *Consuetudo*.

Monstrée, Ostensio, 50, peut être faite par procureur, 76. Voyez *Dies ostensionis*.

Notaires, 98 §^{21}, 100, 156 §^{1}, 157, 164 §^{14}, 166, 180, 185 §^{8}, 219.

Ordinacio parlamenti incepti, CXXV.

Ordonnances pour l'organisation des parlements, XCVI, CXI, CXV, CXXVI; (citées) 96 §³, 97 §¹⁷, 213.

Pairs de France = pares Francie, 32, 33 note, 36, 51, 52, 56, CXIII, 184-5 § ⁶. 195.

Parlements (nom), XXII, 39; (privilèges de ceux qui se rendent aux), 38, 152 § ²³; (périodicité des), 161, 174 §⁶³, 178, 201-2; (prorogation des), 154, 181; (parlamenti ruptio), 148.

Peticio, petendi modus, 59, 64, 78; petendi auctoritas, XLIII, 151 §¹¹.

Plaidoiries en latin et en langue vulgaire, 9. — Voyez *Audiences, Avocats.*

Plaids de la porte, 130.

Portiers, 129, 149, 226.

Prélats aux parlements, 144, 154, 162 §⁷, 172, 173 § ⁵⁶. — Voyez *Présidents.*

Présentations, 96 §³, 184 § ³.

Présidents (Office des), 162 § ⁴, ⁷, 164 § ¹², ¹³, ¹⁵, 165 § ¹⁷, ²¹, ²³, 166 § ³⁷, 167, 218.

Preuve par témoins. Voyez *Témoins, Publicacio, Reprobacio, Enquête.*

Procurator regis, 213.

Procureurs (doivent être laïques), 97 §¹⁰, C; interdiction, puis licence aux gens d'Eglise d'en constituer, CIII, CVII; 37, 43, 64, 72, 73, 75, 79, 128, 151 §¹⁰; (du duc d'Aquitaine), 65, 92, 113, 133, 146, 197.

Procuratoria (Validité des —, contestée), 67, 75, 105, 147.

Productiones (prima et secunda productio), 68, 117, 154, 201.

Publicacio testium, 41, 48, 73, 74, 86, LXX, 117, 136 § ¹³, 152 § ¹⁷, 196, 197, 205.

Recordatio Curie, 23, 224.

Registres de la Cour, 138 §²⁴, 195, 226, CXXXI.

Reprobacio testium = *reproches*, 42, 59, 65, 68, 74, 86, 152 §²¹, 202, 206, 209.

Requêtes du Palais (Chambre des), 97 § ¹⁶, 156, § ¹, 166 § ²³, 179, 180, 185 §⁸; 219, 220.

Roi (le — aux parlements) XXXIX, XLIV, LXI, 90, 103, 184, 185, 186 §¹⁰, 212.

Rotulus parlamenti, 43, 203.

Saisine (distinction de la propriété et de la), 60, 115, 150 § ⁸.

Sale du Palais, 96 § ⁵, ⁸.

Scel (celui qui porte le grand), 148, 163 § ⁹, 179, 180; (le grand), 173 §⁵⁷; (des présidents), 165.

Sénéchaux. Voyez *Baillis.*

Sergent de l'Auditoire du droit écrit, 166.

Serment (preuve par), 5, 11, 41, 61; (— par procureur), LXII; (des conseillers du roi), XCV; (des avocats), 94, 158.

Témoins (preuve par), XXV, XXX, 64, 68, 76. — Voyez *Reprobacio, Publicacio, Examinatio.*
Temple (le --, à Paris), 84, 92, 149.
Toulouse (parlements tenus à), LXXVII, CVI, CX, CXII, 174, 211.
Usus Curiæ, 56, 57, 60, 61, 64, 68. Cf. *Consuetudo.*
Vacations, 148, 149, 162 § 4.

ERRATA

P. 7, ligne 30, *au lieu de* S. Alardi, *lisez* S. Adelardi.
P. 25, note, ligne 5, *au lieu de* au compte rendu, *lisez* aux comptes rendus.
P. 49, ligne 9, *au lieu de* dominus Nigelli, *lisez* dominus Nigelle.
P. 68, note — nos XXIV, XXIX, *lisez* nos XXV, XXX.
P. 118, ligne 10, — Martinis, *lisez* Martini.
P. 130, ligne 2, — les plais de la porte et aura, *lisez* les plais de la porte; et aura.....
P. 184, ligne 19, *au lieu de* E e, *lisez* E se.
P. 204, ligne 25, — se opponit abbas, *lisez* se opponit abbas.

TABLE GÉNÉRALE

Introduction	I
Recueil de textes (no I à CXXXVI)	1
Omissa	221
Appendice (Tableau des parlements tenus jusqu'en 1314) . .	223
Index des noms	235
Table alphabétique des matières	241
Errata	248
Table générale	248

Chartres. — Imprimerie Durand, rue Fulbert.

www.ingramcontent.com/pod-product-compliance
Lightning Source LLC
Chambersburg PA
CBHW050645170426
43200CB00008B/1156